나이듦의 철학

나이듦의 철학

지속하는 삶을 위한 **성격의 힘**

제임스 힐먼 지음 ― 이세진 옮김

청미

나이듦의 철학

1판 1쇄 인쇄   2022년 11월   1일
1판 1쇄 발행   2022년 11월 11일

지은이   제임스 힐먼
옮긴이   이세진
펴낸이   이종호
편 집   김미숙
디자인   디자인유니드
발행처   청미출판사
출판등록   2015년 2월 2일 제2015-000040호
주 소   서울시 마포구 토정로 158, 103-1403
전 화   02-379-0377
팩 스   0505-300-0377
전자우편   cheongmipub @daum.net
블로그   blog.naver.com/cheongmipub
페이스북   www.facebook.com/cheongmipub
인스타그램   www.instagram.com/cheongmipublishing

ISBN   979-11-89134-33-4 03100

• 책값은 뒤표지에 있습니다.

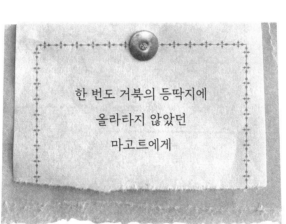

한 번도 거북의 등딱지에
올라타지 않았던
마고트에게

"노인은 탐험가가 되어야 한다."

-T. S. 엘리엇

차
례

제1부 **지속**

제2부 **떠나감**

막간 이야기 **얼굴의 힘**

제3부 **떠나버림 / 남음**

독
자
에
게

나이듦은 우연이 아니다. 나이듦은 인간으로 사는 한 필연이요, 영혼이 의도하는 바다. 노화는 애초에 생리학적으로 정해진 일이다. 그러나 인생은 자손 생산의 소임을 다한 후에도, 근력이 떨어지고 감각 기능이 둔해져도 곤혹스러우리만치 오래 이어진다. 이러한 이유로 나이듦을 영예롭게 여기고 노년을 그에 합당한 지성으로 다루는 창의적 발상이 필요하다. 독자는 이 책에서 바로 그러한 시각을 보게 될 것이다. 이 책은 노년으로 넘어가는 시기에 근본적이고 지속적인 영향을 끼치고자 하는 통찰들로 가득한 만큼, 독자의 정신에 생기를 불어넣을 것을 약속한다.

도대체 우리는 왜 이리 '오래' 사는가? 다른 포유류 종들이 하나둘 죽어가는 동안, 인간은 갱년기를 넘기고도 40년, 50년, 드물게는 60년까지도 더 산다. 기력 없이 등받이를 젖힌 안락의자에 누워 지내든, 힘차게 러닝머신을 밟든, 우리는 여든여덟 살까지도 잘만 살아 있다.

나는 인간의 긴 수명이 문명, 과학, 사회관계망이 인위적으로 빚어낸 결과물이요, 그로써 목숨만 붙어 있는 미라 집단, 산 것도 아니고 죽은 것도 아닌 역설적 존재를 양산했다는 이론을 지지할 수 없다. 노인을 '빨리 사라져야 할 퇴물'로 보는 시각에 동의할 수 없다.

오히려 성격이 추가분의 세월을 '요구'한다고, 인간의 기나긴 여생이 유전자, 생명 연장 의학, 사회의 공모로 어쩔 수 없이 주어진 것은 아니라고 생각해보자. 인생의 남은 날들은 성격을 공고히 하고 완성한다.

인간 본성이 인간 본성에 대해서 가장 알고 싶어 하는 것은 최초의 기원에서부터 지금 이 시점까지의 발달 과정이 아니다. 우리는 노년을 단순한 쇠락과 퇴화로 보지 않고 좀 더 제대로 이해하기를 원한다. 나이듦은 무슨 쓸모가 있을까? 나이듦에는 무슨 의미가 있을까?

이러한 의문들은 미국에서 흔히 들먹이는 '중년의 위기'가 아니더라도 생의 한가운데서 문득 불거지곤 한다. 중년의 위기는 두 가지 두려움을 일으킨다. 나이는 자꾸 먹는다. 그런데 나는 내 본연의 모습으로 늙어가고 있는 걸까? 노화와 성격은 한데 결부되어 있다. 이 대중적 증후군은 인생의 중반기가 아니라 본성의 중심적 위기를 문제 삼고, 너무 늙었다는 것을 문제로 여기기보다는 아직도 너무 젊다는 것을 문제로 여긴다. 진짜 문제는 역량의 쇠락이 아니라 환상이 깨지는 것이다.

중년의 위기에 대해서는 40년 후의 양로원에 초점을 맞추기보다 청소년기의 감정이 어떻게 연장되는가를 비판적으로 돌이켜볼 때 더 많은 것을 알 수 있다. 미래에 대한 투사는 우리로 하여금 삶의 한가운데 있지 못하게 하고 먹구름처럼 짙은 두려움으로 생애 말년의 매혹적인 질문들을 뒤덮어버린다. 마흔이면 마흔이지, 여든이 아니다. 빠릿빠릿하게 살아야 할 시간이 한참 남았고, 그 시간을 뒤로하기엔 아직 멀었다. 중년은 노년과 한데 묶기에는 너무 이른 때다. 중년에는 노년의 이미지를 헤아릴 수 있는 인식이 아직 없기 때문에 중년에 찾은 답들은 우리의 두려움을 반영하기 십상이다. 이 책은 과감하게 자못 다른 대답들을 제시한다.

노화에 대한 '설명'은 으레 생물학, 유전학, 노인병학의 생리학을 들먹이지만 노화를 '이해'하기 위해서는 뭔가가 더 필요한 것이 있다. 바로 성격 관념이다. 생물학은 신체 그 자체가 아니라 신체를 기술하는 하나의 방식이다. 노화는 노화를 다루는 이야기들에 영향을 받는다. 생물학이 이렇다고 얘기할 때 심리학은 또 다른 이야기를 한다. 좀 더 정확하게 말한다면, 심리학이 생물학의 설명을 이해하려고 한다.

살아가고 사유하는 존재라는 우리의 현실이 삶과 사유에 대한 설명보다 먼저다. 노화에 대한 심리학의 접근은 반드시 이 우선순위를 고수해야 한다. 영혼에 대한 관념이 가장 중요하다면(비록 우리가 그 관념을 설명할 수 없다고 해도) 이러저러한 관념들은 모두 그 가치 체계에 부합해야 한다. 다시 말해, 우리는 노화를 심리학적으로 고찰하고 그 안에서 영혼을 발견해야 한다.

인생의 정상적인 흐름에서, 노화는 사망으로 종결된다. 노화에 대한 일반적 사유도 동일한 결론을 내린다. 모든 노화가 사망으로 종결된다고 해서 사망이 노화의 전적인 목표일까? 생물학은 노화를 쓸모가 없어지는 과정으로 본다. 하지만 우리는 노년을 과정이라기보다는 그 자체에 중요한 본성이 있는 '구조構造'로 보도록 하자.

인간의 노년이 왜 특정한 형태를 취하고 특정한 특성을 띠는지 생각해보자. 어쩌면 '쓸모없음'을 심미적으로 바라볼 필요가 있는지도 모른다. 영혼은 육신을 떠나기 전에 '제대로' 나이를 먹어야만 하는 게 아닐까? 그러면 노화를 생물학적 변화 못지않게 아름다움의 변화로 생각할 수 있다. 노인은 생물학적 삶이 상상과 예술로 옮겨져 전시된 이미지 같다. 노인은 기억할 만한 조상들의 현현顯現, 문명이라는 연극 속의 배역, 저마다 독특하고 대체 불가능한 존재가 된다. 나이듦은 예술 형식의 일종일까?

인생의 말년을 이해하기 위하여, 노년에 으레 따라붙는 우스꽝스러운 비하와 부조리한 진술을 이해하기 위하여, 우리는 인간 사유가 제기한 가장 심오한 질문 중 하나로 돌아가는 것이 좋다. 성격이란 무엇인가? 성격은 어떻게 우리에게 우리 삶의 패턴을 강요하는가?

신체 기관이나 기능만 나이를 먹는 게 아니라 사람의 본성 전체가, 오래전에 이미 수립되었고 지금의 모습에 도달한 개인 자체가, 나이를 먹는다. 성격은 우리의 얼굴, 습관, 우정, 기벽^{奇癖}, 야망의 수준과 그에 따른 이력과 결함까지도 형성해왔다. 성격은 우리가 뭔가를 주거나 받는 방식에 영향을 미친다. 성격은 우리가 사랑하는 사람들과 자녀들에게 영향을 준다. 우리를 밤늦게 집에 데려다주고 우리를 장시간 깨어 있게 하는 것은 우리의 성격이다.

누구에게나 노년은 처음이지만 우리가 맨 처음 노년을 마주한 사람은 아니다. 인류는 언제나 노년을 겪어왔으니 옛사람들이 노년을 받아들였던 방식에 기대어보면 어떨까? 우리 문화 안에서는 그런 접근이 외려 신선할 것이다. 최근 연구에만 의지한다면 우리의 시각은 새로운 것에만 국한될 것이요, 새로운 것의 상당수는 이 책이 인쇄되어 독자의 손에 넘어가기도 전에 덧없이 사라질 테니 말이다. 게다가 새로운 것의 상당수는 현실 부정에서 비롯된다. 즉, 노년 연구의 두드러진 동기는 노화가 무슨 암이라도 되는 것처럼 질색하고 물리치려는 욕망이다.

나 역시 그러한 생각을 떨치려고 노력한다. 아니면 적어도, 인간도 생물이며, 그에 따라 자신에 대한 생각이 자기 몸에 대한 생각으로 축소되어버리는 고정 관념에서 벗어나려고 한다. 그런 고정 관념에 빠지면 불행해진다. 우리가 노화의 희생자가 되는 것이다. 우리의 전 존재가 생리학에 매이고 (생애 말년에는 가장 비극적으로) 생리학에 지배당하는 것처럼 생각하게 된다.

이러한 생각 대신, 우리가 진정으로 매여 있는 것은 성격이라고 말하고 싶다. 서양 사상의 초입에서 철학자 헤라클레이토스는 "성격이 운명"이라고 했다. 나폴레옹은 지리가 운명이라고 했지만 그렇지 않다. 아무렴, 프로이트는 해부학이 운명이라고 했지만 천만의 말씀이다. 성격이다! 성격이 지배한다. 생리학조차도 말이다. 끈기와 인내를 모두 쏟아 주장하건대, 유전적 자산을 우리의 특수한 패턴으로 빚어내는 것도 성격이다. 여기서 성격이란 특징, 기벽, 즐거움, 헌신 등의 독특한 조합이며, 개인의 이름과 이력, 거울 속에서 '나'로 확인되는 얼굴을 지니는 식별 가능한 존재이다.

이때부터 육체와 정신의 쇠락을 고통의 원인 이상의 그 무엇으로 볼 수 있게 된다. 우리가 이미 뚜렷이 감지하는 진실과 이 점을 연결해보자. 인생 하면 우발적 사태, 쓸데없고 관련도 없어 보이는 요소들을 포함하는 어떤 전체적 이미지가 그려진다. 노년은 종종 이처럼 무관해 보이는 요소들을 탐구하고 과거의 실수를 돌아보면서 이해 가능한 어떤 패턴을 발견하는 시간이 된다.

늙은 정신이 늙은 육체에 떠오르게 하려는 이 이해가 늙은 육체를 은유로 변화시키고 생물학적 과정에 또 다른 차원의 의미를 더한다. 나이듦은 우리가 생물학에 가장 크게 종속되는 시기에, 문자 그대로의 생물학에 연연하지 않게 한다. 노년이 있기에, 문자 그대로 생의학적 문제로만 보였던 것들에 대해서 이차적 독해가 가능하다. 다른 문화권에서는 나이가 들어야 '제3의 눈'이 뜨인다거나, '정묘체'* 가 더욱 강건

---

*   정묘체(subtle body): 역사적이고 물리적인 신체가 아니라 초감각적 세계에 존재하는 신체의 총칭. 종교적 맥락에서는 신비체(神祕體)라고 한다. (모든 각주는 옮긴이 주다)

해진다고 하지 않는가. 나는 그런 말을 심리학적 관점이 우선시된다는 뜻, 존재의 기본 토대가 영혼으로 옮겨 간다는 뜻으로 이해한다.

문자 그대로의 생물학에 연연하지 않는다는 말이 생물학을 부정한다는 의미는 아니다. 우리는 퇴행 과정이나 유전적 영향을 부정할 수 없다. 단지 전면에 있던 것을 뒤로 좀 밀어내자는, 우선순위를 달리 보자는 얘기다. 시간상 앞서는 것(박테리아, 미토콘드리아, 점균류, 화합물, 전하電荷)이 반드시 가치나 사유 면에서도 앞서는 것은 아니다. 게다가 "가장 복잡한 유기 화합물 혼합체와 단세포 사이의 간극은 결코 좁혀지지 않았다. 이론상으로든 실험실에서든, 아무리 복잡한 화합물을 동원하더라도, 화합물로 생명체를 만들어낼 수는 없었다."[1] 진화생물학자 린 마굴리스의 글이다.

생명체는 박테리아, 곰팡이, 화합물에서 탄생했겠지만, 인간의 사유는 이 구성 요소들로 환원될 수 없는 복잡성을 완성한다. 이것이 사유의 커다란 수수께끼다. 사유는 그 자신의 종種의 기원이요, 자연스럽지 못한 생각들을 선택하며, 그 자신의 진화를 보여준다. 사유에 관한 한, (적자생존이 아니라) 부적절한 것이 살아남는다.

성격의 실현에 노년이 요구된다면 미처 늙기도 전에, 쉰 살도 되기 전에 죽은 사람들은 어떻게 되는 건가? 어쩌면 흔히 하는 말에 진실이 담겨 있는지도 모른다. "그 여자는 너무 일찍 죽었어." "그 친구는 요절했다네." 너무 이른 죽음으로 성격이 완성을 보지 못했다는 뜻은 아닐까. 그렇지만 대부분 30~40대에 사망했던 옛날 사람들은 어떻게 생각해야 하나? 그들의 성격은 미완성이었나? 그때는 성격이 등한시되었나?

아마 그 시대에는 나이를 많이 먹을 필요가 덜했을 것이다. (지금도 많은 토착민 문화들이 그러하듯이) 구시대 문화는 성년식, 축제, 장례 등으로 성격의 형성을 의례화했고 연장자들에게 집단을 가르치고 이끌 임무를 맡겼다. 당시의 연장자들이 지금 기준으로는 노인 축에 끼지 못하긴 했지만, 집단 구성원들과 매사를 함께하며 구성원 각각의 성격에 초점을 맞추어 그들을 주시했다.

정신분석학에서 성격 발달의 '고착'과 '정지' 및 유년기 '성격 장애'를 보고한 이후로 성격 개념마저 아동기에 고착되었다. 심리학은 성격이 대체로 뒤늦게 그 힘을 완전히 드러낸다는 자명한 사실을 무시한 채 유년기에 치중하여 성격 발달을 연구했다. 우리는 인생을 계속 살아왔기 때문에 지금의 특질을 지닌 우리가 되었다. 우리가 나이를 먹는 방식, 규칙적으로 수행하는 패턴, 이미지의 양식이 우리의 성격을 보여준다. 성격이 나이듦을 이끌기 때문에 나이듦에서 성격이 드러난다.

유년과 청춘에게는 첫사랑과 거친 모험의 영감을 불어넣는 보호자들이 있듯이, 노년에는 노년의 신들이 있어야 한다. 인생 말년에는 오랜 시간을 들여 천천히 알게 되는 또 다른 신들이 있다. 그 신들의 요청이나 그들이 불어넣는 영감은 종류가 다르지만 우리는 청춘의 신들을 거부할 수 없듯이 노년의 신들도 거부할 수 없다. 발견과 약속이 청춘의 전유물은 아니다. 나이를 먹는다고 해서 계시를 받지 말라는 법은 없다.

인생 말년에 대한 우리의 생각이 대책 없는 노인 비하에 사로잡혀 있다는 점을 인정할 필요가 있다. 나이 든 사람들을 전부 싸잡아 신체 쇠락과 신체적 자원 고갈로 인한 불가피한 장애가 있는 부류로 묶어버리는 일종의 계급 개념이 작용한다고나 할까. 생물학과 경제학이 우리의 기본적인 서양 모델을 구성한다. 영혼 개념, 개인의 성격 개념, 인생 과정에 대한 자각의 영향력은 절망을 밝히고 노년에 대한 '진실'을 위장하는 부수적인 장식물이 되었다.

노인 비하의 관습, 이 '진실' 때문에 우리는 갇혀버린 느낌이 들고 갈등에 빠진다. 쉰 살에 이미 신체와 정신의 쇠락을 강박적으로 괴로워하고 점점 더 비관적인 불행에 빠지든가, 영적 성장과 신체 단련이라는 영웅적인 프로그램을 앞세워 '진실'을 낙관적으로 부정해버린다.

낙관적 시각이든 비관적 시각이든 전제는 똑같다. 즉, 노년은 고통이다. 이것이 노년에 대한 '진실'이다. 그것을 극복하든지 그 앞에 무릎을 꿇든지 간에, 그 본성은 고독하고, 가난하고, 끔찍하고, 더럽게도 길다. 그러니 자신의 노년도 삭막한 양로원에 틀어박힌 가난뱅이 늙은이의 모습으로 그리게 된다. 정신도 온전치 못하고, 말도 없고, 불쾌한 냄새나 풍기면서 죽을 날만 기다리는 모습으로 말이다.

낙관적 시각과 비관적 시각이 다 옳다고, 그 두 시각이 동시에 옳을 수 있다고 가정하자. 그렇다, 노년은 고통이다. 특히 고통에 대한 '관념'으로 인해 고통스럽다. 수전증이 일어날 때마다, 검버섯 하나를 발견할 때마다, 어떤 단어나 누군가의 이름이 도무지 기억나지 않을 때마다 그게 다 쇠퇴의 조짐이라 생각하면 나이듦이 정신을 괴롭힐 뿐 아니라 그러한 정신으로 인해 나이듦이 괴롭다. 거울에 비치는 얼굴의 변화를 언제나 부정적으로만 보는 태도도 우리가 노년에 단단히 결부시킨 생각이 얼마나 강력한지 보여준다.

정신은 생각을 좋아한다. 정신은 참신한 생각을, 비록 설익었을지라도 신선한 생각을 요구한다. 그래서 늘 생각에 골몰한다. 정신은 원래 호기심이 많고, 창의적이며, 관습에 얽매이지 않는다. 노인은 뇌 기능이 떨어지지 않도록 두뇌 활동을 활발하게 유지하라는 권고를 받는다. 두뇌 활동이 뇌세포를 생성한다는 연구 결과도 있다. 뇌세포는 쓰지 않으면 죽는다. 근육을 키우듯 정신을 단련하고 있다면 그 정신 활동의 대상이 무엇인가는 중요하지 않다. 그러나 생각은 순전히 정신을 기민하게 유지하기 위해 제공되는 비타민 같은 것이 아니다. 정신이 생각을 제공하기도 한다. 정신은 생각을 요리조리 뒤집어보고 따로따로 떼어 살펴봄으로써 생각이 아둔함에 빠지지 않고 생명력을 잃지 않도록 지켜준다.

노년을 달리 생각해야 한다. 무게를 더는 감당하지 못하는 고관절, 코앞의 것도 제대로 못 보게 하는 혼탁한 수정체뿐만 아니라 우리의 생각도 수술실에 들여보내야 한다. 그러나 구태의연한 정신의 습관을 뜯어고치려면 추진력과 지구력 양쪽 모두가 필요하다.

노년에 대한 일반적인 생각을 끊어내려면 그러한 생각을 돌파해야 한다. 그러면 나이듦의 압박을 피할 수 있게 해준다는 여러 가지 관습적인 사고방식이 실은 성격의 힘을 외면하게 한다는 점도 인식하게 될 것이다.

　인간이 나이가 들수록 현명해지고, 판단은 냉철해지고, (소포클레스의 말마따나) 생식기에 일어나는 생리학적 변화도 차라리 해방이라고 생각하면 마음이 편하다. 나이 든 사람이 차별 대우를 받는다는 클리셰*에 동의하고, 나이를 먹으면서 표면으로 드러나는 태도들이 본성의 발현이 아니라 그냥 나이듦의 결과라고 믿어버리면 한결 수월하게 나이를 먹을 수 있을 것이다. 가령, 우리는 누군가의 친절에 눈물 나게 감동하기도 하고, 곤궁에 빠진 누군가에게 도움의 손길을 내밀기도 한다. 그러면서 온화함을 성격의 한 특성으로 받아들이기보다는 으레 이렇게 말한다. "나도 나이가 드니까 사람이 유해지네." 혹은 그 반대로, 인종 차별적인 발언을 하고, 팁을 인색하게 주고, 이웃집을 염탐하는 태도가 성격 탓이 아니라 나이 탓이라는 식으로 말한다. "나도 늙으니까 어쩔 수 없이 이렇게 되네." 이거야말로 주객전도다.

　낡아빠진 생각에 오래 매달릴수록 그러한 생각은 병적으로 작용하고 부정적인 영향을 미친다. 노년의 가장 큰 병은 노년에 대한 우리의 생각이다. 우리 자신의 청춘, 그리고 청춘에서 파생된 생각을 지닌 문화가 우리의 노년을 암울하게 할 수 있다. 쉰 살, 예순 살부터 또 다른 치료(관념 치료)가 시작된다.

---

*　　　클리셰(cliché): 진부하거나 틀에 박힌 생각 따위를 이르는 말.

나이듦이 한 세대의 주요한 두려움이 되었다. 우리가 개인적으로 두려워하는 것을 사회는 인구학적으로 예측한다. 노화의 원인을 제거하고 노화의 접근을 늦추겠다고 소비하는 금액만 해도 막대하다. 그래도 노령 인구는 꾸준히 통계적 진전을 보이고 있다. 앞으로의 시대는 점점 더 노년층이 지배할 것이다. 21세기가 생태주의적 각성으로 좀 더 환경 친화적이 될지 그렇지 않을지는 확실치 않다. 그러나 이 세기가 고령화되리라는 전망은 확실하다. 선진국들은 빠르게 고령화되고 있다. 어떤 나라들은 수명만 늘어나고 출산율은 무너지고 있다. 이 새로운 세기에는 가진 자와 갖지 못한 자 간의 영원한 계급 투쟁이 노년과 청년 간의 그것이 된다.

시어도어 로샤크의 걸출한 저작 『아메리카 더 와이즈^{America the Wise}』는 노인의 승리를 기대한다.[2] 노인 인구가 급증함에 따라, 로샤크가 말하는 "가장 유한 자가 살아남는다"[*]는 원리가 약탈적 자본주의와 무분별한 환경 개발을 대체함으로써 사회를 개혁할 수 있다는 것이다. 그는 인구에서 노년층 비율이 증가함에 따라 노년층이 특히 소중히 여기는 가치들(고통의 경감, 비폭력, 정의, 양육, '지구의 건강과 아름다움' 지키기)이 힘을 얻게 될 것으로 보았다.[3]

우리들 한 사람 한 사람이 로샤크의 전망에 힘을 실어줄 수 있다. 그러기 위해선 첫째, 노화에 대한 병적인 생각을 몰아내야 한다. 그러한 생각 때문에 노인 인구는 우울증으로 무력해지고, 분노로 편협해지며,

---

*   the survival of the gentlest. 적자생존(survival of the fittest)을 패러디한 말이다.

어르신이나 연장자 역할에서 멀어진다. 둘째, 성격 관념을 복원함으로써 개인의 유일무이함에 대한 믿음을 강화해야 한다. 그러한 믿음을 통해 우리는 지구에 선한 영향력을 끼칠 수 있다.

나이듦을 통한 성격 연구는 우리를 미개척지로 데려간다. 현재 나이듦을 고찰한 연구나 저작들은 성격을 고려하지 않은 채 평면적으로 사실들만을 참조한다. 그래서 독자는 영감의 최고조도, 영혼의 깊이도 느낄 수 없다. 반면, 성격을 다루는 글들은 인간 본성의 채석장과 원천으로 이끄는 가이드북이라기보다는 청소년을 양육하고 훈육하기 위한 핸드북에 더 가깝다. 도덕주의자들은 언제나 관념을 강령에 끌어들이지만 성격의 힘은 도덕적인 것이기 이전에 자연스러운 것이다. 성격을 도덕적 교화에 종속시키기 전에 먼저 '관념'으로서 연구해야 한다.

T. S. 엘리엇은 "노인은 탐험가가 되어야 한다"[4]고 했다. 나는 이 말을 호기심을 따라가고, 중요한 사상을 깊이 탐구하고, 위반을 감행하라는 뜻으로 이해한다. 스페인 철학자 호세 오르테가 이 가세트는 '탐구inquiry'라는 단어가 그리스어 '알레티아alethia', 즉 서양 철학 전체를 낳은 정신 활동에 가장 가깝다고 말한다. 알레티아는 "거짓의 옷자락에 감춰진 (…) 벌거벗은 진실과 접촉하게 하는 (…) 노력"이다.[5] 거짓이 일반적으로 받아들여지는 진실의 옷, 우리가 일반적으로 공유하는 무의식의 옷을 입고 있을 때는 너무도 많다. 관념 치료는 흥미로운 위반을

가로막는 관습에서 우리의 정신이 풀려나는 데 도움이 될 수 있다.

성격의 힘을 바로 가까이에서 보려면 나이듦이라는 사태를 진심으로 나 자신의 것으로 받아들여야 한다. 그러자면 호기심과 용기가 필요하다. 내가 말하는 '용기'는 케케묵은 생각을 놓아버리고, '여기에 그치지 않고' 독특한 생각으로 나아가 우리가 두려워하는 사태의 의미를 바꾸는 것을 뜻한다. 말하자면, 호기심을 발휘할 용기라고나 할까. 호기심은 인류에게, 아니 동물 일반에게도, 가장 큰 욕동慾動 중 하나다. 세계를 탐험하고 싶다는 이 욕망 때문에 원숭이와 쥐는 위험천만한 모험에 나선다. 인간의 모험은 점점 더 정신적 영역의 것이 되었다. 위대한 철학자 앨프리드 노스 화이트헤드는 이러한 정신적 용기를 "관념의 모험"이라고 했다. 그는 "사유는 엄청난 흥분의 한 형태"라고 말하기도 했다.[6]

　왜 사람들은 나이가 들면서 도덕주의자, 감상주의자, 급진주의자가 되는 걸까? 그들은 멸종 위기에 직면한 나무에 자신을 꽁꽁 묶고, 행진을 하고, 열렬히 외친다. 귀를 틀어막은 사람들에게 서양의 도덕적 실추에 대해서 설교를 한다. 우리 노인네들은 분노하고, 역정 내고, 부끄러워한다.

　어째서 그냥 사라져주지 못하나? 어째서 우리의 빛은 노령의 산 너머로 넘어가지 못하나?

　일몰은 잘 들어맞는 이미지가 아니다. 저녁놀은 불꽃, 마지막 저항, 아름다움에 대한 호소가 두드러지기 때문이다. 우리는 빛이 저녁의 평온으로 스러지지 않도록 빛을 붙잡고 끌어당기리라. 괴테는 숨을 거두기 직전에 "조금 더 빛을!"이라고 외쳤다고 한다. 땅거미에 제비들이 지저귀는 기분 좋은 노랫소리가 아니라 끝날 줄 모르는 염불, 집합을 알리는 종소리, 잔소리 늘어놓기다. "플라톤은 신들의 것을 훔친 죄, 국가를 전복한 죄도 극도로 나이 든 자가 저질렀다면 정상 참작이 된다고 했다."[1] 이 책이 꾀하는 것도 전복이려나?

이 책의 주제인 성격, '그리고' 이 주제에 대한 저자의 다른 고찰과 '저자 자신의' 성격이 이 책의 추진 동기가 되었다고 생각하자. 나 역시 나이깨나 먹었다는 사람들이 바리바리 짊어진 도덕적·감상적·급진적 보따리를 짊어졌다. 글쓰기는 짐, 글쓰기는 모험, 글쓰기는 폭로다.

나는 성격을 구축하고 노년의 지혜를 갈고닦는 법에 대한 글을 더는 읽고 싶지 않다. C. G. 융은 지혜로운 노인이라는 원형을 발견하고 때때로 그 원형을 자신과 동일시했으면서도 이렇게 썼다. "나는 오직 바보만이 지혜를 기대한다는 생각에서 위안을 얻는다."[2] T. S. 엘리엇은 『사중주 네 편』에서 이렇게 묻는다. "나이듦의 지혜?/그들이 우리를 기만한 것인가/아니면 자신들을 속인 것인가, 나지막한 음성의 그 어르신들,/우리에게 물려준 것은 고작 기만의 지침서."[3]

지혜, 공감, 이해 등 연장자들에게서 찾는 모든 자질이 나이가 들어가는 성격의 대담한 힘을 누그러뜨리고 반감을 막는 이상화^{理想化} 역할을 한다. 나이 든 영혼 속에 똬리를 틀고 있는 그 힘은 언제라도 튀어나올 준비가 되어 있다. 조상이라는 유령의 위상과 순수 영혼의 숨김없는 감성으로 나아가는 길에 있는 우리 노인들은 성질이 났다 하면 코브라처럼 혀를 날름거릴 수 있다. 우리는 쉽게 역정을 낸다. 나는 내가 책에 요구하는 것을 직접 쓴다. 내가 읽고 싶은 책을 쓰는 것이다.

노년기에 접어든 작가들은 선택의 폭이 넓지 않은 것 같다. 지금까지의 삶에 대한 회고록을 쓰든가, 자신의 전작을 개정하든가 철회하는 책을 쓰든가, 아니면 과거의 사상을 최종 변론하는 책을 쓰든가. 다른 선택지가 있으려나?

남아 있는 인생에 대한 글쓰기는 작가와 별개인 객관적 연구가 될 수 없다. 작가의 인생도 끝이 보이는 마당에, 마음에서 우러난 글쓰기라면 응당 작가의 성격을 논하게 마련이다. 작가들은 그들 자신의 픽션 속의 캐릭터*들이다. 책이 논픽션을 표방하고 객관적 역사, 과학, 연구, 진실을 다룬다고 해서 책의 허구적 성격이 다 가려지지는 않는다. 어떤 글을 쓰든 간에 글쓴이의 성격은 제거할 수 없다.

늙은 군인은 새로운 전투에 임할 때마다 자기가 처음에 했던 군사 행동을 반복한다. 여생은 반복과 기본적인 강박 관념으로의 회귀로 채워진다. (아직도 결전에서 승리를 거두지 못한) 나의 전쟁 상대는 심리학에, 요컨대 우리의 존재를 생각하고 느끼는 방식에 만연한 사고방식과 조건화된 느낌이다. 이러한 조건화 중에서도 실증주의 과학(유전학 제일주의, 컴퓨터 제일주의), 경제학(천민자본주의), 편협한 신앙(근본주의)으로 마음과 정신을 옥죄는 신념들만큼 그악스러운 상대는 없다. 성격 관념은 이 세 가지와 무관하다. 나는 단지 성격 관념이 오늘날 찾아보기 힘든 것이 되었다는 바로 그 이유로, 성격 관념을 옹호하게 되었다.

----

*   원문의 'character'가 '소설이나 연극 따위에 등장하는 인물'의 의미가 강할 때에는 '캐릭터'로, 인물의 개성(성격)의 의미로 쓰였을 때에는 '성격'으로 번역하였다.

관념은 그 자체가 정신을 휘어잡고 어떤 생각이 나올 때까지 놓아주지 않는 힘이기 때문에 어느 정도는 알아서 내 사유를 진척시킬 것이다. 성격 관념은 글쓰기를 요청하고, 책으로 인쇄되기를 원한다. '성격character'이라는 단어 자체가 '새기다', '그리다', '쓰다'라는 뜻의 그리스어 '카라세인kharassein'에서 나왔다. '카락테르kharakter'는 이 행위를 하는 자와 행위의 흔적(글쓰기 체계에서는 문자), 양쪽 모두를 가리킨다. '캐릭터'는 다른 이와 구별되는 개인의 특질을 가리키는 동시에, 픽션 속에 등장하거나 무대에서 연기되는 인물을 가리킨다. 이 단어의 의미는 작가의 개인적 특성, 글쓰기라는 행위, 상상으로 채워진 무대로서의 책까지 모두 아우르고 있다.

하지만 나이 든 사람은 어떤 종류의 글을 쓰고, 어떤 방식으로 쓰는가? 월리스 스티븐스는 말했다. "사유와 창밖을 내다보는 것의 차이를 구분한다는 게 늘 쉽지만은 않다."[4] 폴 발레리는 어떻게 말했더라? "생각하기? …… 생각하기란! 맥락을 잃어버리는 것이다." 극작가 데이비드 마멧은 인터뷰어에게 말했다. "그게 말이죠, 글쓰기는 생각을 멈추게 하는 유일한 것입니다."[5] 그럼, 글쓰기가 어떻게 사유의 과정을 멈추게 하느냐고? 돈 드릴로의 말로는 이렇다. "작품은 (…) 작가가 낭비한 모든 시간에서 나옵니다. 서성이다가, 창밖을 바라보다가, 현관에 내려갔다가, 쓰던 페이지로 돌아왔다가,……."[6] 거북이 속도를 결정한다. 우리는 그놈의 등딱지에 실려 갈 뿐이다. 탐구는 느린 사유요, 사유는 더 느린 글쓰기다. 노인들은 잃어버린 맥락과 하릴없는 시간의 감식가다. 우리는 일반적인 사고를 따라잡지 못하기 때문이다.

노년에 대한 일반적인 사고는 죽음에서 멈춘다. 그렇고 그런 흔한 생각이 이 책의 최종 목적지도 아니거니와, 죽음이 나이듦을 사유하는 대담한 방식이라고 할 수도 없다. 자연의 알레고리보다 일반적인 것은 없다. 울창한 가지를 드리운 나무는 몸통부터 건실하다. 오래 사는 거북은 지극히 깊은 바다에 산다. 오래된 포도주와 치즈는 풍미를 제대로 발휘한다("숙성이 전부다."*).

나의 열정은 당연한 것, 아니 증거에 입각한 것에도 만족하지 못한다. 죽음이라는 끝은 우리를 금지된 영역으로 데리고 가지 않는다. "읽기가 금지된 것을 쓰라"[7]는 모리스 블랑쇼의 권고가 생각난다. 누구나 죽음에 대해서는 자기 견해가 있다. 이 주제는 쉬운 클리셰를 끌고 오기 십상이다. 우디 앨런의 말마따나 "죽음은 드러눕기만큼 손쉬운 몇 가지 중 하나다."[8] 랍비, 수도사, 고대 철학자, 얼치기 목사와 열혈 선각자까지도 우리 귀를 가르침으로 채울 수 있다. 여전히 통하는 듯한 경험적 관찰에 따르면, 신은 요절하는 이들을 사랑하지만 죽음은 가장 나이 많은 이들을 선호하는가 보다.

죽음은 사유의 주제가 아니다. 그 이유는 죽음이 사유에 종속되지 않기 때문이다. 죽음은 사유 너머에 있고, 사유의 방법들로 다다를 수 없다. 논리, 증명, 실험, 이 모든 것으로도 답이 안 나온다. 죽음에는 상징주의, 영성주의, 형이상학적 사색이 통할 뿐 심리학이나 현상학이 없다. 죽음에 대해서 뭐라도 아는 사람은 아무도 없다. 사유의 대상이

---

*   셰익스피어의 『리어 왕』에서 에드가의 대사.

무無이기 때문이다. "자유인은 그 어떤 것보다 죽음에 대해서 생각이 없다"[9]고 스피노자는 말했다.

따라서 이 탐구의 주안점은 '나이듦과 죽음을 분리'하고 노년과 성격의 유일무이성이 예로부터 맺은 관계를 복원하는 것이다. '오래됨/늙음old'은 정도가 다를지언정 우리가 좋게 보는 다양한 현상들(오래된 배, 오래된 판잣집, 오래된 사진 등)에 깃들어 있다. 이때 '오래됨/늙음'은 중반기를 넘어버린 것, 혹은 죽음으로 향해 가는 것을 가리키지 않는다.

"나는 왜 늙었는가?"라는 질문에 대해서 흔히 "죽을 날이 가까워져서"라고 대답을 한다. 그러나 실제로 내가 늙어가면서 두드러지게 드러내는 바는 죽음이 아니라 성격이다. 나는 내가 결국 죽는다는 사실을 부인하지 않는다. 그러나 나의 여생을 내가 알 수도 없는 것에 대한 글쓰기에 바치지는 않겠다.

노년을 존재의 '상태'로 바라보고 '늙음'을 그 자체의 신화와 의미가 있는 원형적 현상으로 바라보는 것이 훨씬 더 중요하다. 이것이 더 대담한 도전이다. 죽음의 형이상학이나 신학에서 가치를 빌려오지 않고 나이듦의 가치를 발견하겠다는 도전 말이다. 시체에서 해방된, 나이듦 그 자체를 보련다.

'늙음'을 인간은 물론, 모든 존재에 주어지는 만물의 원형적 가능성으로 보고자 하는 열렬한 관심은 우리 사회, 특히 나이 든 사람들이 미처 주목하지 못했지만 절박하게 필요로 하는 것이다. 우리의 낮과 밤을, 노년을 지배하고 봉헌을 요구하는 신께 맡겨야 한다. 그 신에 대한 무시가 나이 든 사람들에 대한 무시에 반영되어 있고, 의례는 없고 일과만 있는 양로원에 반영되어 있다. 양로원은 초월적 전망이나 원형적 기반 없는 세속의 성소다.

노령이라는 신께 바치는 사원을 재건한다는 것이 문자 그대로 건축을 뜻하지 않는다. 문학적 건축물, 건설적인 글쓰기로 구축해나가는 텍스트로 시작할 수도 있다. 이 탐구가 의례라고 대담하게 생각해보자. 우리의 사유와 글쓰기가 주제를 지배하는 힘을 불러올 수 있기를 기원해본다. 봉헌은 시작되었다고 생각하자.

  이 책에서는 성격이라는 주제를 세 단계를 거쳐 살펴보기에 이 책은 크게 세 부분으로 나뉜다. 이 세 단계는 유년, 성년, 노년이라는 일반적 순서와 다르다. 이 책에서는 그보다는 인생 후반기에 일어나는 성격 변화를 자세히 서술한다. 우선, 가능한 한 오래 삶을 지속하고 싶다는 욕망이 있다. 그다음에는 삶을 지속할 능력이 쇠함에 따라 신체와 영혼에 변화가 일어나고 성격이 점점 더 드러나고 공고해지다가 퍼즐의 세 번째 조각, 즉 내가 떠났을 때 남는 것이 수면으로 떠오른다. 지속, 떠나감, 떠나버림이 그 세 부분, 세 개의 주요한 관념이다.

  책은 관념들 위에 세워진다. 이 책은 특히 더 그렇다. 관념을 즐기고 거기서 기쁨을 발견하는 능력은 오랫동안 책 읽기와 쓰기를 정당화했고 책을 가치 있는 재산으로 여길 수 있게 했다. '오래 산다는 것'이라는 장^章은 장수^{長壽} 관념이 더 광범위하게 함축하는 것, 이 관념에 실려 있는 열망, 그리고 어떻게 이 관념이 생물학적 효력과 통계적 기대의 범위 이상으로 확장될 수 있는가를 다룬다. 제1부는 또한 '오래됨/늙음' 관념을 살펴보고 우리가 어떤 인물·장소·사물의 성격에 품는 애정에 이 관념이 어째서 그토록 중요하게 작용하는지 알아본다.

제2부는 우리가 인생을 서서히 떠나기 시작하면서 일어나는 신체적 징후들을 들여다보고 그러한 징후들이 성격 형성에서 담당하는 역할을 살펴본다. 이 부분은 모두의 생의 핵심을 다룬다는 점에서 이 책의 핵심이기도 하다. 제2부 '떠나감' 중 12개의 장은 나이듦으로 인한 기능 장애가 성격의 기능으로 바뀌는 과정을 보여준다. 성마름, 장애, 그 밖에도 말년의 두려운 징후들은 우리가 그것들의 목적을 찾아냄에 따라서 의미가 바뀐다. '떠나감'이라는 이 책의 한 부분을 통하여, 또한 떠나감에 해당하는 생의 한 부분을 통하여, 성격이 몸으로부터 지혜를 배운다는 생각을 향유할 수 있다.

'떠나감'은 심리학을 그것의 최초의 역사적 본향인 철학과 다시 이어준다. 니체는 철학자의 과업이 "가치 창조"라고 했다. 오늘날 가치라고 하는 것은 단지 개인의 견해처럼 치부되거나 추종자 혹은 소비자를 끌어들이기 위해 교조화되든가 상업화되기 일쑤다. 그래서 니체의 말마따나 철학자로서의 심리학자는 생애 말년에도 변하지 않는 가치들을 찾아내면서 "자신이 자기 시대에 반^反한다"는 것을 깨닫게 된다.[1] 그래서 이 책은 철학책이기도 하다. 나이 든 철학자들은 가치 창조에 도움이 되는 얘기를 더러 한다는 점에서 환영받아왔다.

'떠나감'과 '떠나버림/남음' 사이에 '얼굴의 힘'이라는 짧은 막간 이야기를 마련해두었다. 이 여담은 나이가 들수록 얼굴에 성격이 뚜렷이 나타나고, 노안老顔의 아름다움은 그 사람의 성격을 보여주며, 지성·권위·비극·용기·깊이 있는 영혼의 이미지로서 남을 수 있는 힘은 성격에서 비롯된다고 주장한다. 그리고 현대 사회와 이 사회의 공인公人들에게 이러한 자질이 부족한 이유는 대중에게 보이는 얼굴을 지어내고 꾸며내려는 경향 때문이라고 말한다.

제3부 '떠나버림/남음'은 "성격은 운명"이라는 오랜 금언을 붙잡고 늘어진다. '남는' 것은 각 사람의 독특한 성격이 구현하는 운명의 한 조각이기 때문이다. 독특한 사람이 된다는 것은 괴팍하고, 남들과 다르고, 전형적이지 않고, 세상 그 어떤 이와도 비슷하지 않다는 것이다. 사람은 오랜 시간 자신의 괴팍함을 끊어내고 깎아내면서 사회에 순응하지만 말년에는 원래의 성격이 다시 표면화되면서 남는 것의 이미지를 이룬다.

제3부는 수수께끼 같은 성격과, 심리학자들이 선호하는 자기self라는 추상적 관념이 어떻게 다른지 짚어준다. 또한 성격과 인격personality의 차이에 대해서도 짚고 넘어간다. 인격은 좀 더 대중적인 관념으로, 유명인들의 매력과 청춘의 관심사에 적합하다.

성격을 두 갈래로 나누어 바라보는 시선은 이 책 전체를 관통한다. 성격은 한편으로는 규범들을 통하여 주입되고 의지와 강압으로 유지하는 도덕 구조이기도 하고, 다른 한편으로는 개인의 취향과 행동으로 표현되는 지속적 특성들의 미학적 양식이기도 하다. 우리가 무대를 떠날 때 남는 것은 우리가 어떻게든 끌어안고 살려고 노력했던 도덕 규범들(이것들이 '성격'이라고 잘못 일컬어지기도 한다)이 아니라 우리만의 독특한 이미지, 특히 생애 말년에 드러냈던 이미지이기 때문이다. 한 사람이 남기는 이미지, 타인들의 마음속에 남는 그 사람만의 독특한 존재 방식과 행동 방식은 (일화와 상기^{想起}와 꿈을 통하여, 본보기와 멘토의 목소리와 선조라는 존재로서) 아직 살아야 할 날들이 있는 사람들에게 잠재적인 영향력을 발휘한다.

서문은 그 책이 무엇을 다루는지 전체적인 개요를 드러내야 할 것이다. 이 책이 순전히 심리학책이기만 하다면 이 서문은 실패다. 왜 그럴까? 심리학은 표면상 절대로 무엇에 '대한' 것, 요약 혹은 초록^{抄錄}이 아니다. 영혼을 자기 탐구로 인도하는 책은 독자를 영혼의 미궁 속으로 끌어들인다. 서문은 그 미궁의 평면도를 그려 보이려 한다. 그러나 평면도는 미궁의 큰 굽이와 작은 굽이, 유독 어두운 길과 밝은 빛이 파고드는 순간을 제대로 알려주지 못한다. 어쩌면 이 서문이 할 수 있는 가장 좋은 일은 책에게 '즐거운 여행'을 하기를 빌어주는 것, 책이 나온 것에 감사하는 것, 그리고 책이 누군가의 손과 눈을, 나아가 정신과 마음을 차지할 수 있음에 감사하는 것 아닐까.

"계속 퍼부어라, 나는 견뎌낼 터이니."

-셰익스피어, 『리어 왕』

제1부

지속
Lasting

1
오래 산다는 것

움직이되, 그 자신이고
느리게, 아무 의심도 없이
지나치리만치 그렇게, 오, 금욕적인 자여!
-D. H. 로렌스, 「거북의 가족 관계」

　우리가 살아가는 경쟁 사회에서 '지속'은 어떤 기한을 넘기고도 살아남았다는 의미가 크다. "나는 우리 아버지보다 오래 살았고 양가 할아버지들보다도 오래 산 셈이야!" "의사가 그러는데 내 명줄은 3년 전에 끊어졌어도 이상하지 않대." "보험 회사가 나 때문에 손해를 보지. 개인연금도 그렇고 사회보장연금도 그렇고, 내가 부은 돈보다 타 먹는 돈이 훨씬 더 많거든." 내 삶이 기대 수명 곡선에서 벗어나 끈질기게 이어지는 것을 보면 내 평생에 선하심과 인자하심이 필경 나를 따르는 모양이다.

　나는 유전적으로 물려받은 조건, 어릴 적 동창들, 보험계리사의 예측보다 오래 살았을 뿐 아니라 죽음 그 자체를 지연시켰다. 인생은 다른 모든 이들과의 경쟁이자 죽음과의 경쟁이므로 오래 사는 것은 일종의 승리가 되었다. 하여, 나는 해마다 내 생일이면 사도 바울의 이 유명한 말씀을 또다시 읊는다. "승리가 죽음을 삼켜버렸다. (…) 죽음아, 너의 독침이 어디 있느냐?"[*]

수 세기 동안 우리는 나이듦의 경험을 사망생존표[**] 기준으로 몇 년을 더 살 수 있느냐로만 따진 나머지, 노년을 죽음이 아니라 생명력과 성격과 관련지어 생각할 수 없었다. 그 전에는 노년을 죽음의 문을 향해 절름거리며 걸어가는 단계로만 여기지 않았다. 노년은 관습과 전설의 안정적인 보관소, 토착적 가치의 수호자, 기술과 공예의 전문가, 집단의 자문 역할을 했다. 과거에는 오랜 세월로 입증된 성격의 힘이 중요했다. 필사^{必死}의 명운은 오히려 어린 나이와 연관되었다. 사산^{死産}, 소아 사망, 전쟁으로 인한 부상, 결투, 강도질, 처형, 해적질·농업·광업·어업 등 직업과 관련된 위험과 출산의 위험. 가족들 간의 반목과 질투 어린 분노. 앞날이 창창한 이들을 떼로 쓰러뜨리는 유행병과 전염병. 묘지에는 으레 어린아이들의 작은 무덤들이 점점이 박혀 있었다.

장수와 사망의 긴밀한 결합, 노년과 죽음을 서로의 유일한 짝으로 보는 경향은 인구학이 발전하는 19세기에 들어서야 우리의 정신을 휘어잡았다. 프랑스 실증주의 철학은 인구 통계 연구를 촉진했다. 이로써 죽음은 사적이고 영적인 영역에서 사회학, 정치학, 의학의 영역으로 옮

---

[*]　「고린도 전서」 15장 54-55절.

[**]　사망생존표: 생명 보험 회사에서 사용하는, 보험 사고가 발생할 만한 연령별 위험도(사망률)를 나타낸 통계표. 이 표는 보험료 산출의 근거가 된다.

겨 갔다. 수명 통계는 사망률의 추락을 입증했고 그러한 현상은 문명의 진보로 해석되었다. 전체로서의 사회는 수명을 끌어올림으로써 자신의 발전상을 증명했고, 새로운 의학적 방법들(예방 접종, 살균, 소독)과 공공 보건 계획(식수 공급, 하수 처리, 환기)으로 수명을 끌어올릴 수 있다는 인식이 널리 퍼졌다.

인구 통계학의 지배력은 사회학의 아버지 중 한 사람으로 꼽히는 에밀 뒤르켐의 자살 통계 분석에 힘입어 더욱 확고해졌다. 뒤르켐의 분석에 따르면 프랑스의 지역별 자살률 추이는 수십 년간 거의 변하지 않았다. 따라서 어느 특정 지역에서 내년도에 자살자가 몇 명 나올 것인가를 예측할 수도 있었다. 자살은 계급, 직업, 유전적 내력, 종교, 연령의 사회학으로 분해되었다. 자살 행위가 자살자 개인의 심리를 크게 고려하지 않는 일개 사회학적 사태가 되어버린 것이다. 통계적 사태가 각 지역의 일정 비율 인구에 대한 자살을 예고하는 사회적 힘이 되었다. 데이터가 운명이 된다.

기대 수명 곡선도 그 나름의 힘을 행사한다. 여러분이 그 곡선에서 10대 여성에 해당한다면 적어도 일흔 살까지는 살 가능성이 있다고 기대할 수 있겠다. 예순 살이 된다면 기대 수명이 더 늘어난 것을 볼 수 있을 것이다. 이제 일흔여덟 살, 혹은 그 이상까지도 살 가능성이 있다고 기대할 수 있다. 일단 그 연령에 도달하면 통계표는 여러분의 기대 수명을 여든여섯 살로 조정할 것이고, 이런 식으로 실제 연령이 높아질수록 기대 수명도 늘어날 것이다. 그러다 100살까지 장수하더라도 보험계리사는 '조건부 확률' 운운하면서 앞으로 몇 달 혹은 몇 년까지도 더 살 가능성을 논할 것이다. 통계는 오래 사는 자는 더 오래 살 것이라고, 하루를 살면 또 하루의 삶을 기대할 수 있으므로 "생존 곡선이 무한대로 뻗어나간다"고 말한다. 이 곡선은 수명이 끝나는 시점을 예측할 수 없다. 이 곡선은 우리를 끝없이 앞으로 나아가게 하는 듯 보인다. 우리를 죽음을 향해 데려가고 필멸이라는 사태의 민낯을 보게 만들기는커녕, 불멸을 통계적으로 고지하는 것 같다!

'지속'이 통계적 기대 수명보다 오래 살았다는 의미 그 이상이라면, 도대체 '무엇'이 지속됐다는 것인가? 끈질기게 살아남고 버티는 '그것'은 과연 무엇인가? 기나긴 인생의 우여곡절 후에도 남는 것, 처음부터 끝까지 한결같은 무엇이 있을 수 있을까? 육체나 정신은 동일성을 유지하지 않는다. 육체도 정신도 변화는 피할 수 없다. 지속되었다고 볼 만한 것은 나를 타인들과 구별되는 존재로 나타내주는 일관된 심리적 구성 요소들, 즉 개인의 성격이다. 성격이 나의 동일성이다.

하지만 '동일하다'는 게 과연 뭘까? 나는 살면서 많이 변했고 지금은 아예 과거와 딴사람이 됐지만 그래도 내가 늘 같은 사람임을 확인해주는 그 무엇이 있다. 사회적 정체성, 신체적 용모, 개인적 이력은 잃을 수도 있는 것들이다. 그래도 어떤 것은 이 심각한 우여곡절 속에서도 변함없이 남는다. 나는 성격 관념이 이 끝까지 남는 알맹이를 제공한다고 본다.

우리가 성격이라고 보는 그것을 철학 용어로 동일성이라고 한다면 이 심오한 '동일성' 원리에 대해서 아직 더 많은 것을, 가령 동일성이란 무엇이고 그것이 어떻게 작용하는지를 밝혀야 할 것이다. 이것은 이만저만한 작업이 아니다. 플라톤이 동일자와 타자를 만물의 존재에 관여하고 만물에 대한 사유를 형성할 뿐 아니라 애초에 사유 자체를 가능케 하는 가장 기본적인 두 관념으로 상정한 이래로 철학자들은 줄곧 동일성에 관한 사유를 전개해오지 않았는가.[1]

철학자들은 동일성의 수수께끼 놀이를 한다. 가령, 여러분이 아주 좋아하는 모직 양말 한 켤레가 있다고 치자. 양말 한 짝의 뒤꿈치에 구멍이 나서 다른 천을 대고 기웠다. 엄지발가락 부분에 또 구멍이 나서 그쪽도 기웠다. 그런 식으로 꿰매고 기운 부분이 양말 원단의 절반 이상을 차지해버렸다. 결과적으로, 누덕누덕 기운 양말은 원래의 양말과 원단이 다르다고 할 수 있다. 그렇지만 이 양말은 여전히 그 양말이다. 양말의 모양새나 다른 한 짝과의 관계를 따져봤을 때 여전히 동일한 양말이다. 양말 두 짝은 서랍에서 늘 함께 나왔다가 서랍 안으로 함께 들어간다. 그 한 짝만 놓고 보더라도 그 양말의 정체성을 따져본다면 외관이 변했어도 동일한 양말이 맞다.

철학자들은 이 예에도 동일성과 차이라는 플라톤의 원형적 관념들을 적용할 수 있다. 양말은 닳고 해진 모직 원단을 대체하는 과정에서 완전히 소재가 달라졌지만 그 모양은 동일성을 유지한다. 그래서 물질성은 근본적으로 변했어도 아예 다른 양말이 되지는 않는다. '질료'는 달라졌으나 '형상'은 동일하다.

철학자들이 말하는 '형상'의 첫 번째 의미는 양말을 양말로 인식하게 하는 모양이다(발목 아래는 없고, 토시처럼 발목과 다리가 통으로 이어져 있는 튜브 삭스는 개념적으로 문제의 소지가 있다!). 양말이 양말처럼 보이지 않는데도 양말일 수 있을까? 또한 철학자들이 말하는 '형상'의 두 번째 의미는 양말의 기능이다. 한 짝이 다른 짝과 맞아야 한다든가 발에 신는 물건이라든가 하는 식으로 말이다(기능적 형상). 형상의 세 번째 의미는 특히 우리의 관심을 끈다. 새로운 모직 원단이 오래된 양말에 편입되는 방식을 지배하는 데 작용하는 원리를 형상이라고 볼 수도 있다. 따라서 형상은 시각적 모양새, 그리고 그 모양을 잡는 힘이다. 자, 성격 개념에 한 발짝 다가갔다는 느낌이 오는가?

사람의 몸도 양말 같아서 세포가 떨어져 나가고, 체액이 바뀌고, 신선한 박테리아 조직이 배양되어가는 동안 다른 조직들은 죽어버린다. 나를 이루는 물질이 변하거나 교체되더라도 나는 여전히 나다. 눈에 보이는 살갗 한 점, 손으로 만져지는 뼈 한 무더기가 달라졌어도 내가 다른 사람이 되지는 않는다. 본인의 기본 패러다임을 기억하게 하고 성격을 본인에게 충실하게 유지하는 어떤 선천적 이미지가 있는 듯하다. DNA 개념으로는 우리의 유일무이한 이미지의 심리적 차원을 다 담을 수 없다. 이 복잡성을 포용하려면 좀 더 광범위한 관념이 필요하다.

일부 고대 그리스 철학자들과 중세 교부철학자들은 변화 속의 일관성이 형상 관념에서 기인하는 것으로 보았다. 어떤 이들은 형상이 개체를 개체로 만드는 것이라고 주장했다. 사람이나 사물의 개별성은 형상의 적극적 힘에서 비롯된다. 두 형상이 서로 똑같을 수는 없다. 우리는 형상 원리에 따라서 개인 특유의 이미지에서 벗어나지 않는다. 윌리엄 제임스의 의미심장한 표현을 빌리자면, 우리 모두는 '각자^{each}'다. 우리는 '각자'로서 유일무이하다. 우리는 저마다 동일성을 유지하는 독특한 캐릭터이거나, 그러한 성격을 지닌 존재이기 때문이다.

우리가 '질적으로' 유일무이하다는 점을 이해하는 것이 중요하다. 저마다 자기 스타일, 자기 이력, 자기만의 이러저러한 특성들, 자기 운명이 있다. 각자 개인화된 성격의 동일성이 지속되기 때문에 여러분은 본질적으로 나와 다르다.

나와 타인의 차이가 물리학, 논리학, 정치학, 경제학, 법학으로 정의된다면, 각 사람은 성격적 특성이 필요치 않은 숫자상의 '1'일 것이다. 그래서 법은 "만인은 법 앞에 평등하다"고 하고, 정치학은 "1인 1표"를 말한다. 물리학은 "두 물체가 동시에 같은 공간을 차지할 수 없다"고 한다. 경제학은 각 사람 모두를 소비자, 노동자, 소유주, 피고용인 등의 범주들로 묶는다. 각 사람이 다른 누구하고든 호환 가능하다면 개인성이란 서로 다른 식별 번호로나 구별될 것이다. 유일무이함은 개인성의 일관된 동일성을 형성하는 질적 차이에 달려 있으므로 우리가 서로 다른 개체이자 그 자체로는 늘 동일한 개체이기 위해서는 성격 관념이 꼭 필요하다.

양말의 예로 돌아가보자. 원단이 닳고 닳은 후에도 남는 것이 형상이라면, 양말이 닳아서 얇아지듯 퇴락하는 신체에 집착하는 것은 핵심을 놓친 것이다. 양말의 구멍 난 부분이나 얇아진 부분을 기워도 양말의 기능은 유지된다. 그러니 물질이 대체된 후에도 여전히 유효한 형상 원리의 신비를 깊이 생각해보는 편이 정신에 유익할 것이다. 성격의 지속성은 분명히 모직 원단의 내구성 못지않게 중요하다.

때로는 꿰매기와 짜깁기가 통하지 않을 때도 있다. 의학은 수혈, 장기 이식, 골 이식의 거부 반응을 주의 깊게 관찰해왔다. 이질적인 것이 들어와도 동일성을 보장해주는 형상 원리를 의학은 '면역계'라고 한다. 면역계는 그 자체의 선천적 규칙을 적용하여 대체물을 받아들이기도 하고 거부하기도 한다. 새로운 물질(질료)은 반드시 그 사람의 온전함 안으로 통합되어야 한다. 혹은, 900여 년 전 교회의 논쟁에서 얘기되었던 것처럼 질료는 반드시 형상에 수용되어야만 한다고 할까. 나의 물질적인 부분은 반드시 나의 타고난 이미지에 맞아야 한다. 새로운 신체 기관(신장, 고관절, 무릎)은 반드시 내 것이 되어야 한다. 새로 덧댄 원단은 반드시 '나'가 되어야 한다.

무엇이 '그것'을 '나'로 변환시키는가?

현대 심리학은 학파를 막론하고 사건들을 '나'로 동화시키는 것이 성격의 기능이라고 본다. 학파마다 성격을 지칭하는 용어는 '인격personality', '자아ego', '자기self', '행동 조직성behavioral organization', '통합 구조integrative structure', '정체성identity', '기질temperament' 등으로 조금씩 다를 수 있다. 이러한 대체적 용어들은 개인성을 가장 뚜렷이 나타내는 동화 양식들의 성격을 잘 나타내지 못하고 있다. 우리는 저마다 세계에 달리 반응하고 저마다 자기 방식대로 삶을 다스린다. '성격'이라는 단어는 특징과 특질, 습관과 패턴의 한 뭉텅이를 함축한다. 성격을 논하려면 소개장, 추천서, 초등학교 성적표, 대본과 소설, 공연 평론, 사망 기사* 등에서 볼 수 있는 것과 같은 묘사적 언어가 요구된다. '자아', '자기', '정체성'은 그 당사자에 대해서 아무것도 말해주지 않는 한낱 추상에 불과하다. 이런 용어들은 기껏해야 통합적인 동일성을 환기할 뿐 사람들 사이의 독특한 차이는 등한시한다.

철학의 가장 오래되고 기본적인 개념들(동일성과 차이, 형상과 질료)이 실제로 우리의 일상적 삶에, 심지어 우리의 신체에 작용한다는 발견은 신선하다. 나는 유행 지난 뜨개옷 같은 원리들이 즉각적인 실용성을 띠고 구체적인 사실들로서 논의된다는 점이 무척 기쁘다. 우리를 우리 본연의 모습으로 지켜주고 우리의 신체를 형상에 귀속시키는 이 지속적인 힘, 즉 성격이 이미 주어진 조건이라면 왜 성격을 구축하고 강화하라는 권고를 하는 건가? 고대 철학자처럼 신체를 지혜가 머무는 장소로 상정해보자. 이러한 생각은 두 명의 의학 전문가 월터 캐넌과 셔윈 뉼런드의 저작 제목에 이미 나타나 있다.

캐넌은 1930년대에, 뉼런드는 1990년대에 신체 생리는 자신이 하는 일을 알고 있다는 주장을 내놓았다. 신체에 어떤 지혜가 작용한다는 것이다. 성격 관념은 그러한 지혜를 이해하는 데 도움이 된다. 게다가 성격을 특징의 집합 또는 습관·미덕·악덕의 축적이 아니라 적극적 힘

---

*   사망 기사: 어떤 사람의 죽음을 알리는 기사. 죽은 이의 약력이 제시된다.

으로 본다면 성격은 나이 들어가는 신체에 작용하는 형성 원리일 것이다. 이때 비로소 나이듦은 신체의 지혜를 드러낼 수 있다.

내가 질료의 조직화에서 형상을 강조하는 이유는 크게 두 가지다. 첫째, 우리가 최신 컴퓨터 칩에 비유될 수 있는 복잡한 생명공학적 부품들이라는 생각을 팔고 싶어 하는 유물론 사기꾼들을 상대하기 위해서다. 그들에 따르면 모든 형상은 그 기저에 깔린 생물 발생 충동에서 비롯된 것이다. 형상은 질료로 환원될 수 있다. 형상은 질료의 법칙에 순종하며 유전 물질에 의해서 빚어진다. 질료가 형성, 즉 형상화까지 맡기 때문에 별도의 형상 개념은 필요하지 않다.

세계 최고의 인지과학자 중 한 사람인 스티븐 핑커의 글에서 발췌한 이 통통 튀는 필력의 글은 가히 환상적이다. 이 글은 비슷한 저작들에서 볼 수 있는 비슷한 진술들을 총망라하고 있다.

> 마음은 수렵 채집을 하던 우리 조상들이 직면했던 문제들을 해결하기 위해 자연 선택이 설계한 연산 기관 시스템이다. (…) 마음은 뇌의 활동인데, 특히 뇌는 정보를 처리하는 기관이며 사고는 일종의 연산이다. (…) 우리 조상들의 다양한 문제들은 사실 그들의 유전자가 직면했던 하나의 큰 문제의 부수적 과제들이었다. 다음 세대가 될 사본의 수를 최대한 늘리는 문제 말이다.[2]

내가 이 글을 환상적이라고 하는 이유는 무엇인가? 수렵 채집을 하는 선조들, 문제에 직면한 유전자, 그리고 데우스 엑스 마키나*와도 같은 자연 선택설이라는 설명은 중대한 논점을 회피한다. 게다가 이 진술은 신화나 환원주의적 단순화가 아니라 자명한 진리처럼 제시된다. 이러니 스티븐 핑커는 심리학이 공학이라고 태평하게 말할 수 있는 것이다.

심리학을 공학으로 환원시키는 것은 형상의 의미를 난도질하는 것이다. 내가 말하는 모양shape은 한데 그러모으는 방식 그 이상이다. 우리는 모두 지속이 모양/건강shape을 계속 유지하는 것이라고 알고 있지만 '모양 안에 머물기/건강 유지staying in shape'는 운동하기 그 이상의 의미다. 식단을 관리하고, 운동하고, 자정 전에 잠자리에 들면 모양/건강의 필요가 다 충족된 걸까? '모양'의 첫 번째 의미는 '창조 활동'이다. 이 활동은, 눈에 보이지 않지만 각 생물을 그 생물만의 양식으로 보이게 만드는 힘에 의해 좌우된다. '정보 처리'라는 너무 광범위한 용어는 형상 관념에 담겨 있는 정묘한 사상들의 역사를 덮어버린다.

둘째, 심리학의 문제들을 다루니만큼 심리학의 관점들을 유지하기 위해서다. 사실, 실제로 살아가는 자의 인생은 생화학이나 뇌 생리학으로는 별로 해결되지 않는 심리학적 고민들로 점철되어 있다. 왜 사는가, 왜 생물학적 불완전성의 가능성을 안고서도 오래 사는가, 라는 문제들은 그러한 과학 분과들과 별 관계가 없다. 그러한 불완전성을 제거하고 수명을 연장하더라도 이 '왜'라는 물음들은 '어떻게'라는 답으로 충족

---

* 　　　데우스 엑스 마키나(deus ex machina): 기계 장치의 신. 해결하기 어려운 문제 상황에 개입하는 초자연적인 힘을 뜻한다.

되지 못한 채 그대로 남는다.

 나는 오래되고 딱딱하고 근본적인 물음들을 아리스토텔레스처럼 오래되고 딱딱하고 근본적인 사상가에게 던지곤 한다. 특히 아리스토텔레스는 형상 관념을 신체와 영혼의 관계를 통해 사유했다는 점에서 그런 물음들을 던지기에 아주 적합한 인물이지 싶다. 영혼은 신체의 형상, "신체의 움직임의 원본"이요, 신체의 궁극 목적이다. 이 형상은 프시케psyche(정신)라고 하는 "살아 있는 존재의 실체"로서 신체에 "영향을 끼치고" "명령을 내리며" 비록 "영혼과 신체의 이해관계는 동일하지만" "동물에게는 신체보다 한층 더 중요한 부분"이다. 영혼은 신체를 형성하되 신체 없이도 그 자체로 존재하므로 신체의 어느 한 기관, 한 세포, 한 유전자에 깃들어 있다고 할 수 없다. 양말의 형상이 모직 원단에 있다고 할 수 없는 것과 마찬가지다. 영혼은 이처럼 비물질성을 띠기 때문에 "영혼의 아름다움은 신체의 아름다움에 비해 보기가 어렵다."[3]
 2,000년이 지난 후 노벨 물리학상 수상자 리처드 파인먼도 형상은 동일성을 유지시키는 것이라고 설명했다.

 내가 나의 개인성이라고 일컫는 것은 단지 하나의 패턴 혹은 춤일 뿐이다. (…) 원자들이 나의 뇌 안으로 들어와 춤을 추고는 나간다. 언제나 새로운 원자들이 있지만 어제의 춤이 어땠던가

를 기억하면서 언제나 똑같은 춤을 춘다.[4]

    플라톤의 형상, 아리스토텔레스의 영혼, 파인먼의 춤을 좀 더 상세히 나타내기 위해 전통은 종종 성격적 특징의 언어를 사용한다. 영혼은 선과 아름다움, 정의와 용기, 우정과 신의에 마음을 쓴다. 성격 분석과 영혼에 대한 기술은 으레 공통적으로 '판단력 있는', '현명한', '아는 바가 있는', '친절한', '수줍은', '무게 있는', '우유부단한' 등의 표현을 사용한다. 이러한 특성들은 영혼의 활동, 즉 우리의 움직임을 패턴화하고 영혼의 형성력을 드러내는 활동이다. 이 활동이 우리의 행동에 영향을 끼치고 선동하기도 한다. 우리가 영혼의 삶을 향한 용감한 의지, 혹은 영혼의 현명한 결단이나 유머를 만날 때까지 영혼은 한낱 추상적인 개념에 불과하다. 형용사들은 우리 행동을 심오하거나, 따뜻하거나, 소극적이거나, 겸손하거나, 우아하거나, 잔인하거나, 신중한 것으로 만든다. 형용사들이 춤의 스타일을 만든다. 우리는 영혼에 넘쳐나는 잠재성을 구분하는 형용사들을 구체화하고 현실화함으로써 영혼을 빚어낸다. 우리는 이러한 성격적 특징들을 통하여 우리 영혼의 본성을 알게 되고 타인들의 영혼도 가늠할 수 있다. 특성들은 신체적 현상에 목적과 모양을 부여하는 최종 하부 구조다. 특성들이 성격 속의 힘이다. 이 때문에 나는 인간의 오랜 수명이 프시케의 놀라운 형용사 모음에 생기를 불어넣어 영혼을 빚어내는 데 도움이 된다고 생각한다.

    이로써 영혼을 각 사람의 운명을 형성하고 구성하는 적극적 지성으로 이해할 수 있다. 번역자들은 고대 그리스어 '미토스^{mythos}'를 영어로 옮기는 과정에서 '구성plot'이라는 역어를 썼다. 영혼들을 이렇게 저렇게 엮고 성격들을 이끌어내는 구성들은 거대한 신화myth들이다. 그래서 우리의 장대한 투쟁, 부적절한 결합, 비극적인 일을 들여다보고 통찰력을 얻으려면 신화의 의미와 다양한 신화들에 대한 지식이 필요한 것이다. 신화는 우리의 혼란 속에 존재하는 상상적 구조를 보여준다. 또한 인간 캐릭터들은 신화의 캐릭터들을 보면서 자기 자신이 어디에 해당하는가를 찾을 수 있다.

일반적 영혼(또한 각 사람의 개별적 영혼)이 특정한 성격을 지닌다는 이 구조화되고 의도적이며 지적인 영혼 관념은 오늘날의 관습적인 클리셰와 뚜렷한 대조를 이룬다. 요즘 영혼에 대해서 하는 말들은 죄다 심지가 없고 거미줄처럼 허망하기만 하다. '영혼'은 미스터리와 안개가 숨어드는 곳이 되었다. 영혼은 환상과 느낌, 꿈과 몽상, 기분, 상징, 전율, 나비의 날개처럼 잡히지 않고 망가지기 쉬운 수동적인 사랑스러움이 가득한 동화 나라다. 영혼에 성격과 모양을 부여하는 형상 관념은 좀 더 엄정한 사유를 요구한다.

형상은 나이 든 사람들의 놀라운 에너지를 이해하는 단초가 되기도 한다. 아리스토텔레스는 신체를 지배하는 것은 신체의 형상, 즉 프시케라고 했다. 프시케의 성격은 그 자체가 원인이며 다른 원인은 없다. 프시케는 당연히 해야 할 일을 하고 그 일에서 기쁨을 얻기에 자기 충족적이다. 아리스토텔레스는 이 자연스러운 활동을 '에네르게이아enérgeia'라고 했다. 에너지는 키네시스kinesis(운동)나 디나미스dynamis(능력, 잠재력)보다 우선하며 그것들과는 다르다. 나이가 들면 정신적 역량과 신체적 활력이 떨어지고 운신이 어려워지지만 성격은 형상이 좀 더 실현되기 때문에 훨씬 더 큰 에너지를 드러낼 수 있다.

다시 양말의 예로 돌아가보자. 철학자들이 하필이면 양말을 지속성의 유비로 사용한다는 점이 흥미롭다. '지속하다/버텨내다'라는 뜻을 지닌 'last'가 발과 양말을 가리키는 고대 스칸디나비아 말 '레이스트르leistr'에서 왔기 때문이다. 신발을 만들거나 수선할 때 쓰는 구두골, 즉 발 모양의 목재 또는 금속 덩어리가 'last'다. 성격대로 산다는 것은 구두골을 고수한다는 것이다. 구두를 만들때에는 구두골이 가장 먼저 고려해야 할 것이다.

'last'의 또 다른 의미도 '오래 산다는 것'이라는 우리의 주제와 연결되는 지점이 있다. 선박이 실어 나를 수 있는 중량, 배가 감당할 수 있는 무게가 'last'다. 말하자면 'last'는 짐이고 부담이다.

이 다양한 의미들(시간 속에서의 지속, 동일한 형상의 유지, 무게를 버텨냄)이 한데 어우러져 인간의 오랜 수명에 대한 생각을 풍부하게 해주고 성격에 대한 성찰로 이끈다. '지속lasting'이 형상을 충실하게 유지함을 뜻한다면 이때 충실히 유지되는 것은 우리의 성격이다. 심지어 성격은 생이 끝난 후에도 죽지 않는다. 성격의 영향력, 또는 성격이 어떤 것을 촉발하는 힘은 신체의 삶보다 선행할 뿐 아니라 완전히 그 삶에 의존하지도 않기 때문이다. 성격은 무게를 지탱하는 구조이기 때문에 오래 남는다. 그러나 우리는 이 구조를 짐스럽게만 여길 때가 너무 많다. "사람은 안 변해. 난 이렇게 생겨먹었어. 난 이런 사람이야." 성격의 구축은 사람의 이미지를 지울 수 없게 함으로써 그 사람이 오래도록 남게 한다.

주의해야 할 점이 있다. 우리는 형상에 충실함으로써 오래 남지만 그 형상이 꼭 건실하고 올곧고 진실하라는 법은 없다. 구조가 잡힌 성격이 꼭 미덕들로 이루어진 것은 아니다. 성격 패턴은 안일하고, 엉큼하고, 몹시 부도덕할 수도 있다. 하지만 그런 성격도 운명을 만들기는 마찬가지다. 온전함이 반드시 타격에도 무너지지 않는 강건함을 뜻하지는 않는다. 세금세공^{細金細工}도 엄연히 하나의 패턴이다. 카드로 지은 집도 그 자체로는 구조물이다. 온전함은 단지 그 사람이 그 사람다움을 뜻할 뿐, 그 이상도 그 이하도 아니다.

스위스 사람은 농담도 은행가 농담을 한다. 작은 개인 은행을 경영하는 부친이 두 아들을 불러놓고서 자신이 장차 늙으면 노망이 나고 판단력이 흐려질지 모른다고 말했다. 그는 아들들에게 "생선도 대가리부터 썩는다"는 러시아 속담을 인용하고는 그때가 되면 아들들이 솔직하게 그가 일에서 손을 떼라고 말해줬으면 좋겠다고 했다. 세월이 흘렀다. 아버지를 잘 공경하는 두 아들은 이제 노인이 된 부친에게 가서 때가 된 것 같다고 말씀드렸다. 노인네는 산더미 같은 서류 더미 뒤에서 고개를 들고 희한한 미소를 짓더니 이렇게 말했다. "너무 늦었다!"

농담에는 자칫 놓치기 쉬운 또 다른 의미가 숨어 있다. 그런 경우가 워낙 많아서 프로이트는 농담에 숨어 있는 어렴풋한 의미를 들추기를 좋아했다. 아버지는 정신이 오락가락할 때까지 일을 계속했다는 내용이 다가 아니다. "누가 은행을 경영할 것인가?"는 부자간의 원형적 투쟁에 해당하는데 부친의 장수 때문에 투쟁은 비극이 되기도 한다. 어떤 문화권에서는 아버지가 죽을 때까지 아들은 권력을 물려받지 못한다. 가나의 탈렌시족에게는 "아들이 경쟁자"라는 말이 있다. 각 사람이 타고난 생명력은 타인의 생명력을 파괴하기 원한다.[5] 소말리아 목동들은 "아들이 아버지에게 땅과 가축을 충분히 물려받고 자기 가정을 꾸렸어도 아버지가 살아 있는 동안에는 사실상 독립된 가정의 가장 노릇을 한다고 볼 수 없다"고 말한다. 단순히 자원과 부의 운용에 대한 문제가 아니라 원형적인 대립 구도에 대한 문제다.

나이 든 여성들도 오래 살면서 힘을 얻는다. "다양한 지역의 민족지학*적 보고서들은 여성의 역할이 노년에 확대된다는 주장에 힘을 실어준다." 나이 든 여성들은 젊은 여성들에게 일을 시킬 수 있는 위치에 있기도 하지만 마을 전체 차원에서도 어른으로 대접받는 경우가 많다. 예를 들어 멜라네시아에서 나이 든 여성은 "남성들만의 비밀 숭배 의식에 부분적으로 참여할 수 있는데 이는 젊은 여성들로서는 꿈도 꿀 수 없는 일이다."[6]

악착같이 쥐고 있을 것이냐, 놓아버릴 것이냐, 이것이 노인의 문제로다. 의학에서 약의 복용량을 정하는 문제하고도 비슷하다. 통제권을 한 번에 얼마만큼 넘겨줘야 하나? 계획을 세워서 일정 간격을 두고 조금씩 넘겨줘야 하나? 아니면, 한꺼번에 확 털어버리는 편이 낫나? 시기가

---

*   민족지학(民族誌學): 민족학 연구와 관련된 자료를 수집·기록하는 학문. 주로 미개한 민족의 생활 양상을 조사하여 인류 문화를 구명하는 자료로 이용한다.

중요하다. 리어 왕의 실수는 자기가 완전히 준비되기도 전에 너무 일찍 다 줘버린 것이다. 그는 자기 성격의 왕족적 뿌리를 몰랐다. 원형적 왕위는 그렇게 빨리 양도될 수 없는 것이다. 스위스 은행가의 경우는 반대로 너무 늦어서 문제였지만 말이다.

오래 살고자 하는 의지가 니체가 말하는 힘에의 의지로 소급될 수도 있겠다. 혹은 사회적 다윈주의가 오용한 "자기 보존은 첫째가는 자연법칙"이라는 홉스의 주장 비슷하게 받아들여질 수도 있겠다. 이러한 왜곡은 본질에 대한 스피노자의 철학적 정의("자기 존재를 유지하려는 경향")마저도 추잡한 이기심 비슷하게 바꾸어놓았다. 노인은 쉽게 포기하지 않는다.

그래서 나이를 먹을수록 자비, 정의, 자선, 아량의 덕을 갖춰야 한다고 떠들어대는 것인가? 청소년들에게 "자비와 자선을 베풀어야 한다"고 말하는 사람을 보았나? 그들은 얻을 것을 얻고 버티는 법을 배운다. 토머스 울프는 말한다. "연민은 학습되는 감정이다. 어린아이가 가장 모르는 감정이 연민이다." 청춘 하면 떠오르는 단어들은 '성취', '근사한 모습', '성공', '승리'다. 오직 우리 노인네들만이 이제 그만 넘겨주라는 요청을 받거나, 부자는 천국에 가기 힘들다는 예수의 경고를 귀담아들어야 한다(그러한 경고는 부자들의 최종 목적지는 다른 곳밖에 없다는 뜻을 담고 있다). 그렇게 고상하고 점잖은 항의는 노인들의 탐욕 앞에서 씨알도 안 먹히겠지만 돈줄을 틀어쥐는 탐욕이 노년에 나타나는 경우가 많다는 사실을 새삼 상기시킨다.

그리하여 어떤 사회들은 '너무 늦지' 않게 노인들을 치워버리기 위해서 노인 살해를 실시한다. 노인학자 앨버트와 커텔은 95개 사회를 연구하고서 그중 20개 사회에 노인 살해가 존재함을 확인했다.[7] 나머지 75개 사회 중에서도 노인 살해에 대한 법적 처벌을 따로 마련해놓은 사회는 고작 17개였다. 일부 사회에서는 늙어서 힘도 못 쓰는 이들을 때리고, 산 채로 파묻고, 목을 조르고, 칼로 찌르는 등 기나긴 명줄을 폭력으로 상대한다.

노인 살해가 노인 공경과 양립할 수 없는 것은 아니다. 실제로 노인 학대와 노인에 대한 지원은 버젓이 공존한다. 사회학에서 '사망 촉진'이라고 하는 끝내기 절차들은 노인에게 먹을 것을 제대로 주지 않은 학대, 권위를 넘겨주라는 강요 따위가 아니다. 아직 사회에 속해 있는 사람을 일찌감치 죽은 사람 취급할 수도 있다는 점에서 노인 살해는 사회적 결속과 연루되어 있다. 인류학자들은 강력한 집단 정체성이 있는 곳에서는 노인 살해가 좀체 일어나지 않는다고 지적한다. 또한 강력한 부계 사회나 모계 사회에서도 연장자들은 조상들과 동일시되기 때문에 노인 살해가 들어설 자리가 없다. 실제로 어떤 사회에서는 '조상'과 '할아버지'(혹은 '할머니')를 한 단어로 지칭한다. 또 어떤 사회에서는 '죽은 자'와 '병자'(혹은 '약자'나 '노쇠한 자')가 한 단어다.

노쇠란 무엇인가? 일반적으로 '노쇠한'은 사회적 역할을 더는 감당할 수 없는 사람에게 갖다 붙이는 형용사다. 특히 토착 사회들이 정의하는 '노쇠'는 생리학적인 의미보다 사회적인 의미가 크다. 나이 든 여성이 염소젖도 못 짜고, 불도 못 피우고, 바구니도 못 짠다면 그 여성은 노쇠한 거다. 눈이 안 보이고 몸을 마음대로 못 쓰거나 쇠약해지는 것도 노쇠에 한몫을 하지만 눈이 안 보이고 몸이 불편한 이 여성이 약초를 써서 병을 고쳐주거나 이야기꾼 노릇으로 제 역할을 감당할 수도 있으므로 생리학으로만 따질 일은 아니다. 혹은, 이 나이 든 여성이 토템 조상의 구현으로서 '힘'을 행사한다면 그녀는 존재만으로도 제 기능을 하는 것이다.

근대의 진보는 인간의 수명을 연장하는 동시에 나이 든 사람들의 가치를 떨어뜨렸다. 오래 살수록 가치가 떨어지는데 우리는 더 오래 살거란다! 전통적 성격이 강한 사회(방글라데시, 인도, 나이지리아)가 현대적인 사회(칠레, 아르헨티나, 이스라엘)보다 나이 든 사람을 공경하는 편이라고 흔히들 생각한다. 그렇다면 고령의 중요성은 진보와 반비례 관계에 있다고 하겠다. 하지만 이러한 클리셰는 '옛날' 사회 소리를 들을 만큼 전통적이지만 노인 살해 풍습이 있는 곳에는 적용되지 않을뿐더러, 아일랜드나 러시아처럼 나이 든 사람을 공경하는 현대적인 사회도 얼마든지 있다.

노인 공경은 현대화의 수준보다는 타자, 혹은 보이지 않는 세계와의 연결 고리를 담당하는 전통의 생명력과 관계가 깊다. 이 전통은 종교, 관습, 미신, 민속일 수도 있고, 공통의 시적 담화일 수도 있다. 아일랜드와 러시아는 시 문학이 번성한 나라들이기도 하다.

노인과 일반적으로 결부되는 가치들(비법, 기술, 요령, 그 지역에 구전하는 지식·노래·말·미신 등에 대한 정통함, 그리고 단순한 느림)을 깎아내리면 노인의 가치도 깎아내리게 된다. 이처럼 폄하된 가치들이라는 맥락 속에서 노인 살해를 정당화하기란 더 쉬워진다. 노인 살해를 '딱한 상태에서 꺼내주기'라고 하고 심폐 소생 거부^{DNR: Do Not Resuscitate}, 안락사, 사망 촉진, 조력 자살 같은 전문 용어로 위장한다. 이러한 실태는 공공의 눈이 닿는 곳보다 훨씬 더 깊숙이 개인의 가정, 양로원, 병원에 들어와 있다. 우리 사회가 비록 노인을 두들겨 패고 칼로 찌르고 목을 조르지는 않지만 어떤 이들은 그럴 수 있기를 소망한다. 미국에서 노인 학대는 널리 퍼진 문제가 되었다. 소망은 너무 자주 실행으로 옮겨진다. 미국인들은 일반적으로 노화를 질색하며 노화의 구체적 화신인 노인을 혐오한다.

나이가 많아서가 아니라 성격을 포기해버리기 때문에 말년이 추잡해진다. 우리는 생리학적 시각으로만 노년을 바라보기 때문에 나이듦의 아름다움을 상상하지 못한다. 아리스토텔레스의 말마따나 "영혼의 아름다움은 신체의 아름다움에 비해 보기가 어렵다." 성격 관념이 없으면 노인은 순전히 닳아빠지고 약해진 사람일 뿐이고 인간의 오랜 수명은 사회의 짐이다. (65세 이상 인구를 위한 연방 재정 지출이 18세 이하 인구를 위한 지출의 다섯 배다. 그나마 이 18세 이하 인구를 위한 지출도 음식, 학습, 쉼터 같은 기본적 욕구보다는 청소년 구금, 범죄 예방, 교도소 수감 등에 더 많이 쓰인다.) 신체가 부자유한 노인들에 대한 생각에 급급하다 보니 혜택을 받지 못하는 젊은이들은 안중에 없다. 노인은 신체적으로 죽어가기 한참 전부터 우리 정신이나 사회적 언어 감각 속에서 노쇠해버렸다.

우리가 노인의 전통적 역할을 명시하지 않음으로써 그들을 '노쇠하게' 만들고 있지는 않은가? 우리가 노인들에게 아무런 기능도 부여하지 않아서 그들이 제 기능을 못하는 존재가 되지는 않았나? 생산성은 유용성의 척도라고 하기에는 너무 옹색한 개념이요, 신체적 부자유는 무력함을 뜻하기에는 너무 지엽적이다. 나이 든 여성은 성격이 훌륭하기만 해도 많은 이에게 도움이 될 수 있다. 강바닥의 돌멩이는 아무것도 하지 않고 그 자리를 지키고 있지만 강물이 알아서 그 돌멩이를 고려해서 흐른다. 나이 든 남성은 순전히 존재만으로 가족과 이웃의 드라마에서 하나의 캐릭터로서 제 역할을 한다. 그의 존재는 고려되어야 하고 단지 그가 거기에 있다는 이유만으로 패턴들은 조정된다. 그의 캐릭터는 모든 장면에 독자적 특성을 더해주고 과거 혹은 죽은 이를 대변하는 인물로서 복잡함과 심오함을 불러일으킨다. 노인들이 죄다 은퇴자 공동체 같은 데 들어가면 강물은 더 원활하게 흘러 집으로 돌아갈 것이다. 물길을 가로막는 돌멩이들이 없기 때문이다. 그러나 캐릭터도 줄어들 것이다.

은퇴도 노쇠를 촉진한다. 은퇴 관념은 나이 든 사람들을 사회적으로 유용한 기능에서 제외해버리기 때문이다. 은퇴는 은퇴자들을 그들만의 공동체에 모아놓음으로써 그들을 더 넓은 사회에서 소외시키고 그들로 하여금 자기네들의 보호와 이익만 생각하는 단일 쟁점의 정치적 입장을 강화하게 만드는 경향이 있다. 물론 나이 든 사람 개인이 참여 방법을 찾기는 하지만 은퇴 관념 자체가 사회에 봉사한다는 의미보다는 사회로부터 지원을 받는다는 의미를 부추기는 경향이 있다.

고령자가 노쇠해서 아무 활동도 하지 못하는 상태는 대개 석 달밖에 가지 않는다는 증거들도 있다. 그 석 달 동안에도 '노쇠한 자' 세 명 중

두 명은 맑은 정신을 유지한다. 절반 이상은 혼자 지내는 시간이 거의 없다(찾아와주는 손님들을 맞이하는 일이 오히려 그전보다 많다). 또한 절반은 가벼운 통증만 있고 나머지는 통증이 없다.[8]

인생의 말년은 더없이 가치 있는 시간이다. 살아온 날들을 돌아보고, 바로잡아야 할 것을 바로잡고, 우주론적 사색에 잠기고, 기억을 이야기로 엮어내고, 세상의 이미지를 감각으로 향유하며, 유령이나 조상과 연결될 수 있는 귀한 시간이다. 우리 문화는 이러한 가치들이 말라죽도록 방치했다. 노쇠를 발견하고 바로잡고 싶다면 문화를 바라보라. 이 문화의 회의적이고 분석적인 철학들의 사후 경직, 이 문화의 상상력이 겪는 외로움과 치매부터 보기 시작하라.

장수의 가치가 기나긴 이력서에 달려 있다 치자. 알다시피 노년에는 과거의 이력이 대부분 왜곡되거나 잊히고 실제 판단에 잘 활용되지 못한다. 예를 들고 싶은데 잘 떠오르지 않고, 비슷한 상황이 있었던 것 같은데 기억이 나지 않는다. 노인들은 성격으로써 지성을 정련하고 배움을 넓히고 위기 속에서 시험을 거친 후에만 사회에 도움이 될 수 있다. 사회는 정력, 추억, 차곡차곡 쌓인 '경험' 이상의 자질을 요구한다. 이러한 이유로 우리는 나이 든 랍비, 수도사, 스승 들의 성격이 잘 드러나는 이야기들에 눈을 돌리고 백발의 화가, 작가, 시인 들을 인터뷰하는 것이다. 그러한 이야기나 인터뷰는 성격에 대한 증언이라는 점에서 실제의 삶 이상으로 중요하다.

'사임, 체념, 감수甘受' 등의 의미를 지닌 'resignation'은 종종 은퇴와 함께하며 어쩌면 노쇠의 전조일지도 모른다. 우리는 통제권을 지닌 자리에서 사임하기 전에 이후의 일이 어떻게 될까를 우리 자신에게 물어보아야 한다. 불평 한마디 없이(혹은 불평을 하면서도) 참고 사는 삶으로 완전히 주저앉는 건가? 어쩌면 're-signation'이 (글자 그대로 완전히 물러남을 뜻하는 것이 아니라) 're-signification', 즉 자기 위치의 의미signification를 다시 생각하기rethinking, 통제 관념을 다시 보기re-visioning를 뜻할 필요가 있을 것이다. 그로써 우리가 비로소 알게 된 중요한 가치들이 힘을 받을 수 있도록 말이다.

장수를 열망하는 사람들은 나쁜 성격의 끈질긴 지속성을 간과한다. 무력한 사람, 아무짝에도 도움이 안 되는 사람, 족제비처럼 열심히 모으고 꿍쳐두기만 하는 수전노는 오래 살수록 그 양상이 심각해진다. 나이가 들면서 다른 즐거움이 하나둘 사라지기 때문에 잔인하고 가학적인 성품은 더욱 그악스러워질 수 있고, 야심 또한 나이를 먹는다고 누그러지라는 법이 없다. 프랑스를 점령한 나치에 협력한 국가원수 페탱 장군의 성격에 대해서 시몬 드 보부아르가 쓴 글은 서슬 퍼런 독설 그 자체다. 보부아르는 그가 비열했고, 쪼잔했고, 이기적이었고, 허영심이 강했고, 무심했고, 가혹했고, 회피적이었고, 고집쟁이였고, 오만했고, 호색한이었음을 보여준다. 이 성격적 특징들은 페탱의 노년에서 기인한 것이 아니다. 이 특징들은 전부 원래 그의 성격이었고, 노년에 이르러 제복과 훈장 아래 해골처럼 좀 더 뚜렷해졌을 뿐이다. 페탱은 성격이 노년을 결정한 사례이지 그 반대가 아니다. 고대 그리스 로마 시대의 관찰자들은 이 개념을 잘 알고 있었다.

플라톤의 저작 중에서 가장 많이 읽히는 책 『국가』도 우리의 주제에 딱 맞는 대화로 시작된다. 소크라테스는 "나는 연세 많은 분들과 이야기를 나누는 것이 즐겁습니다"라고 말하고는 케팔루스옹(翁)에게 "노년이 인생에서 견디기 힘든 시기인지, 또는 노년을 어떻게 생각하시는지 듣고 싶습니다"라고 청한다. 케팔루스는 처음에 다소 횡설수설하지만 결국 노년의 불평에 초점을 맞춘다. "[우리 늙은이들은] 늙음이 모든 재앙을 가져오는 원인이라고 우울한 푸념을 한다네." 그러고 나서 케팔루스는 이렇게 결론을 내린다. "단 하나의 원인이 있네만, 소크라테스여, 그 원인은 늙음이 아니라 사람의 성격이라네."**9** 키케로의 『노년에 관하여』도 동일한 분별을 보여준다. "노인들은 뚱하고, 불만이 많고, 조바심을 잘 내며, 비위 맞추기가 힘들다. (…) 그중 일부는 지독한 구두쇠다. 그러나 이런 것들은 성격의 문제이지, 나이의 문제가 아니다."**10**

노령의 탓으로 여겨지는 특성들이 노령과 무관하고 성격에 뿌리를 두는 것이라면 그 특성들은 인생의 어느 시기에라도 나타날 수 있을 것이다. 자기 방에 틀어박혀 지내는 고교생은 키케로의 말대로 자신이 '등한시되고, 무시당하고, 놀림당한다'고 느낄지도 모른다. 그리고 아이들, 빚, 자기밖에 모르는 남편에 진력이 난 30대 여성도 '뚱하고, 불만이 많고, 조바심을 잘 내며, 비위 맞추기가 힘든' 사람이 될지 모른다. 이른바 노년의 심리는 노년이 실제로 닥치기 한참 전의 나이에도 나타날 수 있다. 인생의 어느 때라도 우리는 몸져눕거나, 친구들에게 불만을 품거나, 미래를 끔찍이 걱정하거나, 언제 닥칠지 모르는 죽음을 두려워 하게 될 수 있다. 이러한 특성들이 자율적으로 엄습한다는 것은 그것 들이 세월이 아니라 시간의 구애를 받지 않는 다른 것, 즉 성격을 좌우 하는 원형적 힘들에서 비롯되었다는 증거다. 가장 오래 남은 고전적 전 통 가운데 신화는 이 힘들을 의인화한다. 그래서 가령 키케로가 묘사 한 상황은 가난과 구두쇠의 신 사투르누스가 불러일으킨 것으로 즉각 적으로 인식될 수 있었다.

그러한 전통은 노년을 뉴에이지의 색안경을 끼고 바라보지 않았다. 노년이 쾌활한 시기, 성장의 마지막 무대는 아니었다. 대신, 고전 저자 들이 간파한 대로, 인간의 오랜 수명은 성격을 강화한다. 따라서 나이 가 들면서 생겼다는 것은 이미 있던 것, 똑같은 것이 심히 늘어난 데 지 나지 않는다. 영국인 의사 토마스 브라운 경(1605~1682)도 우울한 푸 념을 늘어놓았다.

> 그러나 나이는 우리의 천성을 고치지 못하고 외려 안으로 굽 게 한다. 그리하여 나쁜 기질은 더욱더 나쁜 습관으로 굳어지고 구제 불능의 악덕을 초래한다. 매일매일 우리는 나이가 들면서 몸이 약해지나 죄에 한해서는 더욱 강해진다. (…) 모든 죄는 이 윽고 성공하고 그 악함의 정도는 차곡차곡 깊어지니 (…) 마치 산수에서 숫자들은 점점 커지고 뒤로 갈수록 앞에 있던 수보다 반드시 큰 수가 나오는 것과도 같다.[11]

야심도 "구제 불능의 악덕"이 될 수 있으며 브라운의 말마따나 그러한 성격이 나이를 먹는다고 누그러지는 경우는 드물고 되레 "더욱 강해진다." 학자들은 백과사전적인 저작의 최종판을 발표하고 싶어 하고, 건축가들은 기념비적인 건축물을 남기고 싶어 하고, 기업의 대표들은 대형 합병을 꿈꾼다. 그래서 그들의 말년은 아직 남은 성취 과제에 온통 할애되고 만다. 때로는 자기 자신이 유일한 목적이자 계획인 야심도 있다. (야심에 대해서 일가견이 있었던) 드골은 페탱을 두고 "노년 탓에 생긴 모든 것을 향한 야심"[12]을 지적하기도 했다.

대단한 성공을 거둔 남성들도 노년에는 자기가 충분히 인정받지 못했다고 아쉬워하곤 한다(대단한 성공을 거둔 여성들은 이러한 경향이 덜하다). 감사는 영광의 시간 속에서 그저 가볍게 지나간다. 스타는 자기 팀에게 감사한다고 말하고, 오스카 수상자는 고마운 사람들을 야단스럽게 호명한다. 그러나 위대함을 비추던 조명이 꺼지면 감사는 다시는 따라잡을 수 없을 정도로 뒤처진다. 야심의 목소리는 영예와 상을 누리고도 여전히 불평하기 바쁘다. "아무도 그렇게 많이, 그렇게 훌륭하게, 그렇게 많은 이들을 위해서 해내지는 못했지. 그런데 그걸 알아준 사람은 그렇게도 적었단 말이야." 야심은 아직도 배가 고프다고 날뛴다. 심지어 마지막 인사를 고한 후에도 야심은 무대에서 일어나는 일이나 후계자에게 영향력을 행사하고, 가문의 소유 분배를 결정하고, 마지막 남은 경쟁자(이 사람이 누구인가는 중요하지 않다. 형제지간이어도 상관없다)를 물리치기 원한다. 우리는 왕좌도, 왕좌를 차지하고픈 욕망도 완전히 포기할 수 없다.

야심의 포기에 대해서 T. S. 엘리엇은 이렇게 노래한다.

> 이 사람의 재주, 저 사람의 안목 탐하나
>
> 나 이제 그런 것 얻으려 몸부림치지 않네.
>
> (나이 든 독수리 왜 날개를 힘껏 펼쳐야 하나?)[13]

시인은 감상주의자들에게 노인 속에 거하는 맹금을, 아직도 더 많은 것을 원하는 억제할 수 없는 욕망을 상기시킨다. 로버트 블라이는 「여든다섯 살의 내 아버지」라는 시에서 이렇게 말한다.

> 그의 눈은 푸르고 기민하고
>
> 실망하고
>
> 의심 가득하고
>
> (…)
>
> 그는 먹이를 기다리는
>
> 한 마리 새,
>
> (부리밖에 보이지 않는) 독수리,
>
> 혹은 콘도르
>
> (…)
>
> 강력한 욕망의 엔진이 여전히
>
> 몸속에서 돌아가네.[14]

우리는 여기서 장수를 넘어 성격의 영역으로 들어간다. 가장 나이 많은 원로, 자기 여단에서 가장 오래 산 참전 용사, 휠체어 신세를 지면서까지도 단 하루도 빵을 굽지 않은 날이 없는 쭈그렁 할머니는 결코 욕망을 포기하지 않았다. 욕망은 자기 자신을 헌신으로 위장하고 우리가 사는 날들을 지속시키는 동시에 그날들에 지속되는 의미를 부여한다.

노년에 독특한 성미가 도드라지는 이유는 나이가 아니라 성격에 있으므로 수명 연장의 작용 또한 가장 주요한 원인에 초점을 맞춰야 한다. 쉽게 말해, 장수의 '산수'가 아니라 성격의 힘을 보아야 한다는 얘기다. 우리네 몸과 마음을 수명 연장이라는 틀에 밀어 넣기 바쁘면 알맹이를 놓쳐버린다. 이런 질문을 던져야 한다. 무엇이 성격을 보전시키는가? 무엇이 성격을 끝내 남기는가?

야심을 예로 들어 대답할 수 있겠다. 성격이 지속되는 이유는 성격에 원형적 배경이 있기 때문이다. 성격에는 인간성을 초월하는 요구들이 있다. 그래서 신화에서는 초인적이면서도 인간적인 존재들이 활약을 펼친다.

신화가 연출하는 것은 결국 우리네 인간사다. 신화는 인간의 몸부림을 극화하고 인간의 성격을 병적으로 그려낸다. 신화에 마음을 열면 책뿐만 아니라 삶 속에서도 신화를 읽어낼 수 있다. 융은 이렇게 썼다. "신들은 질병이 되었다." 신화의 패턴과 그 속에서 의인화된 힘들은 존재의 원형적 양식을 나타낸다. 우리는 거기서 도망칠 수도 없고 치유될 수도 없다.

신화에 기반한 문화권에서 신들은 인간과는 다른 불사^{不死}의 존재다. 그리스인들은 신들을 '아타나토이^{athanatoi} (죽지 않는 자)'라고 불렀다. 성격의 힘들인 이 신들은 인간의 힘으로 버릴 수도 없고 다스릴 수도 없는 특성들을 지울 수 없게 한다. 야심이라는 '질병'에서 신화적 존재의 단서는 독수리다.

로마 신화의 유피테르, 그리스 신화의 제우스는 곧잘 독수리의 모습을 취한다. 로마 군단은 독수리 깃발 아래 그들이 아는 세계의 최대치까지 제국의 영토를 넓혔다. 고전 속의 위대한 신들은 도미토르^{domitor} (정복자), 마그누스^{magnus} (위대한 자), 페쿤두스^{fecundus} (다산자^{多産者}), 알투스^{altus} (높은 자), 도미토르 문디$^{domitor\ mundi}$ (세계의 정복자), 옴니포텐스^{omnipotens} (전능자), 숨무스^{summus} (정상에 있는 자), 수프레무스^{supremus} (최고), 렉토르^{rector} (지배자, 통제자), 사토르^{sator} (기초를 닦는 자), 렉스^{rex} (왕) 등의 라틴어 별칭을 얻었다.

로마 황제의 시신을 화장할 때에는 황제의 영혼을 천국으로 인도하기 위해 독수리를 장작더미 옆에서 날려 보내는 풍습이 있었다. 오직 독수리만이 태양을 정면으로 쳐다보고 태양으로 곧장 날아감으로써 다시 태어날 수 있다고 믿었기 때문이다. 독수리는 기질이 "극도로 뜨겁고 건조하며" 식욕은 게걸스럽다. 독수리는 성스러운 상황 속에서 등장한다. 가장 '영적인' 네 번째 복음서의 저자 사도 요한의 전통적 상징이 독수리다. 독수리는 가장 고매한 영혼, 가장 멀리 미치는 야심의 매개체다. 독수리는 찬란한 빛 속에서 다시 태어나고 아직 닥치지 않은 모든 것을 향하여 나아갈 준비를 한다(독수리는 이집트 상형 문자에서 'A'에 해당한다).

　동물에 얽힌 구전설화에 따르면 독수리는 "부리가 점점 안쪽으로 구부러지면서 자라기 때문에" 죽는다. 구부러진 부리로는 먹이를 먹을 수도 없거니와 제 목을 찌르기 십상이다. 로버트 블라이는 늙은 아버지의 모습에서 이 부리를 보았고, 토마스 브라운도 나이가 "우리의 천성을 안으로 굽게 한다"고 했다. 독수리를 쓰러뜨릴 수 있는 것은 독수리 자신의 노화밖에 없다. 독수리의 교훈은 이것이 아닐까. 노화는 인간이 "이 사람의 재주와 저 사람의 안목을 탐하며" 자기 한계를 넘어서게끔 떠미는 성격이라는 불멸의 근원을 치유하기 위해 필멸이 사용하는 방법이다. 야심은 결국 자기 자신을 집어삼키고 고문과도 같은 자기처벌이 된다. 프로메테우스는 너무 많은 것을 원하고 너무 멀리 갔기에 매일 독수리에게 간을 쪼이는 벌을 받았다.

　헤라클레스와 게라스가 그려져 있는 그리스 꽃병 하나가 전해진다. 게라스^{Geras}는 노령의 신으로서 이 이름의 흔적은 'geriatrics(노인병학)', 'gerontology(노인학)' 같은 단어에 남아 있다. 사자 가죽을 둘러쓰고 허리띠를 찬 헤라클레스는 게라스 맞은편에 서서 큰 키로 상대를 내려다보고 있다. 게라스는 대머리에 허리가 꼬부라졌고 말라빠졌는데 축 늘어진 채 뒤집힌(삐뚤어진?) 페니스가 눈에 띈다. 노령의 신은 가늘고 비틀린 막대기로 몸을 지탱하고 있지만 헤라클레스는 두툼하고 못이 박힌 곤봉을 쳐들고 있다. 우리는 여기서 원형적 영웅이 비참한 노년의 이미지와 대결하는 전형적인 장면을 볼 수 있다. 헤라클레스가 타나토스(죽음의 신)와 손을 맞잡고 힘을 겨루는 모습, 하데스(저승의 신)를 상대하는 모습 등 유사한 이미지들이 이외에도 많이 있다.

우리 문화의 조상들은 이 대결을 애도의 노래, 장례식 비문, 비극, 그림으로 드러냈다. 오늘날의 문화에서 죽음에 도전하는 영웅적인 태도와 노화라는 '문제'의 대결은 내면화되고 추상화되고 축소되었다. 원형적 우화는 연구 주제가 되었고, 노화와의 대결은 주로 실험실에서 진행되고 비타민이나 그 밖의 건강 보조제로 압축된다. 그렇지만 이 싸움의 본질은 변하지 않았다. 그 이유는 이 싸움이 신화적인 것이기 때문이다. 마치 괴물을 죽이고 늪지의 물을 빼고 높다란 벽을 세우는 진보적 문명의 근육질 정신과 길 끝에 서 있는 왜소한 노인네 사이에 어떤 원형적 적의가 존재하는 것 같다고 할까. 상상할 수 있는 가장 작은 무기를 쓴다고 해도 이 투쟁은 여전히 전투, 전쟁, 싸움과 동일한 수사학, 동일한 전략을 취한다.

지금은 분자생물학과 나노 기술(생체를 미소한 수준에서 조작하는 활동)이 이 투쟁을 이끈다. 수명 연구의 첫째 목표는 그 어느 때보다 미세한 접근 방식으로 질병을 상대하는 것이다. (거친 황소를 쓰러뜨리고, 사자의 목을 조르고, 히드라의 뱀 머리를 잘라내는 등) 헤라클레스의 임무 수행은 박테리아와 바이러스 퇴치보다 훨씬 큼직큼직한 차원에서 이루어졌지만, 포식자를 파괴한다는 환상은 변하지 않았다.

질병 극복은 첫째 목표일 뿐이다. 그다음 프로젝트는 노화 과정 자체를 역전시킴으로써 회춘과 생명 연장의 꿈을 실현하는 것이다. 《라이프 익스텐션Life Extension》지의 편집진 사설은 대중의 소망을 피력하며 독자들을 유혹한다. "노화를 중단시키는 데 그치지 않고 역전시킬 방법이 필요합니다. 더 젊고, 더 건강하고, 더 원기 넘칠 수 있는 방법이 필요합니다. 시곗바늘을 되돌릴 방법 말입니다. 그러면 '수십 년'이 아니라 '수백 년' 동안 청춘의 광휘 속에서 활보할 수 있습니다."[15]

(고대 세계의 관객들이 웃음을 터뜨릴 만한) 늙지 않는 사티로스*의 활보, 여기로 나아가는 방법이 나노 기술이다. 여기에서는 아주 작은 수에 대한 계산, 아주 미세한 물질에 대한 아주 섬세한 계측이 이루어진다. 나노 기술은 유기물과 무기물의 영역, 생물학과 공학 모형과 결합한다.

헤라클레스 프로젝트는 결핵이나 암 같은 질병을 극복하고 노화를 늦추거나 되돌리는 데서 한 걸음 더 나아가 궁극적으로 죽음과 정면으로 맞붙는다. 우리는 모든 생명에 끝을 정하는 조건들을 다루거나 제거해야 한다.

최근, 포어사이트 연구소의 선임연구원 회의에서도 의장은 '앞을 내다보고' 있었다.

우리 사회는 물질, 공간, 시간, 정신에 대해서 갈피를 못 잡고 있습니다. 물질부터 보자면, 사람들은 자원 고갈을 말하고 있습니다만, 나노 기술이 상황을 바꿀 겁니다. 공간도 부족하다는 말이 나옵니다만, 우주 탐사가 그 한계를 없앨 겁니다. 시간 얘기를 하자면, 우리는 모두 죽을 수밖에 없다고 하지요. 그러나 나노 기술로 우리는 젊은 용모를 유지할 수 있을 겁니다. 기억은

* 　　　사티로스(satyros): 그리스 신화에 나오는 반인반수의 모습을 한 숲의 정령들. 디오니소스를 따르는 무리로 장난이 심하고 주색을 밝힌다.

기본적으로 구조이고, 우리는 그 구조를 유지할 수 있습니다. 정신의 문제도, 우리는 나노 기술로 우리 뇌보다 처리 속도가 백만 배는 빠른 인공 지능 체계를 만들 겁니다.[16]

넷스케이프Netscape 사의 기술연구소장도 다소간의 전망을 드러냈다.

물질을 임의로 재배열할 수 있게 된다면 지금 우리가 하는 일 중 상당수는 불필요해질 것이다. (…) 이 변화가 온갖 종류의 괴상한 것들에까지 개입한다. 불멸. 세포 구조의 붕괴를 피하지 못할 근본적인 이유는 없다. 죽음이 꼭 일어나라는 법은 없다. 퇴락하고 부패한 것을 결코 회복시키지 못할 이유는 없다. 몸을 우리가 원하는 대로 설계하지 못하라는 법은 없다.[17]

어떤 패턴을 바탕으로 여러분이 원하는 바로 그 몸을 설계할 것인가? 바비 인형? 람보? 헤라클레스? 대머리에 들창코인 소크라테스, 덩치 큰 에이미 로웰, '균형성 왜소증을 앓는' 툴루즈 로트레크, 폐결핵으로 고생하다가 스물여섯도 되기 전에 요절한 존 키츠, 서른에 죽은 에밀리 브론테, 고통 속에서 살다가 서른한 살에 죽은 실비아 플라스? 프랭클린 루스벨트나 스티븐 호킹? 병약한 니체, 병약한 슈베르트, 병약한 슈만, 병약한 쇼팽? 육신은 일찍 세상을 떠났지만 아주 오래 남게 된 사람들은 매우 많다.

정말로 '죽음이 일어나야 할 이유'는 없는가? 오래 사는 것이 주로 유전공학의 문제, 헤라클레스처럼 달려들어 씨름해야 할 문제인가? 그리스인들은 기술은 뒤처졌어도 불멸을 바라는 것은 미친 짓이라는 것 정도는 알았고, 이 소망의 복잡다단함을 여러모로 살폈다. 그들은 티토노스라는 인물을 생각했다. 티토노스는 영생이라는 소원을 성취했지만 젊고 건강한 모습으로 살게 해달라는 소원을 깜박했다. 그는 한없이 늙어가면서도 죽지는 못하는 저주스러운 삶을 살게 됐다.

이것은 인간의 어리석은 요청에 대한 경고성의 무서운 이야기라기보다는, 인간 필멸의 고대 세계에 근본적으로 필요한 것이었다. 인간이 죽지 않을 수 있다면 우리는 신들과 대등해지기 때문이다. 앞에서 언급했듯이, 신들은 '죽지 않는 자'들로 통했다. 신의 본질은 불멸성이다. 인간의 본질은 필멸성이다. 신들은 죽을 수가 없고, 우리는 죽지 않을 수가 없다. 이 선은 절대적으로, 분명하게 지켜져야 한다. 우리가 죽어야만 신들이 죽지 않는다고 말해도 좋겠다. 인간의 필멸이 신의 불멸을 보장한다. 그렇지 않다면 인간과 신은 절대적으로 구별되지 않고 신은 천국을 채우기 위해 만들어낸 존재, 인간의 환상에 불과하다.

헤라클레스가 주는 그리스적 교훈이 한 가지 더 있다. 헤라클레스는 나이를 먹지 않는다. 그는 게라스/하데스/타나토스를 제압했기 때문에 비록 실성하고 괴력은 잃었지만 늙지는 않았다. 유아기부터 그 괴력이야말로 그의 성격의 도토리*였는데, 나이를 먹지 않으니 성격을 잃

---

*   도토리: 저자는 전작 『나는 무엇을 원하는가』에서 '도토리 이론'이라는 것을 제시한 바 있다. 저자는 우리 모두에게 각자의 가능성이 잠들어 있고 각자의 운명이 새겨져 있는 도토리가 있다고 말한다. 도토리 이론에 따르면 개인은 어떻게 살아야 할지 요청받고 그 삶을 살아가기 전부터 존재하는 고유성을 지닌다.

은 것이다. 고대에는 헤라클레스를 나이 많은 시민, 자문역, 멘토의 모습으로 그린 적이 없다. 헤라클레스는 나이듦에 대해 아무것도 모른다. 노년에 대한 그의 생각은 노년과 대립적인 그의 입장에서 비롯된다. 그의 눈에 노년이란 대머리, 꼬부라진 허리, 여윈 몸, '막대기에 씌워놓은 누더기'의 모습이다(한편, 게라스의 눈에 헤라클레스는 그의 곤봉에 박힌 못처럼 보일 것이다).

헤라클레스적 과학에게 게라스를 제압하려면 역기 운동을 하고 러닝 머신에서 달려야 하는지, 아니면 노화 유전자를 조작해야 하는지 물어봐야 할 것이다. 영웅의 접근은 필멸성이라는 인간의 본질을 거스르는 법 아닌가?

오래 버틸수록 오래 버티고 싶어진다. 대부분은 그렇다. 아흔아홉 살 노인이 방을 깔끔하게 정돈하려는 주간 보호사와 싸우면서 "나는 질은 상관없어, 양만 채우면 돼!"라고 했다는 농담을 들어보았는가. 하루 더 살면 단지 그것으로 가치를 입증한 셈이다. "어머님이 아흔일곱 살이세요? 대단하시네요!" 다들 웃으면서 축하해준다. 아무도 "어휴, 힘드시겠어요, 가엾어라"라고는 말하지 않는다. 순전히 수치에 불과한 장수가 그 자체로 목적이 됨으로써 '끝'의 다른 의미들, 가령 '완결'이나 '(힘든 일의) 종결' 같은 의미들의 접근을 막는다. 게다가 지속 관념이 날^日과 해^年의 수치화가 되어버리면 의학은 더는 원치 않을 수도 있는 삶을 연장하는 급진적 처치를 정당화할 수 있다.

물론 오래 살면 좋다. 일단, 후손들에게 좋은 일이 될 수 있다. 당신이 오래 살면 그들의 생명 보험 할증료는 낮아지고 기대 수명은 길어진다. 당신은 증손자들까지 보고 가계도가 거듭 뻗어 나가는 양상을 지켜볼 수 있을 것이며, 어쩌면 월드 시리즈를 한 번 더 볼 수 있을지도 모른다. 통계는 절대로 거짓말을 하지 않지만 진실을 온전히 말해주지도 않는다. 통계는 연장되는 것이 '무엇'인지에 대해서는 아무 말도 하지 않는다.

나이가 들면 굳이 뭔가를 하지 않더라도 특이한 삶의 확장이 일어난다. 쉰 살이 넘어가면 우리의 생각, 감정, 기억이 자녀보다는 부모의 편에 더 비슷하다는 것을 느끼게 된다. 일흔 살이 넘어가면 우리는 살아 있는 손자들보다 진즉에 저세상으로 떠난 할아버지 할머니 들과 더 가까워진다. 어쩌다 가끔 들르는 손자들은 우주선에서 튀어나온 외계인처럼 낯설기만 하다. 나이 든 이들은 영혼을 자기 안으로 거둬들임으로써 더욱더 크게 키우는 것 같다. 내면성이 확장되면 노년의 작은 방으로 좀 더 기꺼이 들어가고 세상에서 자리를 덜 차지하게 된다.

통계적 연장과 심리적 확장은 분명히 구분된다. 전자는 행여 있을지도 모르는 내세에 대한 염려, 자꾸만 깊어지는 신변 정리에 대한 생각, 약해진 체력과 두려움, 이미 너무 오래 살았다는 쓸쓸한 심정, 부끄러움, 후회에 대해 전혀 언급하지 않는다. 생이 길어졌다는 사실은 그 생을 사는 사람들의 성격에 대해서 아무 말도 하지 않는다. 그들에게는 '길이'라는 특성 하나만 있다. 기나긴 밤낮들. 통계가 개선되는 동안 우리의 영혼은 차트, 일정, 주사 속으로 쇠퇴한다.

그러므로 확장이 고통, 슬픔, 불능의 나날만 늘린다는 의미라면 정말로 확장되어야 하는 것은 수명이 아니다. 우리는 오히려 확장 '관념'을 확장할 필요가 있다. 우리의 사유를 넓히고 깊이 파고들어야 한다. 복음서 저자 마태오는 생각만으로 누가 키를 한 자라도 더할 수 있겠느냐고 기록했지만[*] 우리는 수명 확장을 좀 더 깊이 사유함으로써 실제로 우리의 키를 한 자 더 자라게 할 수 있을지도 모른다.

일단은 뒤쪽으로의 확장이 가능하다. 왜 우리 사회의 연장자들은 인물 평전을 즐겨 읽고 역사 채널에 심취하는가? 어째서 그들은 이미 멸절한 문명의 유적지를 돌아보고, 박물관을 찾으며, 역사 보전을 지지하는가? 노인네들은 도대체 무슨 생각으로 곰팡내 나는 옛날 기계와 도구를 연구하고 수리하며, 오래된 뿌리줄기를 사다가 접붙이기를 하고, 200년 전에 시작된 스텐실, 손바느질, 퀼트 따위를 여전히 하고 있는가? 옛날 동전은 왜 모으며 암석 표본 따위에 왜 돈을 쓰는가? 아마란스니 세인트존스워트니 하는, 예로부터 민간요법에서 쓰였던 약용 식물이니 생약이니 하는 것에는 또 왜 그리 푹 빠지는가? 노병들은 남북전쟁 재연배우[**]가 된다. 나이 든 여성들은 의상 고증이 잘된 역사물을 선호한다. 이러한 삶은 통계가 제시하는 바와는 다른 종류의 장수 환상이다.

....

[*]   「마태오복음」 6장 27절.

[**]   재연배우: 기념관, 축제, 체험관 같은 데서 분장을 하고 재연이나 동작 시범을 보이는 사람.

상상을 통해 과거로 가면 갈수록 사람됨은 더 확장된다. 그 사람의 성격과 기벽이 상상 속에서 비슷한 캐릭터를 만나 울림을 얻기 때문이다. 그 캐릭터는 현실의 가족이나 친구 들처럼 혼란스러운 가면을 쓰지 않고 본질적인 성품을 그대로 드러내 보인다. 영혼은 풍부한 이미지들을 보급받는다. 그리고 여기서 더 나아가 또 다른 상상에 빠질 것이고, 그 상상은 그를 현재의 조건이라는 한계 너머로 확장할 것이다. 트레일러 파크에서 희귀한 주화들을 늘어놓는 노인은 자신의 불편한 다리로 갈 수 있는 곳보다 자신을 더 멀리 데려가는 환상을 발산하는 것이다. 상상 속에서는 추운 스코틀랜드의 성에서 애정 넘치는 가문 일족들과 함께 살 수도 있고, 오디세우스가 이타카로 돌아오기를 기다릴 수도 있으며, 링컨의 장례 행렬에 참여해 애통해할 수도 있다. 자기 성격에 맞는 나라와 시대와 동포를, 자기 영혼이 편안하게 느끼는 곳을 찾을 수 있다. 오래 지속된 삶은 일종의 삼투압처럼 더 오래된 장소, 더 오래된 사물에서 더 오래된 삶을 빨아들이고 제 것에 합친다. 그런 사람은 자기가 실제로 산 것보다 오래 산다. 그는 말라빠진 나뭇가지의 외로운 한 잎, 혹은 열매가 아니다. 그는 나무의 백목질로 침투하여 그 나무 자체가 장수를 누리는 한은 100년, 아니 1,000년이라도 산다. 언제까지고 계속되는 이야기와 장면의 삶, 언제나 신선한 환상을 불러오는 부적과 파편의 삶을.

전통의 뿌리로 성장할수록 삶은 뒤쪽으로 확장된다. 그리고 아래쪽(후손들, 우리의 성격적 특성을 찾아내고자 하는 수습생들)으로도 확장될 수 있다. 바깥쪽(사진첩에 붙거나 유품 서랍에 들어가게 될 이미지들)으로도 확장된다고 할 수도 있겠다. 나는 내가 어떻게 지내는지 안부를 묻는 일상 속의 타인들뿐만 아니라, 그들의 이미지로 나 혼자만의 성찰에 활력을 불어넣는 타인들을 통해서도 확장된다.

타인의 삶을 파헤치고 싶은 호기심이 우리의 삶을 확장한다. 이것은 공유가 아니라 교묘한 경청이다. 타인은 생명을 불어넣는 피의 원천이다. 여러분이 경청으로 타인을 자극할 수 있다면 여러분의 영혼에 생명력이 수혈될 것이다. 탐색은 오로지 자기 일에만 골몰하는 문제를 완화한다. 밑바닥 인생, 스캔들 한 토막, 외설적인 가십 한 자밤의 냄새를 맡으면 주위에서 우글대는 이 삶들에 대한 의욕이 살아난다. 삶은 뒤쪽으로, 아래쪽으로, 바깥쪽으로 경계를 넘어 확장되고 개인의 정체성에 대한 집착에서 풀려난다. 그로써 성격도 '나'라는 탐욕스러운 양아치에게서 풀려난다.

역사 속으로 후진하고, 우리 다음에 올 것과 우리보다 낮은 것을 향하여 아래로 내려가고, 우리가 아닌 것을 향하여 밖으로 뻗어가라. 그럴수록 삶은 확장될 것이다. 오래 지속되는 삶은 타임캡슐에서 풀려날 것이다. 이것이 진짜 오래 지속되는 삶, 멈출 곳이 없기에 영원히 지속되는 삶이다.

2

마지막 시간

채플린을 마지막으로 만났을 때는 이 말밖에 못 들었어.
"따뜻함을 잃지 말게, 늘 따뜻해야 해."
－그루초 막스가 우디 앨런에게 한 말

마지막 기회, 마지막 순간, 마지막 판, 야구의 마지막 회, 마지막 출구, 마지막 시도. 마지막 의식, 최후의 만찬, 마지막 나날, 최후의 심판. 마지막 말, 마지막 숨. 마지막 단어, 마지막 웃음, 마지막 춤, 마지막 여름 장미, 마지막 인사. 이 얼마나 묵직한 단어인가! 어째서 이 단어가 붙으면 모든 말이 이토록 중요해지는가? '마지막'이 성격과는 어떤 관련이 있는가? 차차 알아보도록 하자.

일단 이 말은 할 수 있다. 우리의 탐구는 '마지막 시간'을 끝, 다시 말해 죽음이라는 명백한 의미 이상으로 깊이 들여다볼 것이라고 말이다. 죽음이 다라면 우리의 탐구는 이 진부한 결론에 만족하고 여기서 끝내도 된다. 기억하라, 이 책은 시종일관 죽음을 피해 갈 것이다. 죽음이 그 칠흑 같은 어둠으로 지적 탐구의 빛을 가리기를 원치 않기 때문이다. 죽음은 삶에 대한 사유에 마침표를 찍는 단 하나의 충격적인 일반 사태다. 죽음을 생각하기 시작하면 탐구가 열렬한 활력을 빼앗기거니와 예정된 결론(죽음)이 있으니 노력이 쓸모없어진다. 이미 답이 나와 있다면 왜 굳이 알아보려 하겠는가?

앞 장에서 양말 한 켤레가 요긴한 도움이 되었다면 이 장에서는 허구의 한 커플에게 도움을 좀 받아볼까 한다.

"그녀는 자기 차를 몰고 떠났지요. 그때가 내가 그녀를 마지막으로 본 때입니다." 순간은 어찌 그리 아무렇지도 않게 지나가 일상 속으로 스며들어 흐릿해지는 걸까. 그러나 단순한 행위도 '마지막'으로 한정되면 결코 지울 수 없는 이미지로 남는다. '마지막'은 사건을 중대한 것으로 만들고, 일상 밖으로 끌어올리며, 여운을 남긴다. 마지막 남긴 말은 유명해지고, 마지막 순간은 그 후 몇 년은 곱씹을 만한 수수께끼의 상징이 된다.

왜 그럴까? 연속적인 사건들 중 가장 마지막에 온 것이 그 전체를 더는 변경할 수 없는 것으로 만들고 종지부를 찍기 때문이다. 운명의 반향이랄까. 결혼, 연애, 동거를 이루는 사건들은 마지막 장면에 다 응축되어 있다. 그녀는 자기 차를 몰고 떠났다. 자동차 사고로 죽으려고? 다른 도시에서 새 출발을 하려고? 다른 연인에게로? 어머니가 계신 집으로? 아니면, 남편과 자식에게로 돌아갔나? 그녀가 어디로 갔는가는 함께 해보려 했던 삶이라는 픽션의 마지막 장면보다는 그 이후의 이야기에 속하는 요소다.

그녀가 나중에 돌아왔다면 그녀가 자기 차에 오르던 순간의 이미지는 의미를 잃고 결국은 잊힐 것이다. 그러나 지금은 그 이미지가 성격을 말해준다. 계속 가볍게만 가려고 했다는가, 겉으로는 개방적이지만 진실을 감추었다는가 하는, 관계의 변치 않는 성격을 말이다. 혹은 그녀의 반항적인 독립성이나 용감한 모험심, 분노로 인한 자제력 상실, 소심한 냉담함 등을 보여줄 수도 있다. 아니면, 그녀가 아니라 그에 대한 뭔가를 말해줄 수도 있다. 말하지 못한 감정, 눈치가 없고 예측이라고는 전혀 할 줄 모르는 둔감성 등등. 그녀가 차를 몰고 떠나는 마지막 순간에 그의 성격과 그녀의 성격은 둘 다 압축되고 표현되었다.

그러므로 마지막 시간은 수사 보고서에 필요한 정보("사실만 취할 것.") 그 이상이다. 그녀는 그냥 자기 차를 타고 떠났고, 그게 사실의 전부다. 그러나 마지막 시간은 사실을 이미지로 변환시킨다. 도로변에서 차에 시동을 거는 그 순간 그녀의 인상은 의미심장한 이미지, 시적인 순간으로 압축되기 때문에 오래도록 남는다. 마지막 시간은 다른 시간들까지 포획하여 중요한 의미로 남게 한다.

시의 힘은 압축성에 달려 있다. '시인'을 뜻하는 독일어 'Dichter'는 뭔가를 'dicht' 즉 두텁거나, 조밀하거나, 빽빽한 상태로 만드는 사람이다. 시적인 이미지는 훨씬 더 광범위한 전체의 특성을 스냅사진으로 포착해서 그 깊이, 복잡성, 중요성을 담아낸다. 마지막 시간이 없다면 일련의 사건들은 계속해서 연이어 일어날 것이다. 마지막 시간은 그런 일련의 사건들을 종결시킨다는 점에서 연속적 시간 밖에 있다. 이 시간은 초월적이다.

이런 유의 순간은 견디기도 힘들고 포기하기도 힘들다. 그 순간은 그리움을 키우고, 결코 뇌리를 떠나지 않는 후렴구처럼 자꾸만 생각난다. 노년은 T. S. 엘리엇이 말하는 "사진첩과 함께 보내는 저녁 시간"[1]을 갖기에 좋은 때다. 스냅 사진들이 하나의 세계를 되돌려준다. 노인학은 이러한 저녁 시간을 '생애 회상'이라고 하고 이러한 시간을 나중 시기의 주요한 소명으로 본다. 아무나, 아무 때나 향수 어린 몽상에 빠질 수 있으므로 '나중 시기'는 좀 더 광범위한 의미로 이해하면 되겠다. 그러한 시적 상태는 노인들에게 어울리지만 그들만의 전유물은 아니므로.

마지막 시간은 사랑, 아픔, 절망, 습관을 시로 바꾼다. 마지막 시간은 마침표를 찍어주고, 전진 운동을 중지시키며, 생을 생 자체에서 끌어올린다. 이것이 바로 초월이다. 마치 신들이 우리 생의 한가운데 난입한 것처럼, 우리는 뼛속까지 동요하게 된다.

마지막 시간이 모습을 드러내기 전까지는 일상의 초월이 일어나지 않는다. 그녀는 매일 자기 차를 타고 다닌다. 마지막 시간은 완전히 다르다. 사건들이 연속적일 때 우리는 그중 어느 한 순간이 마지막 순간이라고 상상하지 않는다. 우리는 언제나 다시 올 수 있고, 그 일을 다시 할 수 있다. '마지막 시간'은 '다시'가 불가능하다는 뜻이다. 마지막 시간은 유일무이하고 이례적이며 숙명적이다. 이 시적인 순간을 담아낸 노랫말들이 얼마나 많은가. "낮이 짧아져 귀해진 9월은……"(맥스웰 앤더슨), "우리가 마지막으로 당신을 보았을 때……"(레너드 코언), "마지막으로 파리를 보았을 때"(오스카 해머스타인), "마지막으로 그를 보았을 때"(패멀라 소여), "이게 마지막일 수도 있겠지요……"(재거와 리처즈),

"살아 있는 조지의 모습을 마지막으로 보았을 때……"(로드 스튜어트), "다시는, 다시는 일어나지 않을 일이겠지요……" 등등. 인생의 모든 장면은 마지막 시간이 될 수도 있다. 그녀가 차를 몰고 떠나간 그날 아침처럼 말이다.

마지막 시간이 유일무이하고 이례적이며 숙명적이라고 말하는 것은 그 시간이 필연적이고 불가피하다는 느낌이 들게 한다. 마치 그녀가 차를 몰고 떠난 것이 그녀의 성격상 이미 결정된 일이었다는 듯이 말이다. 헤라클레이토스의 말대로 성격이 운명이라면 그날이 그녀가 죽을 날이었던 게다. 혹은, 그녀는 떠나야만 했다. 그 이유는 "그녀가 워낙 자유분방한 사람이었기 때문이다. 우리가 미처 예상하지 못했을 뿐." 혹은, 그녀의 성격이 즉흥적인 충동에 굴복해버렸던 게다. "이제 그만할 거야. 나, 간다." 성격에서 벗어난 것처럼 보이는 변덕. 이건 알 수가 없다. 우리에게 이 이야기는 차가 떠난 시점에서 끝난 거다.

바로 여기서, 우리는 조심해야 한다. 성격이 '성격에 부합하는' 행위만 허용하는 철칙이 될 수도 있다. 이 경우, 성격 관념이 가벼운 억압의 물결을 불러일으킨다. "난 이런 걸 하는/그런 생각을 하는/그런 걸 원하는/그렇게 행동하는 사람이 아니야." '성격에 부합하지 않는' 즉흥적인 말이나 생각이나 느낌이 들어설 여지가 과연 전혀 없을까? 그 답은 우리가 성격을 어떻게 생각하느냐에 달려 있다.

나는 성격에서 벗어나는 것은 없다고 주장하고 싶다. 성격은 피할 수가 없다. 정말로 성격에서 벗어난 것이 있다면 그것은 무엇에서 비롯된 것이겠는가? 갑작스러운 변덕 뒤에는 무엇이 있는가? 누가 욕망을 불러일으키고 충동에 불을 붙이는가? 길 잃은 생각들은 어디에서 오는가? 변덕도 선택과 똑같이 영혼에서 나오고, 여느 습관과 마찬가지로 성격의 일부다. 다른 모든 시간이 그렇듯 마지막 시간도 그녀에게 속한 것이다. 그녀에게 속한다고? 어느 '그녀'에게?

그녀의 성격은 '여러' 성격들, 심리학에서 말하는 '부분적 인격들'로 이루어져 있을 것이다. 그 존재들은 우리의 충동을 휘젓고 우리의 꿈에 들어온다. 그들은 우리가 하지 않을 일을 과감히 저지를 수 있고, 우리를 잘 닦인 길에서 밀어내고 끌어내며, 낯선 동네에서 포도주 한 병을 해치운 후 진심을 확 드러내기도 한다. 성격은 '성격들'이다. 우리의 본성은 다수多數의 복합성, 다면적이고 다의적인 직조, 다발, 뭉텅이다. 그래서 우리는 오래 살 필요가 있다. 복잡하게 꼬인 것을 풀어내고 곧게 펴기 위해서.

나는 한 사람의 프시케가 캐릭터들로 가득 찬 하숙집 같다고 상상하기를 좋아한다. 규칙적으로 모습을 보이고 하숙집의 규칙을 준수하는 사람은, 자기 방에 틀어박혀 지내는 시간이 많거나 밤에만 공용 공간으로 내려오는 다른 장기 하숙생을 마주칠 일이 거의 없을 것이다. 온당한 성격 이론이라면 성격파 배우들, 스턴트맨들, 출연 동물 조련사들, 그 밖에도 자잘한 부분들을 담당하며 예상치 않았던 연출을 빚어낼 수도 있는 사람들을 감안해야 한다. 그들은 종종 작품이 운명적이거나 비극적인 색채를 띠도록, 또는 부조리 코미디가 되도록 만든다.

그들과의 어우러짐, 이것이 바로 융 심리학자들이 말하는 그림자 인격들의 통합이다. 그러나 그들과 어우러진다는 것은 일단 나의 성격 관넘에 잘 들어맞는 그 인격들을 찾아낸다는 의미다. 융의 이상은 더욱 더 통합적인 성격을, 아무도 배척당하지 않고 대동단결하는 하숙집을 요청한다. 그러자면 평판이 나쁘고 난폭한 것을 대다수의 도덕으로 전환시켜야만 할 것이다. 따라서 이 통합은 성숙한 인격으로의 통합이다.

이 고귀한 이상은 실현되지 않고 이론으로만 남아 있는 편이 더 낫다. 윌리엄 예이츠가 쓰고 에즈라 파운드가 보여주었듯이, 노인들이 잘 다듬어진 소박한 지혜보다는 혼돈에 더 가까워 보일 때가 얼마나 많은가. 그들이 단정치 못하고 참을성 없고 변덕이 죽 끓듯 할 때가 얼마나 많은가. 성격 통합은 그런 식의 일원화가 아닐지도 모른다. 오히려 오페라의 막이 내릴 때 합창단, 무용수, 주역, 지휘자가 한꺼번에 저마다 자기 식대로 올리는 무대 인사와 비슷할지도 모른다. 삶은 아무것도 빠지지 않은 전체가 '현행범'이기를 원한다. 은폐된 것들조차도 성격에 속한다.

각각의 성격이 어떻게 속해 있는가를 연구하는 것은, '생애 회상'이 점점 더 많은 시간을 차지하는 노년기의 주요 활동이다. 문서 더미나 벽장 속에 처박힌 물건들과 씨름하든지, 손자들에게 옛날은 어땠다는 이야기를 들려주든지, 자서전이나 사망 기사나 역사서를 쓰려고 노력하든지, 어떤 식으로든 삶의 미궁과 우여곡절을 '성격 연구'로 압축하려고 노력한다. 바로 이러한 까닭으로 인간의 삶에는 기나긴 노년기가 필요하고, 이러한 까닭으로 살아갈 날이 줄어들수록 점점 더 많은 저녁 시간을 사진첩과 함께 보내게 된다. 사진첩을 넘기면서 사무치는 감정이 뉘우침이든 향수든 복수심이든, 우리는 마지막 시험을 준비하듯이 공부에 몰두한다.

우리는 본질을 드러내기 위해 자신과 남들의 성격을 연구하고 그녀가 차를 몰고 떠난 것과 같은 행위들에서 그러한 본질의 압축적 표현들을 읽어낸다. 그녀가, 도로변에서, 차 문을 열고, 차에 오르고는, 그대로 떠난 것은 그때가 마지막이었기에 영원히 지울 수 없는 이미지, 그녀의 성격에 딱 맞는 객관적인 한 컷이 된다. 우리는 그녀의 행동을 예측하게 할 수도 있었을 묘사적 술어들에 대하여 이 시적인 특수성을 연구한다. 다른 이미지들도 떠오른다. 운전석에 앉은 그녀의 눈빛이 거칠게 번득였던 순간, 자유롭게 사는 친구에 대해서 부럽다는 듯 대수롭지 않게 했던 말, 그녀의 가볍고 밑창이 얇은 신발들, 소녀 시절의 위험한 도보 여행 이야기 등등. 이러한 이미지들의 무리는 그녀의 성격을 구성하는 자유, 위험, 운동성, 놀라움 등의 특성들을 보여준다. 이 특성들은 그녀의 성격에 속하므로 예측될 수가 있다. 그녀가 그렇게 차를 몰고 홱 떠나버린 것은 놀랄 만한 일이 아니다. 그녀의 성격을 이처럼 양립 가능한 이미지들로 압축하고 어떤 일관된 이야기를 만들고 거기에 들어맞지 않는 것을 제거한다면 말이다.

성격에 어울리지 않는 것을 연구할 때에는 좀 더 면밀히 들여다보고 좀 더 넓은 성격 관념을 가져야 한다. 우리가 할 일은 이미지를 물고 늘어지고, 복잡하고 까다로운 이미지 앞에서 기꺼이 당황하고, 피상적인 성격 관념들(습관, 미덕, 악덕, 이상 등)을 벗어던지는 것이다. 성격을 이해하려면 도덕을 고찰할 것이 아니라 이미지를 연구해야 한다.

일상 세계에는 이런 유의 연구가 심히 부족하다. 살인을 저지른 어린 학생은 아주 착한 아이였다. 연쇄살인범은 상상도 하지 못했던 평범한 사람, 여느 사람들과 조금도 다를 바 없어 보이는 사람이었다. 아동학대가 들통난 육아 도우미는 평소 시간 약속도 잘 지키고 부지런하고 싹싹한 사람이었다. 성격에 대한 생각이 제한된 탓에 우리가 사람들에게서 볼 수 있는 바도 제한된다. 우리는 시간 약속을 잘 지키고 예의 바르고 친절하고 조용한 사람을 보면, 눈에 띄는 별난 점이 없는 사람을 보면, 그 사람의 성격이 깔끔하겠거니 생각한다. 의미심장한 불일치를 찾아내는 안목을 갈고닦지 않는 한, 우리의 예측은 어김없이 빗나갈 것이다. 우리가 안다고 생각했던 사람의 범죄는 언제나 충격적인 소식, 그 사람의 성격에서 크게 벗어나는 일로 여겨질 것이다. 이처럼 성격의 복합성을 제대로 보지 못하는 문화로 인하여 사이코패스는 혼란 속에서 전성기를 구가한다. 안목을 갖춘 자가 없으니 아무도 사이코패스의 특이성을 눈치채지 못한다. 그가 끔찍스러운 일을 저지르고 난 후에 출동한 심리 전문가들은 그제야 무엇을 살펴야 하고 무엇을 찾아낼 수 있는지 사후 해석으로 안다.

남들에게 보이는 모습이 우리의 모습이다. 하지만 이 말은 겉모습을 상상력을 발휘하여 읽을 수 있을 때만, 지각 어린 안목을 지니고 자신이 보는 것을 지속적인 이미지로서 연구할 때만 맞다. 그러한 안목은 사실들에서 의미심장한 몸짓, 특유의 스타일, 언어적 표현과 리듬을 볼 줄 안다. 눈에 보이는 것들로 사람의 본성을 알아보는 훈련이 되어 있기 때문이다. '사람 구경하기', 영화의 클로즈업 장면, 춤 동작, 디너파티, 몸짓 언어를 통해, 그리고 거리에서 배우고 익힌 안목이다. 이 눈은 에즈라 파운드가 "지적·정서적 복합체를 순간 속에 제시하는 것"[2]이라 정의했던 어떤 이미지를 잡아낼 줄 안다. 여기서 말하는 '순간'을 나는 특히 우리가 '마지막 시간'으로 여기는 순간이라고 덧붙여 설명하고 싶다. 사람은 나이가 들수록 더 멀리 보고, 보기를 갈망한다. 네바다주에 사는 백세 살 할머니는 자신의 바람을 이렇게 피력했다.

> 결혼식장을 차리고 싶어요. (…) 나는 그냥 안락한 의자에 앉아 지낼 테고 (…) 힘이 필요한 일은 내가 고용한 사람이 하면 되겠지요. 내가 결혼식장을 차리고 싶은 이유는 사람들을 연구할 수 있기 때문이에요. 내 눈에는 신부가 결혼하는 남자는 어떤 사람인지, 또 그녀는 어떤 사람인지 보인답니다. 나는 알 수 있어요. 알 수 있답니다.

풍자화가 앨 허슈펠드는 아흔다섯 살에 이렇게 말했다.

> 사람이 하는 일은 무엇인가? 하루 종일 해변에서 햇볕 쬐기? 파도 구경? 골프 치기? (…) 나는 인간들에게 매혹된다. 사람들. 나는 브로드웨이 46번가의 식당 하워드 존슨스의 창가 자리를 차지하고 앉아서 끊임없이 지나가는 사람들을 그리기 좋아한다. (…) 나는 나비넥타이, 지팡이 따위를 그리거나, 어떤 말을 적어두거나, 하나의 장면 전체를 스케치에 담아내곤 한다.[3]

이미지를 볼 줄 아는 눈은 본질을 꿰뚫는다.

심리학이 지나치게 구석구석 침투해 있는 우리 문화에서는 이러저러한 심리 검사들이 잘 단련된 안목을 대체할뿐더러 그러한 안목의 발달을 방해한다. 우리는 제대로 바라보지 않고 검사에 맡긴다. 상상력이 풍부한 통찰을 발휘하기보다는 남이 작성한 평가나 보고를 읽는다. 면접보다는 기록을 믿고, 사연보다는 점수를 본다. 심리학은 동기, 반응 작용, 선택, 투사를 면밀히 살펴 성격을 파악할 수 있노라 주장한다. 이 학문은 영혼에 다가가기 위해서 노련한 관찰자의 이례적인 안목을 의지하기보다는 개념과 수치를 이용한다.

이례적인 안목은 나이 든 눈이다. 사실, 영혼은 나이를 먹고 자기만의 특성 속에서 무르익을수록 삐딱하게 본다. 나이 든 영혼은 특이한 것을 좋아한다. 어릴 때도 특이한 것, 기이한 것을 좋아할 수는 있다. 어린아이들은 성격에서 확 튀는 어떤 특징 하나를 잡아내어 서로 애정 어린 별명을 붙여주곤 한다. 그렇지만 어린 시절은 잘 들어맞지 않는 부분을 다듬어내고 조정하려고 노력하면서 순응에 힘쓰기에 더 적합한 시기다. 그러나 노년기에는 우리 자신이 독특함의 완벽한 보기가 되었으므로, 우리와 마찬가지로 자기 나름대로 특이한 면이 있는 벗을 찾는다. 비슷한 일상, 유사한 과거의 경험들, 엇비슷한 징후들, 동일한 배경은 그다지 위로가 되지 않는다. 그 나름대로 독특한 데가 있는 벗들이라야 재미도 있고 애정도 느껴진다. 색다른 한 쌍, 괴짜 캐릭터들의 짝짓기다.

'노인학'이라는 용어는 노년에 대한 젊은 심리학자들의 연구가 아니라 우리가 이 나이 든 눈으로 하는 연구를 지칭해야 하지 않을까. 우리의 연구는 그녀가 차를 몰고 떠나버린 이유를 밝히는 데 그 목적이 있지 않다. 원인은 이미 나왔다. 그녀의 성격에 원인이 있었으므로 그 일은 필연이었다. 그녀가 함정에 빠진 기분이었다느니, 그녀에게 무슨 비밀이 있었다느니, 출산 예정일이었다느니, 조현병을 앓고 있어서 연애를 일부러 피했다느니, 피해망상이 있어서 도망간 거라느니, 소시오패스라서 돈을 들고 튀었다느니 하는 이유들을 늘어놓을 필요는 없다. 그녀의 어머니, 어린 시절, 별자리, 페미니스트로서의 각성 등의 변명 어린 이유에 우리는 아무 관심이 없다. 관습적인 일반성은 나이 든 관찰자에게 아무것도 설명해주지 못한다. 이례적인 안목은 그저 바라보기를, 인간의 기벽에 대한 관용을 키우는 인간 성격의 퍼즐에 깊이 빠져들기를 좋아한다.

우리는 이유와 진단을 들이밀기보다는 이미지를 연구한다. 우리의 호기심은 마지막 순간의 이미지에 초점을 맞춘다. 그 이미지는 지속되어 다양한 이야기에 거듭 반영될 수 있는 것, 성격을 행동으로 드러낸 것이기 때문에 우리는 그녀의 행동을 하나의 현상으로 보고 이미지를 일종의 계시로 본다. 아리스토텔레스의 말마따나 그녀는 행위를 통해서 성격이 드러나는 극을 연기하고 있는 것이다.

그녀의 마지막 장면은 꿈 같고 한 폭의 그림 같다. 도로변, 차, 시동 스위치에 꽂혀 있는 열쇠. 꿈속에서는 인물의 행위 동기를 알 수 없고 인물이 안고 있는 문제가 무엇이라고 진단 내릴 수도 없다. 심리학은 아침에 시작된다. 사람들이 무엇 때문에 그런 꿈을 꾸는지, 그들이 어린 시절에 어떻게 대접받았는지, 심지어 그들이 왜 거기에 있는지조차 우리는 모른다. 꿈이 충격적인 이미지로 다가올수록(그리고 각각의 꿈이 단 한 번 꾸는 꿈, 마지막 꿈일수록) 언어적으로 진술하기는 어렵지만 외려 그런 꿈일수록 자꾸만 떠오르고 그 이미지를 그려보게 된다. 모든 것이 세상에 태어나 처음 보는 것처럼, 혹은 마지막으로 보는 것처럼 괴이해 보인다. 해방적인 뭔가가 일어난다. "모든 것이 우리를 축복하나니/우리가 보는 모든 것이 축복"[4]이라고 예이츠는 썼다. 이것이 노년에 대한 그의 성찰이 깃든 시의 마지막 구절, 오래도록 남을 구절이다. 그는 이 시를 예순여덟 살에 발표했다.

축복은 우리가 노인에게 받기 원하는 선물, 오로지 노인만이 줄 수 있는 위대한 선물이다. 평균 이상의 성취에 박수를 보내고 빼어난 업적에 상을 주는 일은 누구나 할 수 있다. 그러나 노인은 모두가 으레 보는 것 너머에 숨겨진 아름다움을 알아볼 수 있다. 노인이 오랜 세월을 살아오면서 많은 것을 보았기 때문이 아니라, 세월이 그가 독특한 것들을 주목하지 않을 수 없게끔 만들기 때문이다. 축복받아야 할 것은 우리의 유일무이성과 관련된 고유한 독특함, 그래서 감당하기 어렵기도 한 바로 그 독특함이다. 나는 나 자신의 미덕을 축복할 수는 있으나, 나의 악덕 속에 가려진 미덕을 축복할 수 있으려면 끈기 있게 안목을 잘 닦아야 한다.

문화는 노인에 의해 보전된다. 이 클리셰는 으레 노인이 구식, 옛 지식, 옛이야기를 수호한다는 의미로, 노인은 지혜롭고 신중한 조언자라는 의미로 사용된다. 그러나 나는 오히려 노인이 특이한 것을 좋아하고, 타인들의 특이한 점을 연구하고, 개별적 현상의 특이함에서 성격의 본질을 찾아내기 때문에 문화를 보전한다고 생각한다. 자신의 문화 모형에서 유별난 것, 확 튀는 것의 가치를 제대로 보지 않는 문화는 균질화되고 좋은 시민의 정의를 표준화할 확률이 농후하다. 노인들은 틀에 맞지 않는 자기네들의 특이성을 동일하게 고수함으로써 문화를 보전하는 것이다.

나이가 들면서 특이한 것이 점점 더 중요해지고 성격 관념은 인간 존재의 구성적 중심에서 가장자리로 옮겨 간다. 에머슨이 영웅의 고결한 성격을 정의하면서 말했듯이, 자기 자신에게 가장 진실한 성격은 단단하게 중심 잡힌 성격이 아니라 외려 유별나고 독특한 성격이다. 가장자리에서 경계의 확실성은 무너진다. 가장자리에서는 침입에 동요하기 쉽고 방어에 나서기는 어렵다. 타인들은 나라는 인물의 성격을 지각할지언정, 나는 내가 정말로 누구인지 확신하기가 어렵다. 이처럼 자기self가 중심에서 경계가 불분명한 가장자리로 옮겨 가면서 우리는 세계와 좀 더 한 덩어리가 되고 "모든 것이 우리를 축복하는"것처럼 느낄 수 있다.

C. G. 융은 여든 살이 넘도록 "너 자신을 알라"는 델포이 신전의 격언을 좇아 살았다. 자기 성찰과 타아에 대한 탐구에 일생을 바쳤고 그에 대한 이론을 정립했다. 그러나 놀랍게도 융은 자전적 회고록의 마지막 장에서 이렇게 썼다.

나는 나 자신에 관해 놀라고 실망하고 기뻐한다. 나는 슬퍼하고 낙심하고 열광한다. 나는 동시에 그 모든 것이다. 그런데 그 모든 것의 합을 계산할 수는 없다. 나는 궁극적인 가치나 무가 치를 결정할 수 없다. 나는 나 자신과 내 인생에 대해 판단을 내 릴 수 없다. 내가 온전히 확신할 만한 것은 아무것도 없다. (…)

노자가 "모든 사람이 명석한데 나만이 흐리멍덩하구나"라고 했는데, 그것이 바로 내가 이 나이에 느끼는 바다. (…) 그렇지 만 나를 충족시켜주는 것이 아주 많다. 식물, 동물, 구름, 낮과 밤, 그리고 인간 속에 있는 영원한 것 등이다. 나 자신에 대한 느 낌이 불확실할수록, 내 안에서 온갖 사물과의 친밀감은 그만큼 높아진다. 실로, 마치 나를 그토록 오랫동안 세계와 갈라놓았던 저 생소함이 나의 내면세계로 옮겨 와 나 자신에 대한 예기치 못한 낯섦을 보여주는 것 같다.[5]

자, 이제 그녀가 떠난 순간을 마지막으로 살펴보자. 이 이미지는 성 격에 대한 상상의 우화가 될 수도 있다. 그녀의 행동은 문간에 서서 그 상황을 보고 있던 남자가 절대로 지각할 수 없었던 한 차원을 드러냈 다. 자기 나름대로 그녀의 성격을 추정하고 있었기 때문에 남자가 볼 수 없었던 차원을 말이다. 그런데 그 전에는 볼 수 없었던 것이, 그의 상 상 속에서 이제 너무나 뚜렷이 보인다. 어쩌면 그녀 자신도 시동을 걸 기 전까지는 이 잠재력의 깊이를, 이 특이성을 몰랐을 것이다. 그리고 두 사람 중 어느 한쪽도 난데없는 죽음을 예감하지 못했을 것이다. 만약 그녀가 그 후 얼마 지나지 않아 사망했다면 말이다.

우리는 성격이 성격에 대한 이야기들, 즉 픽션들 속으로 녹아든다는 점을 새삼 깨닫는다. 우리는 이 픽션들 속의 캐릭터가 된다. 이 말인즉슨, 성격 관념 자체도 픽션이 된다는 뜻이다. 이 관념은 상상력을 불러일으킨다는 점에서 굉장히 중요하다. 이 장에서 그녀의 이미지가 우리의 상상력을 도발하여 그녀의 성격과 성격 관념에 대한 여러 가지 픽션을 구상할 수 있게 했던 것처럼 말이다.

이러한 이유에서 성격 관념은 문화에 꼭 필요한 것이다. 이 관념이 상상력을 고양한다. 성격 관념이 없다면, 인간을 이해하기 위한 복합적이고 포괄적이며 장기적인 틀을 구상할 수 없다. 사람들을 그저 직업, 연령, 성별, 종교, 국적, 수입, 지능 지수, 진단명 등 집단적 범주로 분류할 수만 있을 뿐, 그들의 기벽에서 깊이를 볼 수 없고 그들의 이미지에서 울림을 얻을 수 없을 것이다. 그 사람들의 합계는 얼굴 없는 '아무도 아닌 자^{Nobody}'의 수를 늘릴 뿐, 특성 있는 '각 사람^{Each}'과는 무관하다. 성격 관념 없이는 단 한 사람도 지속적인 가치를 지닐 수 없다. 각 사람이 대체 가능한 존재라면 쓰고 버려도 된다는 말 아닌가. 사회 질서는 포화 속의 군 대대 비슷하게 되어버린다. 우리는 모두 대체재, 틈새를 메우면 그걸로 끝인 충전재다.

우리가 그녀의 성격을 상상할 때 그랬던 것처럼 성격 그 자체는 픽션들 속으로 녹아든다. 그러나 성격 '관념'은 픽션을 지속시킨다. 성격 관념은 우리로 하여금 탐구를 계속해나가고 스냅 사진을 좀 더 자세히 들여다보게 한다. 그녀의 이미지는 상상력을 자극하는 원동력이다. 우리는 그녀를 좀 더 잘 알고 싶고, 그녀가 진짜로 어떤 사람인가를 알고 싶다. 그러나 '그녀가 진짜로 어떤 사람인지'는, 그녀의 문자 그대로의 성격은 문학적인 것, 그녀가 주인공인 이야기들 속에만 존재하는 것이다. 그리고 그것은 그녀가 세상을 떠났을 때조차도 지속된다.

우리 또한 가족들의 회상 속에서, 비방꾼들의 험담 속에서, 혹은 사망 기사 속에서 픽션의 이미지들로서 남는다. 우리가 현실에서 사라진 후에도 우리의 성격은 우리 삶에 또 다른 차원의 삶을 더해주는 픽션들의 풍부한 자료가 된다. 융은 생애 말년에 자신이 늘 자기 성격이라고 추정했던 것이 어느새 낯설어졌음을 알았고 이 진리를 깨달았다. 그의 자기 동일적 현실은 구멍이 숭숭 뚫리고, 불분명하며, 의심스러운 것이 되었다. 그가 자신을 "식물, 동물, 구름"의 세계에 풀어놓고 자연 세계에 동화된 후에야 비로소 그의 성격은 인간 세계의 상상 속에서 지속될 수 있었고 그가 진짜로 어떤 사람인가에 대한 이야기들을 계속 생성했다.

3

오래됨

영원한 어린애 같은 상태를 기뻐하는 피조물들에게
우리는 그 얼마나 무시무시한 선생인가.
−라이너 마리아 릴케, 「오르페우스에게 바치는 소네트」 II : 14.

이제 '오래됨old'을 나이듦aging과 별개로, 이 단어 자체의 의미로 살펴보고자 한다. **나이듦과 오래됨의 구분**은 첫 번째 서문('독자에게')에서 언급한 나이듦과 죽음의 구분만큼 중요하기 때문에 진한 글씨로 인쇄되어야 한다. 지난 세기의 저작 중 오래되었지만 조금도 나이를 먹지 않은 책들에서 그랬던 것처럼 말이다. 오래됨, 나이듦, 죽음, 이 세 단어를 마구 섞어 쓰기 시작하면 각 단어의 중요성을 놓치고 만다. 왜냐하면 '오래됨'은 독자적인 범주로, 나이듦의 과정이나 죽음의 근접을 반드시 끌어들일 필요는 없기 때문이다.

발목을 잡아끄는 나이듦이나 막연히 두려운 죽음을 다 끊어내고 오래됨 자체를 고찰하기 시작하면 바로 알 수 있는 점이 하나 있다. 그것은 바로, 우리가 오래된 사물들을 값지게 여기는 가장 큰 이유는 그것들이 죽지도 않고 나이 들지도 않기 때문이라는 것이다. 옛 거장들의 그림, 오래된 필사본, 오래된 정원, 오래된 성벽이 환기하는 것은 죽음이 아니라 영속성이다. 고생물학, 고고학, 지질학은 모두 오래된 것을 연구하는 학문 분과다. 우리는 구시가를 관광하고, 유적지를 보전하고, 오래된 은제 식기, 유리 제품, 자동차, 악기, 장난감 따위를 수집한다. 오래된 사물과 장소가 해병대원들과 소녀들의 젊디젊은 몸보다 더 확실하게 내일을 보장하는 것 같기도 하다. 젊은 몸뚱이는 생기와 희망이 넘치건만 버스 정류장으로 걸어가는 꼬부랑 할머니, 병원에서 휠체어 산책을 하는 참전 용사보다 더 허망하게 시들고 죽을 수도 있다.

오래됨은 연수^{年數}와 무관하게 눈으로 관찰되는 조건이기도 하다. 오래된 눈을 지닌 오래된 아이들이 있다. 이 아이들의 오래됨은 죽음에 가까움을 드러내는 것이 아니라, 그네들의 독특한 성격을 드러낸다. 오래된 영혼들은 마침내 신체적 나이가 받쳐줘서 자기들의 진면목을 드러낼 때를 기다리고 있는 것처럼 보인다. 그들은 애초에 노인의 정신으로 태어났기에 유년기에는 숨 막혀 하고 청년기에는 힘들어한다. 사실, '오래된'과 '영혼'은 서로 없어서는 안 될 짝을 이룬다. 노후화가 아니라 더욱더 의미 있는 것이 된다는 뜻을 내포하는 오래된 말들이 많이 있다. 그리고 호메로스와 오비디우스, 헤라클레이토스와 소포클레스의 글처럼 세대가 바뀔 때마다 새로 번역할 필요가 있는 오래된 글도 많다. 번역은 늙지만 그러한 글은 늙지 않는다.

우리 생활 속의 오래된 사물들은 어떠한가? 그것들도 늙거나 죽는가? 고양이가 좋아하는 오래된 의자, 저녁에 위스키 한잔하면서 애용하는 손에 착 붙는 오래된 텀블러는 어떠한가? "나는 이 칼이 좋아. 이거 없었으면 어쩔 뻔했나 몰라." 우리는 사람보다 사물(도구, 신발, 모자 등)에 좋아한다는 말을 더 편히 쓴다. 오래됨은 인간이 느끼는 기쁨의 가장 깊은 근원 중 하나다. 수해나 화재 같은 재해가 비참한 이유는 여러 가지가 있지만, 오래된 것들에 대한 상실을 복구할 수 없다는 것도 그 이유 중 하나다. 근교 지역 우울증(그리고 노화와 죽음)의 원인 중 하나도 그 비슷한 상실, 즉 오랜 삶의 터전을 새로운 집과 마당으로 바꾼 데 있다고 한다. 오래된 것들은 버틸 수 있는 힘을 제공한다. 그런 게 없으면 살기가 더욱 힘들어진다. 오래된 곳에서 새로운 곳으로 이주하고 오래된 것들을 박탈당한 나이 든 사람들은 쉽게 체념해버린다. 오래된 것이 실은 그들의 노화를 지연시키고 죽음을 미루어주었던 것이다. 우리에게는 기쁨을 주는 오래된 것들이 필요하다. 그런 것들이 익숙하고 까다롭지 않은 편안함으로 우리의 사랑에 화답한다.

'오래됨'을 뜻하는 'old'는 그 자체가 아주 오래된 단어인데 아마도 '자양분을 주다'라는 뜻의 인도·유럽어에서 유래된 것으로 보인다. 고트어, 고대 스칸디나비아어, 고대 영어에서 이 단어의 흔적을 살펴보면 '오래된' 것은 자양분을 충분히 공급받은 것, 성장한 것, 성숙한 것을 가리킨다. 우리는 나이를 물어볼 때, 설령 어린아이의 나이를 물을 때에도 "How old is she?"라고 하고 "She is four years old."라는 대답을 듣는다. 우리는 연령에 상관없이 언제나 '오래됨'의 소유자이자 '오래된' 존재로서, 우리 자신을 오래됨의 특정한 양■과 동일시한다.

고대 영어 필사본은 'eald(old)'라는 단어를 사랑한다. 'eald'는 중세의 법전, 의학 및 종교 전서, 문학적 텍스트와 그 밖의 문서들에 가장 자주 나오는 50개 단어 중 하나다. 이 단어는 주로 긍정적인 의미들을 담고 있다. 'eald'를 포함한 복합어 49개 중에서 완전히 부정적인 말은 8개뿐이다('늙은 악마'). 'eald'가 붙으면 일반적으로 더 좋은 뜻이 된다. 신뢰성, 유서 깊음, 유명함, 가치 등등.

영어라는 언어의 상당 부분은 8세기의 장편 서사시 「베오울프」에서 왔다. 몇몇 학자들은 이 서사시가 오래됨을 고결함, 자비, 존경, 힘 같은 가치들과 나란히 놓는다고 주장한다.[1] 그러나 르네상스 시대의 담대한 모험과 혁명적 사고가 등장하면서 '오래됨'은 쇠퇴하기 시작했다. 셰익스피어는 'old'라는 단어를 모욕과 조롱의 말로 삼았고 그리 달갑지 않은 다른 단어들과 짝지어 사용하곤 했다("늙고 역겨운", "늙고 사악한", "늙고 비참한", "늙고 기형인"). 중세 연구가 애슐리 크랜델 에이머스는 "old를 사용하는 근대 영어 표현들을 읽는 것은 기분이 좋지 않은 경험으로, 고대 영어 예문들의 경우와는 극명하게 대조적"이라고 썼다.[2] 버지니아 울프가 강조했듯이 "단어들은 사전 속에 살지 않고 사람의 정신에서 살기" 때문에 'old'라는 단어를 작금의 원치 않는 조건으로 끌어내리는 것은 '오래된/늙은' 정신마저 끌어내리는 것이다. 노처녀[old maid], 구식[old-fashioned], 무리 안의 보수파[old guard], 졸업생들[old boys], 늙은 마녀[old witch], 시대에 뒤떨어진 사람[old fogey], 노망난 사람[old fart] 등등.[3]

이러한 멸시는 대조를 기반으로 의미를 파악하는 정신의 피상적 습관에서도 일부 비롯되었다. 'old'는 'new', 'fresh', 'young', 'of the future'와 상투적으로 대조됨으로써 고통을 겪는다. 이 단어의 의미는 퀴퀴하고, 낡고, 죽어가고, 이미 지난 것으로 좁혀졌다. 'old'가 다른 단어와의 대조를 통해서만 의미를 지닌다면 그 가치를 잃고 만다. 콜럼버스의 신대륙 발견 이후로 늘 '새로운 것'과 자신을 동일시해왔던 이 문화 속에서, 'old'는 언제나 나쁜 쪽을 떠맡게 되고 오래됨을 안일하고 단순한 관습적 지혜와 관련 없는 현상으로 생각하기는 매우 어려워진다. 'old'의 부정적인 의미를 회피하기 위해서, 'old'를 자신의 정반대라고 깎아내리는 'new' 편에 얼른 서지는 말라. 이원적 사고방식에 빠지지 말라. 그러한 과오가 아메리카 대륙의 신세계에 계속해서 저주를 내려 새로움과 미래 제일주의의 중독이라는 고질병을 앓게 하고 있다. 이 병이 '오래된' 모든 것을 복고적인 것, 구식, (미국인다운 미국 시인 칼 샌드버그의 표현을 빌리자면) "한 양동이의 잿더미"로 만든다. 새것이 옛것에 씌우는 주술을 피하려면 오히려 가능한 모든 방법을 동원하여 옛것 속으로 뛰어들어야 한다. 오래된 생각들, 오래된 의미들, 오래된 얼굴들, 오래된 사물들 속으로.

오래됨/늙음은 일종의 모험이다. 욕조에서 나오거나 전화를 받으려고 서두르거나 그저 계단을 내려오는 행동이 낙타를 타고 고비 사막을 여행하는 것 못지않게 위험하다. 예전에야 두 번 생각할 새도 없이 몸이 벌써 아래층에 내려와 있었지만, 지금은 언제 갑자기 무릎에서 힘이 빠지거나 발이 미끄러질지 모른다. 예전에는 우리도 가히 여우와 매를 스승으로 삼을 만했지만, 이제는 바다코끼리, 거북, 어두운 습지에 사는 큰 사슴이 우리의 멘토들이다. 오래됨/늙음은 느림의 모험이다.

어떤 현상을 제대로 파악하려면 현상학적 방법이 요구된다. 당신의 어머니를 알고 싶거든 '다른 사람 아닌' 어머니를 연구해야지 어머니를 아버지, 이모, 혹은 다른 사람의 어머니와 비교해서는 안 된다. 우리의 접근은 현상 그 자체를 파고들고자 한다. 현상의 주위를 돌며 다방면에서 살펴보고(순행巡行), 현상의 크기를 키워서 확장하고(확충), 현상의 일상적인 모습들을 구분한다(분화). 우리는 현상의 성격이 좀 더 확 두드러지기를 원한다. 현현, 계시를 원한다. 젊음과 신선함과 미래에 대해 생각하면서 오래됨/늙음에 대해 연구한다면 대립쌍 연구로 엇나갈 가능성이 농후하고 오래됨/늙음의 본성에 가까이 다가가기는 어려울 것이다. 우리는 그 본성을 오래된 사물과 장소에서, 오래된 친구를 만나서, 옛날 영화를 보면서, 노동에 열중하는 나이 든 두 손을 보면서 감지한다.

우리가 세계의 오래됨을 느낄 때 세계는 자양분을 제공한다. 인간의 영혼은 발견들의 신세계나 미래주의적인 '멋진 신세계'에서 그리 많은 것을 끌어내지 못한다. 그러한 신세계는 아무것도 지속시키지 못하거니와, 금세 퇴물 취급을 받는 그 세계의 세대들은 우리만큼도 누릴 것을 누리지 못할 것이다. 그런 세계들이 아니라 이 오래되고 오래된 세계라야 한다. 'world'라는 단어의 옛 형태는 wereald, weorold였다. 세계는 자양분을 제공하는 이곳, eald가 충만한 곳이다.

'old'가 'world' 안에 숨겨져 있었던 것처럼, 그노시스파[*]의 소피아와 카발라^{**}의 셰키나도 창조된 세계 속에 감추어진 영혼이었다. 소피아와 셰키나는 나이가 없는 지혜, 만물에 거하는 영혼의 지성이다. 세계의 영혼은 오래된 영혼이기 때문에 우리는 오래됨에 대한 감각 없이 영혼을 이해할 수 없고 영혼에 대한 감각 없이 오래됨을 이해할 수도 없다.

오래된 단어들·사물들·장소들의 성격은 일상에 편안한 느낌을 더해주는 것 아닐까? 그런 것들이 더욱더 성격을 드러낸다. 오래된 위스키 텀블러는 수많은 추억들의 연상으로 가득 차 있다는 점에서 어느 정도 성격이 있다. 프루스트의 마들렌처럼 텀블러는 다른 순간들로 채워져 있는 상기^{想起}의 부적, 감정과 사유의 객관적 상관물이다. 이것은 '오래전이나 지금이나 동일한' 텀블러, 오래됐기 때문에 동일하고 동일하기 때문에 오래된 물건이다. 나는 텀블러를 손에 들고 있고 텀블러는 내 손에 잘 맞으니 이렇게 편안할 수가 없고 더 바랄 나위가 없다. 나도 이놈을 잘 관리해가면서 사용하니 나만 좋은 게 아니라 텀블러 입장에서도 좋은 일이다. 나도 모르게, 어느새, 또 텀블러는 내 손에 들려 있다. 나는 이 물건과 더불어 살고, 좀 더 자세하게는, 진정한 '내 것'이 있다는 느낌을 이 물건에서 받는다. 이 물건은 일종의 외면적 영혼이다. 토착민들은 영혼이 깃들어 있는 물건을 잃어버리면 자기들이 병들거나

---

[*]   그노시스파(gnosis 派): 고대 그리스 말기에 초감각적인 신과의 융합을 체험하게 하는 신비적 직관이나 종교적 인식을 중시한 사람들.

^{**}   카발라(kabbalah): 유대교의 신비주의 교파.

망하거나 실성한다고 믿는데, 이 텀블러도 그런 물건이 되었다고나 할까. 다른 잔에 따른 위스키는 그저 마실 것에 불과하다.

오래된 것들은 오래 써서 이가 빠지고 나달나달해지고 뭉툭해졌을지언정 성격을 획득했다. 이 성격은 익숙함이나 쓸모, 때때로 광택·고색古色·디자인의 아름다움에서 온다. 혹은 그저 오래됐기 때문에, 오래된 존재라는 이유 하나만으로도 성격을 획득한다. 우리가 오래됨을 아름다움과 쓸모를 넘어선 존재 상태로 느끼지 못한다면 노년으로 넘어가기가 그리 녹록지 않을 것이다. 오래됨이 의미하는 지속, 즉 중요하지 않은 것들이 제거된 진정한 가치의 축적을 보는 대신, 현대인들은 오래된 것을 단지 파괴적인 시간의 결과물로만 본다. 지속보다는 죽음과 관련된 마지막 단계로만 본다.

오래됨은 성격을 낳고, 성격을 부여하며, 때로는 사람들의 평범한 느낌 속에서 아예 성격의 대체물이 된다. '그 오래된 집'은 강렬한 성격이 있는 집을 의미한다. '나의 늙은 개'는 분명하고도 친숙한 성격적 특성을 나타낸다. 나는 단순히 1851년에 지어진 집이라는 이유 하나만으로 오래된 집이라고 부르는 게 아니다. 개가 열여섯 살이라는 이유 하나만으로 나의 늙은 개라고 부르는 것은 아니다. 숫자는 객관적이고 아무 감정 없이 적용될 수 있으므로 나와 상관없는 일에는 숫자를 동원한 표현이 유용하다. 반면, '오래된/늙은'이라는 형용사에는 감정이 담겨 있다. 나는 진심으로 애정이 있는 것, 그리고 진심으로 욕해주고 싶은 것에 이 형용사를 붙인다. 누군가를 두고 할 수 있는 가장 좋은 말과 가장 나쁜 말, 그건 그 사람이 'old'하다는 말이다.

손녀가 접시를 집어 들 때 나는 "조심스럽게 다뤄라. 내 할머니, 그러니까 너의 고조할머니께서 물려주신 접시야!"라고 했다. 나는 손녀에게 그 접시가 소중하고 희귀하며 가치 있고, 깨지기 쉽다고 말한 것이다. 또한 손녀에게 그 어린 손을 접시의 오래됨에 맞추기를 요청한 것이기도 하다. 손녀가 접시에 맞춰서 접시를 조심스럽게 다뤄야 하고, 접시를 들고 이동할 때도 가만가만해야 하고, 그 물건의 취약성을 느껴야 한다. 그 물건이 오랫동안 전해진 것이기 때문에 귀하다는 말은, 그것이 오랫동안 지속됨으로써 견고한 신뢰를 쌓아왔으며 깨지기 쉬운 물건이기도 하다는 뜻이다. 역사는 그 접시에 세월을 덧입히지만 세월 하나만으로는 감정을 불러일으키지 못한다. 성격으로서의 오래됨, 덧입힘으로서의 성격, 이 복합성이 접시를 세상에 둘도 없는 것으로 만들고 우리의 찬탄을 불러일으킨다.

나이듦은 '오래됨'의 문을 열고 노년은 그 문을 좀 더 활짝 열어젖힌다. 그게 나이듦의 핵심일 것이다. 우리 자신이 나이 들기 전에도 세상의 오래됨을 알 수 있거나 그 어떤 사물의 성격에 깊이 들어갈 수 있는가? 노인이 지혜를 짊어지고 있다는 말은 노인은 그 자신이 오래됐기 때문에 이 오래된 세상의 이치를 안다는 뜻이다. 노인과 세계는 동일한 존재 상태에 있다.

물론, 늙으면 약해지고 닳아빠진다는 말도 맞다. 그러나 오래됨은 시간에 애정을 품는다. 오래됨은 세월을 사랑한다. 변화를 미루고 오래된 것들을 영원히 지속시키려고 한다.

시간이 파괴적이기만 한 것은 아니다. 시간 속에서 약해지는 것도 있지만 강해지는 것도 있다. 시간은 지속된다. 시간은 흐르고 또 흐르니 나이와 오래됨에는 적수가 없다. 그러나 시간은 젊음에 대해서는 파괴적이다. 시간은 젊음을 집어삼키고 결국에는 끝내버린다. 그래서 세월 앞에 장사 없다는 말은 사실 젊음을 다룬 것이지 나이를 다룬 것이 아니다.

그리스도교 초기의 독실한 사막 교부들은 젊은이들과 거리를 두었고, 나이 든 사람들이 목적을 이루는 데에는 젊은이들이 위험하다고 경고하기도 했다. 젊음은 악마적인 것을 불러온다. 수도승들의 경고는 청춘의 방종한 행동, 성적 매력, 진중한 앎의 결여에만 초점을 맞추지 않는다. 나이 든 수도승들의 소아공포증은 성격을 구축하는 작업에 젊은이들의 관점이 방해가 된다고 인정하는 것이다. 그러한 작업은 침묵, 참회, 자제력, 끈기, 각성, 인내, 신중함을 요하는 까닭이다.[4]

고대 영어의 언어 습관은 젊음과 나이를 한 문장 속에 묶는 경우가 좀체 없다. 지금은 연로한 이들에게 아직도 청춘 같다고 칭찬하고 서로 다른 두 존재 방식을 아주 딱 붙여놓기 일쑤다. 이로써 청춘의 왕국이 노년의 영토를 야금야금 식민지화한다. 그러나 고대 영어에서는 오래된 것과 새로운 것을 그리 비교하려 들지 않았다. 그 둘 사이에는 반드시 지켜야 할 확고한 선이 있었다. 당대의 심리학적 문헌은 이렇게 조언한다. "노인과 청년, 병자와 건강한 자, 부자와 빈자, 배운 자와 천박한 자를 동일한 잣대로 판단하려고 하지 말라."[5] 나이 든 코끼리나 말, 나이 든 반려견이나 반려묘를 잘 살펴보면, 나이 든 것들은 그 자체가 하나의 종種이나 마찬가지다. 같은 종이라도 어린 개체는 아예 다른 종이

려니 하고 생각해야 한다.

나이 든 수도승이 오늘날의 노인들에게는 무슨 말을 할까? 나이 든 사람으로서 자기 성격에 충실하려면 우리는 젊음의 태도와 어느 정도 거리를 둘 필요가 있다. 어쩌면 젊은 사람들도 그래야 할 것 같다. 그들의 생생한 몸과 텅 빈 정신이 우리를 유혹해서가 아니라 우리가 청춘의 삶에 지나치게 관심을 쏟아붓기 때문이다. T. S. 엘리엇의 말대로 "노인은 탐험가가 되어야 한다면" 그 탐험은 오래됨/늙음 그 자체의 탐험, 즉 그 지형을 둘러보고 지도를 작성하며 그 왕국으로 들어가는 활동일 것이다.[6]

우리가 하려는 사업은 어마어마한데 수익은 박하다. 생애를 돌아보고 성격을 살펴보는 일은, 이른바 멘토로서 젊은이들에게 그냥 충고나 좀 해주는 것보다 훨씬 품이 많이 든다. 멘토와 연장자 들은 성격으로 인정을 받는다. 그들에게는 그들만의 성격이 있고, 그들이 곧 캐릭터. 그렇지 못한 자들은 노인네oldster에 불과하다. '젊은 애youngster'에서 나온 이 단어는 노년과 청년을 모두 기세 좋은 소비 제일주의 속에서 불모의 잡종으로 만들었다.

이 문화 속에서 어린 사람들이 겪는 역경은 우리의 연민을 부채질한다. 어린이들의 궁핍, 청소년 착취는 우리의 적극적인 참여를 요구한다. 어쨌든 우리는 사막의 수도승들이 아니라 생활하는 시민들이기 때문이다. 무엇이 우리의 역할인가? 젊음을 극찬하면서도 젊은 사람들은 무시하고, 하찮게 여기고, 입맛대로 조종하고, 때로는 감옥에 처넣는 이 위선적인 문화에 영합하기보다는 오래됨을 바로 세우는 것이 그 역할이다. 우리는 나이 든 사람들이 늘 해왔던 그 역할을 한다. 그 역할이란 지식을 보전하고 전수하며 현재 삶의 성벽 위에 성격의 힘을 조형하는 것이다.

우리의 마지막 남은 것을 고수하는 것이 옳다고 볼 수 있을 때만, 아이들의 모습을 보면서 내 속에서 저절로 일어나는 무시무시한 소아공포증이 이해가 된다. 요란하게 노는 사내아이들, 재미와 잠과 새로운 것만 좇으려는 태도. 수다쟁이 여자아이들, 그 아이들 특유의 숨소리가 많이 섞인 억양과 뾰로통한 태도. 순진하다는 인상을 주는 그들의 무지. 그들의 옷, 예의범절, 음악 등등. 나는 순식간에 젊은 사람들과의 직접적 관계를 망치는 못되고 성질 잘 부리고 비열하고 미움 많은 노인네가 될 수도 있다. 노인들의 소임이 문명을 젊은 사람들 편으로 넘기는 것이라면 어째서 나이 많은 영혼이 이 같은 증오를 품는 것일까? 그러한 증오는 마땅히 몰아내야 하지 않을까?

나는 외려 축복받았다는 생각이 든다. 어떤 징후에서든 그 징후의 목적을 보아야 한다. 소아공포증은 본능적인 반응처럼 일어난다. 이 징후는 젊음을 멀리하고 방어적으로 처신하는 데 도움이 된다. 수도승들은 노인이 젊음에 눈이 어두워지면 가장 전념해야 할 일(성격, 나이듦의 숙명)에 힘을 쏟지 못한다고 보았다. 젊음과 늙음의 경계를 모호하게 흐리고 서로 다른 소임을 혼동하기보다는 급작스러운 미움이 낫다. 적어도 그러한 미움은 젊음을 벗하는 것은 (예외적인 경우라면 모를까) 우리의 소명이 될 수 없고 젊음과 눈높이를 맞추는 것도 우리 방식은 아니라고 알려주니까. 나이듦과 젊음의 공유는 완전히 환상이다. 젊은이의 성격 발달에 도움을 주는 것도 중요하나, 나날이 힘써야 할 과제는 오히려 우리 자신의 성격을 알아내는 일이다. 온전하게 늙고, 우리 존재에 충실하고, 우리의 '진중함'과 괴팍함으로 쓸모 있는 존재가 된다면 공공선에 간접적으로 이바지하고 그로써 젊은이들에게 도움이 될 수 있다. 그래서 나이를 먹는다는 것은 하나의 직업이라고 해도 좋을 만큼 수고로운 일이요, 이 일에는 은퇴가 없다.

우리 나이 든 자들이 구현하는 'old'라는 단어 혹은 관념은 일개 단어나 관념을 넘어선다. 'old'는 압축된 층들로 이루어진 이미지다. 정신의 눈은 이 단어를 코끼리, 비틀리고 옹이가 많은 나무, 담요를 둘둘 말고 있는 에벌린 고모할머님, 재개발되기 전의 동네 골목 등으로 떠올린다. 이미지들이 불쑥 떠오른다. 그렇기 때문에 'old'는 인생의 나중 시기를 살아가는 사람들에게 적합한 단어다. 그들을 'old(노인)'이라고 부르는 이유는 그저 나이를 먹었기 때문이 아니라 오래됨의 이미지로서 유효하기 때문이다.

다른 한편으로, 생애 회상은 개인의 전기와 그 전기의 주요 캐릭터에 대한 연구다. 캐릭터는 전기의 내용에 해당하는 삶을 살고 그 삶을 하나의 이야기로서 들려주고 비평가, 감정인, 심판관, 심문인, 피고인 입장에서 회상한다. 생애 회상은 '노년'을 그것을 이루는 가닥들로 분리시킨다. 나이 먹은 감성, 옛 시절, 비틀거리는 육신, 살아온 날들의 짬밥, 권위적인 원로의 백발성성한 머리, 건망증도 모자라 걸핏하면 몽상에 빠지곤 하는 정신머리 등등. 이 복합성의 가닥들이 'old'에 실체를 부여하고 "순간 속에" 자신들을 함께 드러냄으로써 '이미지'에 대한 에즈라 파운드의 정의를 충족한다. 나이를 많이 먹었다는 것은 어떤 이미지의 조건에 도달했다는 뜻이다. 그 유일무이한 이미지가 바로 그 사람의 성격이다.

'오래된/늙은'을 '신선한', '젊은' 같은 외부 관념들과 비교하는 것보다는 이 짧은 단어 속에 꽉꽉 들어찬 관념들의 그물을 풀어보는 편이 훨씬 더 낫다. 성경에는 이 단어에 해당하는 히브리어 단어가 적어도 9개가 있으며 변형들까지 합치면 그보다 훨씬 더 많다. 그러나 우리 영어는 그 모든 의미를 한 단어에 압축해놓고 있다.

> olam: 고대의 옛 시절.
>
> gedem: 시간이 존재하기 전. 노인의 나날.
>
> rachoq: 아주 오래 전. 옛날 옛적. 사라나 욥 같은 옛사람들, 혹은 나이 든 상담역을 가리키는 말에는 'zaqen'이 있다.
>
> ziqnah: 노령. "늙을 때에 나를 버리지 마시며 / 내 힘이 쇠약할 때에 나를 떠나지 마소서"*라는 성경 말씀의 주제는 우리 시대에 비틀스의 노랫말에서 개인의 사랑 이야기로 축소되었다. "내가 예순네 살이 되어도 나를 필요로 할 건가요, 나를 먹여 줄 건가요."
>
> sebah: 희끗희끗한 머리칼에 아주 정정한, 행복한 노년.
>
> balah: 낡은 옷가지처럼 닳아빠진, 서글픈 노년.

....

* 「시편」71편 9절.

athaq: 없어져야 할 노년(너무 빨리 온 노년). "어찌하여 악인

이 생존하고 / 장수하며 세력이 강한가?"*

y'shiysh: 몹시 늙은 것.

yashan: 저장해놓은 과일, 문, 연못 등 오래된 것.[7]

이렇게 다양한 오래됨/늙음, 그 외에도 더 많은 오래됨/늙음이 우리
를 관통한다. 이 모든 것이 인간의 복합성을 이루는 가닥과 리듬이다.
어느 날 아침 우리는 자신이 뼈다귀 자루, 꼬챙이에 씌워놓은 넝마 외
투처럼 느껴질 것이다. 또 어떤 날에는 우리가 시간이 존재하기 전에
속한 것처럼, 므두셀라**처럼 시대에 맞지 않게 오래 산 사람처럼 느껴
질 것이다. 어떤 때에는 우리 자신을 76, 81, 91 같은 숫자로만 인식할
것이다.

나는 잊힌 조난자, 눈매가 매서운 현자(오래된 문처럼 서서, 아주 오래
된 추억에 젖고, 힘과 사악함을 즐기는 자), 사라와 욥처럼 신의 오래된 노
리개다. 또 어떤 날 아침에 깨어난 나는 내 성격과 눈물 나고 고맙고 흡
족한 내 삶의 모든 날에 충실한 존재일 것이다. 나의 복합성은 이 가닥
들 중 어느 하나로 환원될 수 없다. 그저 비열하기만 한 노인, 허구한 날
불만만 쏟아내는 노인, 105세라는 기록적인 장수를 누리는 노인, 백발
을 길게 늘어뜨리고 충고 섞인 경험담을 길게 늘어놓기 좋아하는 노인

* 　「욥기」21장 7절.
** 　므두셀라: 구약 성경에 나오는 인물. 성경에 나오는 인물 중 최고령으로 969세까지
　　살았다고 한다. 그래서 그는 '장수'의 대명사로 간주된다.

이라고 지칭하는 것은 유일무이한 성격을 일원적 캐리커처로 환원하는 것이다. 성경은 그 같은 일원론적 과오를 허락하지 않는다.

오후는 아침이 상상하지도 못했던 것을 안다.

- 스웨덴 속담

제2부

떠나감
Leaving

4

'지속'에서 '떠나감'으로

전원 탑승!

지속^{lasting}에서 떠나감^{leaving}으로의 이행은 우리의 기본 태도를 버티기에서 놓아버리기로 바꾼다. 이것은 대대적인 패러다임의 변화, 원형들의 이동이다. 지속은 '첫째가는 자연법칙'으로 통하는 자기 보존 본능을 나타내기 때문에 우리를 지탱해주었다. 생 그 자체가 지속되기를 원하는 것 같았고 우리가 계속 잘 해나가기를 바라는 것 같았다. 지속이 지배하는 동안은 떠나감을 패배라고 생각했다. 그러나 피할 수 없는 일이 닥쳤다. 떠나감은 죽어간다는 의미일 뿐이다.

하지만, 무엇이 죽는 건가? 나는 여전히 여기 있고, 여전히 느끼고 사유하며, 아침밥도 먹는다. 나는 죽어가는 것도 아니요, 죽은 것은 더더욱 아니다.

죽어가는 것은 지속에 속하는 태도들, 지금까지 우리 자신을 보존해 온 태도들을 고수하겠다는 다짐이다. 그러한 태도들의 원형적 토대가 무너지면서 우리는 기댈 데 없는 기분, 온갖 낯선 급습에 무방비 상태인 기분, 점점 퇴락해가는 기분을 느낀다. 우리의 정신과 습관에 낯선 것은 죄다 나이를 먹은 탓, 죽을 날이 가까워진 탓으로 돌린다. 이전에 우리를 지탱해주었던 '버티기'라는 관념의 목표는 죽음을 벽 너머 저쪽에 두는 것이었다. 그러므로 지속이 더는 원형적 패러다임이 되지 못한다면 우리는 죽음에게 문을 연 셈이다. 이러한 이유로 우리 안에 내면화된 코치들, 에어로빅 강사들, 80대 불가리아인 염소지기가 매일같이 건네는 충고를 무시하기란 너무 힘들다. 활동적으로 살라, 오르막길을 걸으라, 요구르트를 챙겨 먹으라, 허드렛일도 부지런히 하라, 운동 기능을 유지하라, 신체 단련을 하라, 새로운 관심사를 계발하고 친구를 만나라, 걱정하지 말라, 많이 웃으라, 긍정적으로 생각하라, 열심히 노력하라, 좀 더 하라. 버티라!

나는 이것이 광범위하게 퍼져 있는 중대한 오해라고 본다. 지속에서 떠나감으로의 이행은 무엇보다 심리적인 것으로, 내가 생각하는 그 의미는 이런 것이다. 떠나는 것은 우리가 아니라 쓸모(그리고 청춘)보다 오래 지속되고 있는 신체와 정신에 대한 일련의 태도와 해석 들이다. 우리는 그것들을 놓아두고 갈 수밖에 없다. 우리가 늙어서가 아니라 '그것들'이 오래되었기 때문에 우리를 더는 지탱해주지 못한다. 버텨야 할 필요는 삶에 대한 열정보다는 죽음 공포에서 발생한 퇴행적인 저항이 된다. 우리의 몸과 정신이 우리의 예전 태도가 이해할 수 없는 방식으로 작동하기 때문에 우리 눈에는 기능 이상, 쇠락, 죽음만 보인다. 그러니 두려운 거다. 그러니 우리 안에서, 우리에게 일어나는 이 과정이 싫은 거다. 우리 자신, 우리 마음, 우리의 성^性, 우리의 피부, 우리의 뼈, 변해가는 우리 영혼이 싫어진다. 그래서 우리는 시곗바늘을 되돌리고 지속을 지배적 원리로 유지하기 원한다.

우리가 지속에 힘쓸수록 두려움은 커진다. 이 노력이 인간 본성이 타고난 지성을 거역하기 때문이다. 우리 지성의 법칙에 반하는 것은 우리를 단순화하거니와, 나이를 먹으면 기능이 떨어질 것이라는 생리학적 기대를 충족한다. 그렇다, 기능은 변한다. 그러나 우리가 단순해지고 느려진다고 믿게 만드는 것은 그러한 변화를 대하는 태도다. 지속하려는 노력은 지속으로써 지연시키고 싶은 바로 그 조건, 즉 나이를 먹으면 서서히 퇴락할 수밖에 없다는 자기 충족적 예언으로 이어지는 자기 파괴적 전략을 만들어낸다.

내가 신체 기능을 가장 깊은 '본성'으로 생각한다면, 나는 하루가 다르게 쇠락하는 나 자신을 눈여겨볼 수밖에 없다. 건강염려증, 강박, 불안증, 우울증 등 익숙하고도 해로운 것이 나를 버티게 하는 것이 된다. 체중계, 다이어트, 거울, 변기는 내가 집착하는 익숙한 벗이 된다. 반면, 나의 가장 깊은 '본성'을 성격이라고 생각할 수 있다면 내 본성의 변화에 호기심을 품고 새로운 발견에 나설 것이다. 또한 이 변화들을 과거의 모델과 비교하여 평가하지 않고 성격에 대한 통찰을 얻기 위해 깊이 연구할 수 있을 것이다.

젊을 때, 요컨대 성장이 가장 중요할 때는, 생리학적 모델이 변화를 이해하기에 가장 알맞은 척도다. 젊을 때는 버틸 수 있는 대로 버티고 올라갈 수 있는 데까지 올라가라고 부추기는 이기적 유전자(자기 보존 본능을 요즘은 이렇게 부른다)에 더 많이 휘둘린다. 그러나 세월이 흐르면 생리학적 모델의 중요성은 떨어진다. 생리학(뇌, 혈액 순환, 관절)이 늘 중요하다는 것은 부인할 수 없지만 노년을 이해하기 위한 설명 모델로서는 힘을 못 쓴다. 생리학의 설명은 힘을 잃고 통찰력을 보여주지 못한다. 생리학은 충분히 만족할 만한 얘기를 하지 못한다. "노화가 신비로운 것은 모든 이에게서 나타나는데도 그 기저의 본성은 여전히 수수께끼라는 점에 있다."[1] 저명한 생리학자이자 생식생물학자 로저 고즈든이 한 말이다. 이 수수께끼를 설명하는 노화 이론만 해도 300가지 넘게 분류되어 있다.[2]

패러다임이 변할 때 "무엇이 나의 본성을 건강하게 지켜주는가?"라는 질문은 "무엇이 나의 성격에 중요한가?"로 바뀐다. 성격이 점점 전면으로 나오면서 '이기적 유전자' 이론은 예전만큼 적절해 보이지 않는다. 그 이유는 이 이론이 생의 목적을 유전자의 영구 보전으로만 못 박아 놓기 때문이다. 노년에는 낯선 이에 대한 친절과 이타적 감정이 좀 더 큰 역할을 한다. 심리적·문화적 요인들이 유전자의 계승과 확산이라는 목표를 재고하거나 기각하기라도 하는 것처럼 말이다. 성격이 생의 결정 사항들을 좀 더 타당하게, 좀 더 영속적으로 다스리기 시작한다. 가치들을 좀 더 면밀하게 살피게 되고, 점잖음이나 감사함 같은 자질들이 정확성이나 효율성보다 귀하게 여겨진다.

'가장 깊은 본성'의 의미가 생리학적 구조에서 성격 구조로 넘어가면 노년을 좀 더 살 만한 것으로 이해하게 된다. 그러나 노인학은 여전히 노화의 생물학에 초점을 맞추고, 그래서 노인의 성격을 진솔하게 받아들이지 못하고 있다. 나이듦이 개인에게 띠는 의미가 아니라 변화의 생리학에서 출발하는 나이듦의 과학은 실제로 나이 먹는 사람에게 와 닿지 않는다.

인간의 노화를 다양한 종류의 과학적 환원(분자생물학, 정보 이론, 진화심리학)으로 설명할 수 있고 노화의 의미와 목적에 대한 물음은 본질을 흐리게 할 뿐이라고, 과학적 사실을 회피하려는 시도에 지나지 않는다고 치자. 그러나 사색적이고 철학적인 물음들이 인간 정신, 특히 늙어가는 정신에서 솟아나는 것을 어쩌랴. 그러한 물음들도 그 물음들이 제기되는 수준에서 존중을 받아야 한다. 철학적인 물음에는 철학적인 대답이 필요하다. 비록 과학적 환원을 지배하는 사유 모델이 그러한 물음의 정당성 자체를 인정하지 않더라도 말이다.

뇌 연구의 개척자 중 한 사람인 에이브럼 골드스타인은 "문제는 심리학 '대(對)' 생물학이 아닙니다. 오히려 (우리의 현 지식으로는 미치지 못하는) 최종 분석에서는 심리학이 '곧' 생물학입니다"[3]라고 말했다. 이 말은 노년에 가장 중요한 것들을 청춘에 더 중시되는 사고방식으로 환원시켜버렸다고 할 것이다. 젊을 때는 성취에 초점을 맞추는 것이 마땅하나 나이 들어서는 무엇을 어떻게 성취했는가를 돌아봄이 더욱 마땅하다.

노년을 다루는 과학은 젊은 과학이라고들 한다. '노인학'이라는 단어는 20세기에 나왔다. 노인학은 새로운 방법들을 동원하며 진보적 희망에 부풀어 있는 신생 학문이다. 또한 이 분야 연구자들도 대체로 젊은 편이다. 노년 연구의 현장이 젊음의 원형에게 영향을 받는다면 아무래도 노년의 의미를 발견하기보다는 노화를 지연시키거나 역행시키려는 목적이 두드러지지 않을까? 이 연구는 연구 대상을 비난하게 되지 않을까?

개인이 노년에 겪는 변화, 즉 생리학에서 성격으로의 변화는 노년 연구의 시각 변화를, 아니 혁명을 요구한다. 나이 든 이가 사색에 대한 젊은 날의 열망을 종종 은유적이고 명상적인 계획으로 남기듯 노년에 대한 연구가 그 대상을 제대로 다루기 위해서는 과학의 태도와 모델을 뛰어넘어야 한다. 나이듦을 다루었던 휴머니스트 작가들, 가령 로버트 버틀러, 시몬 드 보부아르, 앤 와이엇브라운, 캐슬린 우드워드는 그런 유의 연구를 수행했다. 그들은 고대에까지 거슬러 올라가면서 노년의 근본적인 중요성을 통찰하는 사유의 전통을 이어나갔다. 그러한 통찰이 소설가, 에세이스트, 철학자, 예술가, 그리고 의사 들의 저작에 나타나 있다.

노화에 대한 휴머니스트적 연구로의 이러한 이동은 노화 연구에 재원이 필요하다는 세계관을 버린다는 뜻이다. 우리는 그 대신 노년에 자양분을 제공하는 다른 종류의 자금, 즉 동료애, 자유, 모든 종류의 예술, 자연, 침묵, 봉사, 소박함, 안전을 더 조달해야 할 것이다.

우리는 버티려 애쓰고 수명을 연장하기 원한다. 삶에 대한 이해를 확장하는 것도 똑같이 중요하다. 과거의 삶이 아니라 지금 있는 그대로의 삶. 지성으로써 구조화된 삶. 가르침으로서의 삶.

노년에는 정보보다 지성에 관심이 간다. 정보는 새로운 소식을 알려 주는 반면 지성은 통찰을 얻기 위해 그러한 소식을 연구한다고 나는 말하고 싶다. 데이터는 우리의 시력과 청력, 우리의 관절이 예전만 못하다는 것을 알려준다. 그런 것들은 지속되지 않는다. 이 정보에서 어떤 지성을 얻을 수 있는가? 어떤 통찰이 좀 더 지적인 노년을 영위하는 데 도움이 되는가? "나는 죽어가고 있습니다"라는 말은 나이에 상관없이, 어느 때라도 할 수 있다. 이 말은 무겁고도 확실한 진실이지만 빤한 말일 뿐, 지성과는 별 상관이 없다. 게다가 지속은 늘 무엇보다 중요하지만 정보는 그냥 쌓이기만 한다. 정보는 분류되고 찾아보기 쉽게 정리되고 재검토되어야만 한다. 통찰은 지속된다.

실용 정신에는 이러한 통찰이 부족한 경우가 많다. 그러한 정신은 의식을 구체적 형태에 직접 쏟아붓는다. 그래서 어떤 관념을 현실에 바로 적용하는 작업은 빨리빨리 잘한다. 이러한 실용적 접근, 이른바 도구주의가 젊은 사람들, 아직도 올라가기에 바쁜 사람들에게 팽배해 있다. 생리학적 노인학도 이러한 도구주의에 지배당하고 있는 듯 보인다. 예전에는 20킬로그램이 넘는 사료 포대를 거뜬히 들었고 여행용 가방을 승객 머리 위 짐칸에 올려놓거나 화분을 현관 앞 난간에 올려놓는 것도 가능했지만 이제 그럴 수 없다는 신체적 현실은 나의 역량이 구체적이고도 측정 가능한 방식으로 쇠락했음을 의미한다. 교정 운동을 꾸준히 하고 관절염 치료를 잘 받으면 원상태로 되돌릴 수 있을지도 모른다. 이건 구체적인 방법들을 동원해서 해결해야 할 문자 그대로의 문제다.

내가 이러한 변화를 신체적으로 설명하지 않고 신체의 표현으로서 좀 더 깊이 숙고한다고 치자. "내가 지나치게 무거운 것을 들어 올리나? 나는 무엇을 지고 있는가? 거대한 책임, 무거운 감정, 너무 많은 것이 담긴 가방? 어쩌면 나는 지나치게 많은 것을 쌓기만 하고 더는 아무것도 올려놓을 수 없는 수준이 되어서야 비로소 내가 짊어진 것을 살펴보는 건지도 몰라. 혹은, 이렇게 해서 다른 종류의 역량을 발견하려는 건지도 몰라. 내가 모든 것에 손을 대야만 하나? 아니면 이제 확고해진 성격의 권위에 힘입어 다른 종류의 확고한 주도권을 가질 수 있을까? 아직도 현실에서 구체적으로 해야 할 일이 있다면 지금까지와는 다른 방식으로 그 일을 할 수 있을까? 가령, 도움의 필요성을 인정하기, 협업, 속도 조절, 시기 선택, 기운 내기, 자신을 너무 몰아붙이지 않기, 새로운 노력은 접고 과거의 성취를 즐기기 등등?"

노년에 몸은 미묘하게 자신의 지혜를 발휘한다. 몸의 방식은 일견 지혜와 전혀 상관없어 보인다. 실제로 나이 든 몸은 바보스럽고, 자꾸 깜박깜박하고, 인내심도 없고, 온갖 부끄러운 징후들에 시달리는 것 같다. 지혜란 모름지기 이래야 하고, 나이가 들면 그런 지혜에 다가가야 한다는 우리의 기대가 우리의 실제 경험을 왜곡한다. 지혜로운 노인의 이상에 눈이 먼 나머지 그러한 노화의 '징후들'에서 실제로 일어나는 성격 형성을 놓치고 있다. 지혜는 거기에 있는데 말이다.

굵은 주름, 잔주름이 신체가 나이 들고 피부가 건조해졌다는 표시만은 아니다. 주름은 성격의 선線을 보여준다. 뻣뻣한 목은 척추와 연골의 노화보다 더 많은 것을 알려준다. 그 목은 경직된 성격, 완고하리만치 고집스러운 성격을 나타내는지도 모른다. 이 뻣뻣함에 의문을 던져보아야 한다. 그러한 특성이 굽힐 줄 모르는 직진 성향, 고착된 인생관과 상관이 있는지 봐야 한다. 동의의 뜻으로 고개를 끄덕이거나 머리를 숙일 줄 모르는 태도, 거부하거나 정면으로 맞서는 태도와 상관이 있지는 않은가?

계단을 오르다가 숨이 차서 잠시 멈춘다 치자. 지속은 이렇게 말한다. "갑자기 조금만 무리해도 폐와 심장이 버티질 못하는구나. 너는 나날이 약해지고 있어." 떠나감은 말한다. "왜 아직도 오르려고 해? 왜 한 걸음 한 걸음 밟아 올라갈 생각만 해? 다른 층으로 가는 방법이 이것뿐일까?"

지속에서 떠나감으로의 이행이 단지 시간적인 절차라고 생각하면 오산이다. 물론 우리를 청춘에서 노년으로 데려가는 것은 시간이다. 비록 그 과정에서 우리의 생각까지 빠르게 혹은 완전히 데려가지 못해서 문제이긴 하지만 말이다. 오래된 사고 습관들이 남아서 우리가 나이를 먹었다고 느끼게 하는 데 한몫을 한다. 무거운 가방을 들거나 계단을 올라갈 때 우리 안에서 앞다투어 말하는 두 목소리가 있다. 그 목소리들은 우리의 행동을 이해하는 두 가지 방식, 현재 일어나고 있는 일의 두 가지 구성에 해당한다. 하나는 뒤쪽을, 예전의 우리를 가리킨다. 그 목소리는 현재를 예전과 비교한다. 이러한 비교는 새로운 사건을 과거의 틀에 맞추려 한다는 점에서 끔찍하다. 다른 하나는 그 징후들에 숨겨진 지성을 탐구한다.

나는 몸에게 지속의 실패에 대해서뿐만 아니라 떠나감에 대해서도 할 말이 있을 거라 생각한다. 이러한 태도는 신체 노화 현상을 완전히 부정적으로만 보지 않는다. 나 자신도 신체를 지닌 존재요, 이 존재의 가장 요긴하고 실질적인 앎, 흔히 본능이라고 일컫는 앎은 신체에서 오는 앎이다. 그러나 신체를 지닌 존재는 단순한 생물학적 존재 이상의 의미를 지닌다. 신체는 형상, 프시케의 장場, 영혼들의 집이기 때문이다. 영혼들은 이 집에 방 한 칸씩을 차지하고 제 거처를 삼는다. 물리적 신체는 프시케의 장으로서, 생물 정보뿐만 아니라 심리에 대한 앎을 담은 은유들의 성채다.

심리학자는 엉망진창인 상태를 보면서 거기에 어떤 의도가 있다고 생각한다. 환자에게 일어나는 일이 방향성이라고는 없고 파괴적으로만 보일지라도 심리학자는 숨겨진 목적을 찾는다. 이 상처와 실수 들은 무엇을 의미할까? 우리는 생이 우연하지 않고 기본적으로 지적인 것이라고, 그러므로 생은 부조리하지 않고 지성으로 파악 가능하다고 본다. 우리는 실험 방법에 제약을 받지 않으므로 우리의 추정이 검증 가능한지 그렇지 않은지에는 관심이 없다. 그렇지만 우리도 자연과학자들처럼 현상을 주목하고 현상에서 배운다. 우리는 의식과 이성적 탐구의 한계를 그 누구보다 똑똑히 인식하고 있지만 의도 관념은 포기할 수 없다. 우리는 징후에서 지성을 찾으려는 탐구 작업을 소홀히 하지 않는다. 또한 개인의 성격에서 모호한 부분들을 "인생은 알 수 없는 미스터리"라는 식의 거창하지만 개성 없는 불분명한 말로 대충 넘기지도 않는다. 그렇다고 해서 우리가 진화생물학 같은 단일 이론의 교조주의자들과 손을 잡는 것도 아니다. 우리는 믿음의 반석과 냉철한 환원주의적 과학 사이에서 둘 중 어느 한쪽에 치우침 없이 길을 내려고 애쓴다.

그래서 나는 생의 지성이 젊은 날에 성장을 의도하듯 노년에 노화를 의도한다고 생각하게 되었다. 우리가 말하고, 두 발로 서고, 걷고, 분별하고, 익히는 방향으로 '펼쳐진unfold' 것처럼, 나이가 들면 '안으로 말려들기도infold' 할 것이다. 한때 세상에 들어가기 위해 펼쳐지고 발달해야만 했듯이, 세상을 떠나려면 안으로 말려들기 혹은 나이듦이 꼭 필요하다. 삶을 떠난다는 얘기가 아니다. 삶이 우리를 떠나기 전까지는, 우리가 삶을 떠날 수 없다(자살은 예외다). 우리는 사망 선고가 떨어지기 전까지는 살아 있는 존재다. 처음으로 숨 쉰 그 순간부터 죽음은 가능성으로 존재하고 마지막 숨을 거두는 그 순간이 오기 전까지 생은 이어진다. 그러므로 노년의 현상을 또 다른 생의 방식으로의 입문으로 보지 못하고 죽음의 전조로 보는 것은 중대한 실수다.

펼침, 전개, 발달, 개선. 셰익스피어는 「뜻대로 하세요」에서 재치 있는 노철학자 자크의 입을 빌려 말한다. "우리는 한시가 다르게 성숙해 갑니다. 그러다 나중에는 한시가 다르게 썩어가지요." 성숙이 노년까지 지속되지 않는다면 성숙의 사고방식도 더는 통할 수 없다. 썩는 것에는 썩는 것 나름의 현상학이 있다. 쇠락, 정체, 건조, 부패, 파편화. 모든 것이 '살아 있는' 과정들이건만 우리는 이 과정들을 죽음이라는 공통분모로 환원시키고 그 과정들만의 독특한 풍부함은 보지 않는다.

우리가 죽음과 연결하는 것은, 그게 뭐가 됐든 죽고 만다. 죽음은 겁나는 것이다. 무서워 오그라들고 헛것이 보이니 탐구는 가로막힐 수밖에 없다. 일부 심리학자들은 '죽음 부정'이 오늘날 상당수 인간 행동의 동기가 되고 있다고 주장하나, 노년에는 오히려 그 반대인 경우가 많다. 노년에는 죽음의 징후들을 더 깊이 파고들지 않기 위해서 죽음의 관념을 사용한다. 우리는 노년의 징후들의 목적을 이미 안다고 주장하면서 말이다. 낯설고 새로운 현상들은 죄다 죽음을 가리키는 것으로 치부된다. 이 거대한 미지의 것이 새로운 것, 이상한 것, 낯선 것, 급작스러운 것 등 미지의 영역으로의 원형 이동과 관련된 모든 것을 집어삼킨다. '죽어감'은 지금 우리가 어디에서 어떻게 살고 있는가에 대해서보다 우리가 무엇으로부터 떠나가는가에 대해서 더 많이 말한다. 우리의 두려움은 미지의 영역에서 오도 가도 못한 채, 우리에게 일어나는 노화 과정을 주로 생리학적으로 이해하고 이미 익숙한 구체적이고 실용적인 사고방식으로 우리의 발목을 잡는다. 우리는 잃어버린 젊음뿐만 아니라 젊음이 생을 설명하는 방식까지 복구하고 싶어 한다. 우리는 '미지의 것'이 죽음과 동일시될 수 없다는 것을 잊어버린다. '미지'는 우리가 알지 못하는 모든 것이다. 여기에는 아직 알지 못하는 것, 다른 삶의 방식, 다른 존재 방식(어엿한 남성 혹은 여성이 '되기^{becoming}'보다는 유일무이한 성격으로 '존재^{being}'하는, 인간으로 존재하는 다른 방식)이 다 포함된다. 우리가 썩는다고 일컫는 과정 안에서 이 성격은 드러나기 시작하고, 그게 아마 성격의 의도일 것이다.

셰익스피어의 작품 속 철학자는 무대^{stage}와 연령을 혼동하고 있다. 그는 삶의 전형적인 무대들을 앵앵 우는 아기 때부터 이 빠지고 노망나는 때까지 살펴보면서도 본인이 서 있는 바로 그 무대는 잊고 있는 듯 보인다. 그 무대는 시간의 흐름과 무관하다. 그는 "세상 모두가 하나의 무대"라고 말한다. 우리는 나이에 상관없이 늘 이 무대에서 캐릭터들로서 등장하고 퇴장한다.

생리학에서 심리학으로의 사고 전환은 참신한 언어를 요구한다. '명예', '위엄', '권위', '신중함', '우아함', '심오함', '자비', '용기', '한결같음', '충직함' 등 성격과 결부되는 단어들은 전부 다 필요하다. 우리는 형태, 스타일, 자질, 모양에 대해서 다시 생각할 것이다. "그 사람은 컨디션이 좋아^{He's in good form}." "그 여자는 자기만의 스타일이 있지." "그녀는 좋은 자질이 많아." "내 꼴이 말이 아니야^{I'm in bad shape}." '조상', '가모장^{家母長}', '후원자', '멘토', '노파^{crone}(여자 어른)' 개념들을 되살릴 필요도 있을 것이다. 우리의 접근을 기술하는 단어들도 바뀌어야 한다. '설명' 대신 '이해'를, '새로운 연구' 대신 '오래된 텍스트'를, '개선' 대신 '필요'를, '건강' 대신 '영혼'을, '실험'과 '통계' 대신 '철학'을, '정보' 대신 '지성'과 '통찰'과 '비전'을, '임파워먼트^{empowerment}'와 '자격 부여^{entitlement}' 대신 '특질'과 '열정'과 '어리석음'을 말해야 할 것이다.

그러나 우리는 통찰의 원천인 이 나이 들어가는 신체를 결코 저버리지 않을 것이다. 나이 들어가는 몸의 변화, 바로 여기에 지혜가 있다. 몸은 여전히 선생이다. "형제여, 그대의 생각과 감정 너머에는 강력한 통치자, 미지의 현자가 있나니 (…) 그대의 몸속에 거하며, 그가 곧 그대의 몸이라오"[4]라고 니체는 말한다.

"심리학이 '곧' 생물학입니다"라는 골드스타인의 오만한 선언을 이제는 받아들일 수 있다. 우리가 이 말의 의미를 이동시키기만 하면 된다.

그의 진술은 영혼을 생리학으로 환원시키거나 설명할 수 있다는 뜻이 아니다. 모든 심리학적 문제를 생물학적 문제로 다룰 수 있다는 뜻이 아니다. 이제 우리는 그 말을 이런 뜻으로 받아들이련다. 그 말은 생리학이 영혼과 합동이라는 뜻이다. 생리학은 늘 심리학적인 것이라는 뜻이다. 생물학적 체계는 그 안에서 지성을 읽어내어야 하는 심리학의 장이다.

이 책 제2부의 짧은 장들을 통하여 하고자 하는 바가 이것이다. 우리는 노화의 혼란과 비참에 어떠한 심리학적 의도가 있고, 이것이 성격에 어떠한 영향을 미치고 성격에 대해서 어떠한 통찰을 던져주는지 살펴볼 것이다. 그리고 우리는 썩는 것을 무시하지 않을 것이다. 가장 구체적이고 추하고 받아들이기 힘든 것이 더욱더 놀라운 통찰을 제공하기 때문이다.

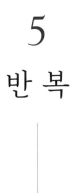

5
반복

"한 번 더 연주해주게, 샘."

반복은 노년의 주특기이다. 관습적 노인병학은 반복을 단기 기억 능력의 쇠퇴와 결부시킨다. 자기가 똑같은 이야기를 하고 있다는 사실을 깨닫지 못하는 이유는 이미, 심지어 여러 번, 이야기했다는 사실을 잊었기 때문이다. 그래서 반복은 뇌가 시들어간다는 증거라고들 한다.

나이 든 사람들은 이미 했던 말을 거의 토씨 하나 다르지 않게 또 한다. 반복은 노년의 징후이지만 노인들의 스타일이기도 하다. 말하기를 무척 좋아하는 80대 친척 아저씨가 지루할 정도로 익숙한 여행담을 늘어놓기에, 나는 중간에 끼어들어 "전에 들은 얘기입니다"라고 말해버린 적이 있다. 아저씨는 나 못지않게 짜증 난 기색으로 재빨리 응수했다. "난 이 얘기를 하는 게 좋거든." (아저씨는 아마 속으로 "아니, 내가 또 얘기하면 뭐가 어때서? 했던 얘기를 또 하는 그 맛을 네가 알아?"라고 투덜댔을 것이다.) 아저씨는 노년의 성격적 특성을 젊음의 눈과 귀로 판단받고 싶어 하지 않았다. 아저씨는 반복의 흥을 아는 분이었다.

반복은 노인과 아이를 하나로 묶는다. 그 둘은 반복의 흥을 안다. 어째서 반복을 상상에 필요한 구성 요소로 보기보다는 결함으로 보는가? 오히려 새로움에 대한 욕구를 중독이라고 보아야 하지 않을까? 어쨌든, 반복은 한 세대에서 다음 세대로 이야기를 전달하는 구전 전통에 없어서는 안 될 요소다. 조상들의 구전 지식은 반복을 통하여 살아 숨 쉬고 제대로 남을 수 있다. 왜 아이들은 매번 똑같은 이야기를 해달라고 조르며 언제나 그 이야기가 똑같은 방식으로 전개되기를 바라는가? 어쩌면 글쓰기가 등장한 이유도 이야기가 반복될 때마다 입담이 더해지거나 새로운 요소의 도입이나 변형이 일어나는 것이 싫어서는 아닐까? 반복은 동일성에 대한 갈망을 충족시킨다.

할머니가 굴뚝으로 불길이 올라가 지붕을 홀라당 태우고 집까지 무너질 뻔했던 이야기를 또다시 꺼낼 때, 식구들 한 명 한 명이 어떻게 했는지를 주워섬길 때, 사실만을 듣고자 한다면 그러한 이야기는 지루할 것이다. 그러나 이 이야기는 숨겨진 위험, '가정' 수호, 식구들의 협동, 그리고 긴급 상황에서 각자의 스타일대로 튀어나오는 각각의 '캐릭터들'의 성격에 대해서 가르쳐주는 바가 있다.

왜 이런 이야기들이 반복되어야 하는가? 할머니의 말하기 너머에 있는 이야기는 무엇인가? 왜 할머니들은 대대로 이야기 보관소 역할을 하는가? 반복되고 거듭되는 이 이야기들은 구전 지식을 형성하고 신화를 만드는 프시케의 기능을 보여준다. 이 기능이 가족이나 마을의 참사 혹은 경사를, 일상적 사건들의 패턴 없는 흐름에 배경과 기반을 부여하는 주춧돌로 만든다. 프시케는 반복을 통하여 일상적인 것에서 의미를 이루어낸다. 마치 영혼이 무엇이 오래 남게 될지 알기 위해 똑같은 이야기를 갈구하는 것 같다.

오래 남기만 하면 다가 아니다. 질 들뢰즈의 표현을 빌리자면 단독성*으로서 남아야 한다. 충격적인 해체로 기존 관념에 생기를 불어넣었던 이 프랑스 철학자는 반복이 더 자주 일어날수록 반복되는 현상은 유일한 것이라고 말한다. 유일한 것만이 거듭되는 반복으로 자기를 기념할 수 있기 때문이다. 반복은 "첫 번을 n제곱 실행한다"[1]는 점에서 교묘한 찬미다. 반복은 어떤 사건의 독창성을 기념함으로써 그 사건을 드높인다. 그래서 이러한 반복은 재생/복제와 전혀 다르다. 재생/복제는 각각의 반복을 좀 더 희미해진 메아리, 좀 더 흐려진 인쇄물로 만든다. 재생/복제의 경우에는 원본보다 점점 더 힘이 약해진다.

들뢰즈의 말대로라면 반복은 역설적이게도 반복되는 것의 유일무이한 독창성을 수립한다. 그래서 자기만의 오래된 이야기를 가진 노인들은 그네들의 지루하고 반복적인 표현으로, 그네들 성격의 파괴되지 않는 단독성을 기념한다. 사건에 영속적인 중요성을 부여하는 원형적 에너지(자기 이야기를 하지 않고는 못 배기는 늙은 선원의 열의)가 그들에게 흐른다. 우리는 익숙한 내용이 지루하고 반복 충동에 짜증이 나지만

---

*   단독성(singularity)은 개체의 고유한 특성으로, 보편성과 이항 대립 관계에 있는 특수성(particularity)과는 구분된다.

그래도 그러한 원형적 반복에서 위안을 얻는다. 우리는 새로운 이야기를 바라지 않고 다른 이야기를 떠올리지도 않는다. 우리는 언제나 영원한 동일성에 매혹된다. 키르케고르는 『반복』이라는 놀라운 에세이에서 이렇게 말한다.

> 희망은 매력적이지만 손가락 사이로 빠져나가는 아가씨, 회상은 아름답지만 지금은 아무 쓸모 없는 노부인, 반복은 결코 싫증 나지 않는 사랑하는 아내다. 사람은 오직 새로운 것에 대해서만 싫증을 내는 까닭이다. 오래된 것에는 결코 싫증을 내지 않는다. 그런 것을 가진 자는 복되다. (…) 인생은 반복, 그래서 인생은 아름답다.[2]

그리하여, 또다시 반복되고 한편으로는 짜증스러울 정도로 지루한 이야기는 우주시宇宙時의 지속적인 안정성을 시사한다. 키르케고르는 이어서 또 이렇게 말한다. "세계는 계속되고, 그렇게 계속되는 이유는 세계가 반복이기 때문이다." 건망증 심한 나이 많은 아저씨, 성가신 할머니가 영원의 맛보기를 제공한다. 그들은 되풀이야말로 세상이 실제로 작동하는 방식임을 일깨워주는 조상들로서 기능한다. 많은 이들에게 알려지지 않은 이탈리아 철학자 잠바티스타 비코(1668~1744)의 '리코르소ricorso(도로 달려감, 후퇴, 역주逆走)' 개념에도 이러한 생각이 담겨 있다.

프로이트는 반복을 죽음에 결부시켰다. 그는 반복 욕망이 생물학적으로 뿌리내린 본능이라고 보았다. 이 본능의 첫째 목적은 예전 조건을 되살리는 것이므로 반복되는 이야기는 (위장되기는 하지만) 과거의 한 조각을 나타낸다. 반복되는 이야기는 과거에서 억압을 없애고, 불안과 긴장을 줄인다. 이제 프로이트의 이론은 묻는다. 본능이 반복을 통하여 회귀하고자 하는 최초의 조건은 무엇인가? 그 답은 생명이 깃들기 전, 순수 엔트로피의 비非유기적 상태, 어떠한 긴장도 없는 비존재 상태, 즉 죽음이다. 프로이트는 이 정지 상태를 니르바나[Nirvana, 涅槃]라고 했고 그 상태로 나아가려는 본능적 욕동을 타나토스[Thanatos]라고 했다. 프로이트라면 노년의 반복 충동이 영혼 속에서 작동하는 죽음의 표시라고 말할 것이다. 노인심리학에서 반복이 궁극의 정지 상태로 향하는 쇠약한 유기체의 표시라고 주장하듯이 말이다.

고로, 예전에 했던 이야기를 또 하려는 우리 아저씨의 지긋지긋한 고집은 죽음 충동의 표현(나아가 죽음 충동의 증거)으로서 긴장과 불안을 누그러뜨리고 그의 영원한 안식을 돕는다. 프로이트의 설명대로라면 그렇다. 게다가 아저씨는 그런 이야기를 반복하면서 자기가 살아 있음을 느낄 것이다. 이렇게 말하는 이유는, 일부 프로이트주의 이론가들은 반복이 시간의 경과를 부정한다고 보기 때문이다. 이야기가 변하지 않는다면 이야기꾼도 변하지 않는다. 그래서 아저씨는 토씨 하나 다르지 않게, 정확하게 이야기를 되풀이하고 싶어 했던 거다. 반복의 흥은 여전히 살아 있으면서도 죽음 충동을 만족시키는 하나의 방법이었다.

반복을 이야기꾼에게서 이야기로, 인간의 본능에서 이야기의 힘으로, 현대 심리학에서 오래된 전통으로 옮겨 가 생각해보자.

그러면 어떤 이야기들은 이야기꾼에게, 특히 나이 많은 이야기꾼에게, 강제로 주어질 수밖에 없다고 인정하게 될 것이다. 나이 든 이야기꾼은 전통적으로 사회 안에서 조상들의 대변자 역할을 맡아왔다. 이야기꾼의 죽음 충동과는 별개로, 이야기 속에는 어떤 생명력이 있다. 이 생명력 넘치는 내용이 시적으로 이야기에 담기면, 이것은 이야기꾼이라는 사람과는 별개로 반드시 이야기되어야만 하는 어떤 것, 실제로 시간의 흐름을 부정하고 영혼을 계속 살게 하는 어떤 것을 이야기하게 된다. 아마도 이것이 셰에라자드의 중심적인 메시지일 것이다. 그녀의 이야기가 지닌 생명력은 끝나지 않는 장을 이어감으로써 삶을 연장해주었다.

배리 로페즈는 이렇게 표현한다.

> 사람들이 하는 이야기에 그들 자신을 돌보는 방법이 있다. 이야기들이 떠오르거든 그 이야기들을 보살펴라. 그 이야기들을 필요로 하는 곳에 선물로 주는 법을 배우라. 때때로 사람들은 살아가기 위해서 음식보다 이야기를 더 필요로 한다. 이 때문에 우리는 이 이야기들을 서로의 기억 속에 불어넣는다. 이런 식으로 사람들은 그들 자신을 돌본다.[3]

반복은 지겹기 때문에 우리는 철학자들에게 영감을 얻고자 했고 그로써 진부함 속에서 영감을 훔칠 수 있었다. 음계 연습이나 묵주 기도 같은 철저한 반복보다 지루한 것이 또 있을까. 그러나 예술의 성취, 기도의 효력, 의례의 아름다움, 그리고 성격의 힘을 좌우하는 것은 그 자체로만 보면 쓸모없는 것 같은 모든 순간의 소소한 반복이다.

6
중력의 늘어짐

런던 브리지가 무너지네, 무너지네, 무너지네.
런던 브리지가 무너지네, 내 아름다운 여인이여.

젊음과 노년의 대조는 상승에서 하강으로의 전환을 여실히 보여준다. 젊은 날의 생물학은 문자 그대로 '성장'의 생물학이다. 척추는 척추골 사이에 탄성 좋은 연골이 채워져 길어진다. 뼈가 쑥쑥 자란다. 노년에는 중력이 다 잡아당긴다. 야심만만하게 위로만 치고 올라가던 사회적 상승, 이력과 계층이 더는 빛나지 않는다. 이제 아름다운 사람들 축에 들어야 할 필요도 없고, 꼭대기 갑판에서 고함치면서 명령을 내릴 필요도 없다. 그 대신, 온몸이 다 처진다. 눈 밑이 처지고, 턱은 두 겹이 되고, 볼살이 늘어지고, 가슴이 축 늘어지고, 팔뚝의 피부가 늘어지고, 뱃살, 엉덩이, 음낭, 음순까지 처진다. 심지어 귓불까지 바닥과 더 가까워지는 것 같다. 시선도 아래로 향한다. 헛발을 디딜까 봐 땅을 보고 걷는 일이 많아지는 까닭이다. T. S. 엘리엇의 유명한 시에서, 생을 거부하고 자기 내면으로 침잠하는 인물 앨프리드 프러프록은 말한다. "나는 늙었네, 나는 늙었어./바지 밑단을 둘둘 말아서 입어야겠네."[1]

일본에서 허리를 굽힌다는 것은 예의를 갖춘 인사 자세나 존경의 표현만이 아니다. 그러한 관습은 사유의 틀 속에 조상이라는 존재를 집어넣는 작용도 한다. 잘 익은 벼가 고개를 숙이듯 나이 많은 사람은 허리가 굽는다. 우리 서양 문화에서는 골다공증밖에 생각하지 못한다. 우리는 몸만 보느라 몸의 가르침을 못 본다. 아니면, 우리의 고개가 무덤에 더 가까워진다는 김빠지는 메시지를 볼 뿐이다.

무덤을 뜻하는 단어인 'grave'에는 네 가지 뚜렷한 의미가 있다. 첫째 '중력gravity', 모든 것을 지구의 중심으로 끌어내리는 신비로운 물리적 힘. 둘째 '진중함gravitas', 로마인들은 이 단어를 무게 있는 진지함이라는 의미로 썼다. 셋째 '무덤grave', 육신의 마지막 안식처인 묘지의 무덤. 넷째 '임신한gravid', 우리는 "(아이를 가져서) 몸이 무거워"라고 말하곤 한다.

단어들이 멋대로 우리에게 다가오기 때문에 우리의 머릿속에서 이 의미들이 서로 뒤섞이는 경향이 있다. 단어들 각각의 엄밀한 의미가 암시적 의미에 오염되지 않게끔 구분하려는 정신적 엄정함은 유지되기 어렵다. 이 네 가지 의미도 서로 뒤섞일 수 있기 때문에 노년의 염려는 죽음 이후의 무덤에 대한 것이기도 하고, 무게 있는 진지함과 지구의 중심으로 끌어내리는 힘에 대한 것이기도 하다. 아래로 끌어내리는 힘은 우리를 불안하게 한다. 묘지를 주목하고 거기 갈 때를 기다리면 좀 더 진지한 문제들(진중함의 깊이, 노년이 감당해야만 하는 눈에 보이지 않는 임신)을 놓칠 확률이 높다. 우리 노인들은 무거운 것을 진 자들이요, 자연은 우리를 아래로 자라게 한다.

노년에는 세상을 향해 발돋움해도 지평이 넓게 눈에 들어오지 않는다. 범세계적으로 생각하지만, '생각만' 범세계적이다. 여객선과 캠핑카가 무색하게도, 행위의 규모는 지역적이다. 나이를 먹으면 동네로 돌아가 관리인 노릇을 한다. 우리 노인들은 외딴 변방으로 들어간다. 열 살 때는 달 착륙선을 타고 우주를 탐사할 꿈에 부푼다. 스무 살 때는 시베리아 횡단 열차나 민다나오 원주민을 지원하는 잠입 작전을 꿈꾼다. 서른 살 즈음에는 토스카나나 타히티에서 1년만 살아봤으면 좋겠다고 생각한다. 우리는 제국(지리적 제국과 지적 제국) 주변에 척후병 한 쌍을 주둔시킨다. 우리는 음악 레슨을 받고, 스페인 춤을 배우고, 주거용 보트에서 그림을 그리고, 프루스트·기번·세르반테스를 읽고, 식당을 차리고, 영화 시나리오나 추리소설을 쓰고, 중국어를 공부하고, 시장에 물건을 낼 작정이다. 그러다가 척후병을 보냈던 자리에 군대를 좀 더 보내어 그곳을 살펴보고 눌러앉는다. 스크랩을 하고, 주소록과 메모를 작성하고, 달력에다가 장차 계획을 있는 대로 표시한다. 그러다 또 세월이 가고, 우리는 군대를 하나둘 귀환시킨다. 향수에 마음이 간질간질하지만, 모래와 바람에 흔적 없는 환상들을 버린다. 어떤 환상은 별다른 감흥 없이 사라지고, 대부분은 어떻게 이걸 가능하다고 생각했었는가 하는 놀라움을 남긴다. 변방으로 들어간다는 것은 가능성들을 철회하고 지금의 자리, 제자리로 들어가는 것이다.

나는 처짐을, 신체 곳곳의 처지고 늘어짐을 귀소 본능과 연결한다. 가야 할 집은 지금 있는 자리뿐만이 아니라 무덤보다 더 깊은 곳이다. 그러나 무덤 밑 지하 세계에 실제 묘지 속 실제 무덤보다 훨씬 더 일찍 들어갈 수도 있다. 수많은 신화적 인물들(오디세우스, 아이네이아스, 이난나, 헤라클레스, 프시케, 오르페우스, 페르세포네, 디오니소스)이 그 세계에 내려갔다가 그들의 성격에 깊이를 더해주는 앎을 얻었다. 프시케는 지하 세계에서 눈에 보이지 않는 아름다움도 있다는 것을 깨달았다. 헤라클레스의 성격은 물리적이지 않은 현실을 소화하기 위해 확장되어야만 했다. 이난나는 지상에서는 알려지지 않은 것들에 '귀를 기울였다.' 아이네이아스도 단테처럼 신체 없는 형상들을 만났다. 실체가 없을지언정 무시무시한 힘을 지닌 그 형상들은 영혼의 고통과 악덕의 이름들을 갖고 있었다. 늘그막도 노년도 아닌 예수가 사망을 물리칠 작정으로 저승에 내려간 것과는 달리, 이 신화적 존재들은 그들의 이야기와 캐릭터가 오래가는 힘을 얻기 위해 반드시 저승에 내려갔어야만 했다. 디오니소스는 검은 수염으로 표현되는 어두운 면모를 지니고 있으며 신비를 인정받는다. 오디세우스는 전쟁에 피폐해진 몸으로 아내와 아들에게 돌아간다. 프시케는 임신 기간을 다 채우고 아기를 낳는다. 페르세포네는 명왕의 아내가 되어 1년 중 상당 시간을 저승에서 보낸다. 이 신화적 인물들은 저승에 내려갔기 때문에 중요한 존재로 남을 수 있었고 우리 문화의 조상으로서 시대를 관통하는 영향력을 끼칠 수 있었다.

세상에 유용한 존재가 됨으로써, 세상의 형성에 도움이 됨으로써 아래로 자라려면 지하 세계로 내려가야 한다. 연장자, 후원자, 수호자, 멘토는 그림자들에 대해서 배워야 하고, '죽은 자'(다시 말해, 이미 가버린 것, 이제는 보이지 않는 것, 그래도 우리의 생에 여전히 활력을 불어넣을 수 있는 것)로부터 가르침을 얻을 수 있어야 한다. '죽은 자'는 조상으로서, 특히 우리가 길을 잃고 헤매는 위기 속에서, 돌아온다. 그러면 죽은 자가 '깨어나' 더욱더 심오한 앎과 지원을 제공해줄 것이다. 죽은 자는 이미 떨어져보았고, 바닥을 알기 때문에 무서운 저력이 있다. 그들이 문자 그대로, 목소리와 환영으로 돌아올 필요는 없다. 그들은 이미 우리를 아래로 끌어당기는 모든 것에, 우리가 따라잡을 수 없는 모든 곳에 존재한다. 그들은 프시케의 중력 속에 있는 힘이다.

헤라클레이토스는 말했다. "명계의 영혼들은 냄새로 알 수 있다." 그로부터 2,500년 후, 우리는 내려갈 줄 아는 사람은 감이 빠르고(세상 물정에 빤하고) 이면의 현실을 감지할 수 있다고 말한다. 지하 세계에 대한 옛글들은 지하 세계에는 건실한 것이 없고 이미지, 허깨비, 유령, 연기, 안개, 그림자, 꿈이 전부라고 말한다. 우리는 그 세계를 볼 수 없다. 단지 의심, 예감, 직관, 느낌으로만 간파할 수 있다. 그 세계는 단어, 느낌, 사유, 성찰보다도 실체가 없는(혹은 그에 못지않게 실체가 없는) 이차원적 영역이다.

노인들은 그들의 통찰이 사물의 보이지 않는 핵심, 숨겨지고 묻힌 것에 다다를 때 진중함을 지니게 된다. 더욱 무겁고 함축성 있는 의미들은 일상생활 속에서 확연히 드러나지 않는다. 노인은 공백에 귀를 기울이고, 정당하지 않은 것의 냄새를 맡으며, 진실을 가리는 희미한 미소들(하루하루를 쾌적하게 살아내기 위해 필요한 억제들)을 지켜본다. 몸은 처지기 시작할 때부터 가식과 위선을 버린다. 몸은 아래로 가는 길을 인도하고 성격에 깊이를 더한다. 몸은 거짓말하는 법을 모른다.

이 점이 늙은 사람들의 고약함, 사악한 이야기와 삐뚤어진 한담을 즐기는 경향을 일부 설명해주는지도 모른다. 노인들은 잘못된 수술, 못된 의사, 짜증 나는 친척, 스캔들, 사고, 쫄딱 망한 사람 이야기를 좋아한다. 그들은 지하 세계를 향해 있기에 범죄소설을 읽거나 형사물을 보면서 잠을 청한다. 그들은 일일 드라마 주인공들의 사이코패스 행각과 토크 쇼에 등장하는 희한한 질병에 탐닉한다. 노인들은 순응적인 관습보다 특이한 것들의 지하 세계에서 더 편안함을 느낀다.

우리는 연장자들을 이상화하기 좋아한다. 그들에게 진중함과 온화한 지혜를 기대한다. 그러나 이 지혜가 그들의 변형되어가는 신체에 나타난다는 사실을 깨닫지 못하는 한, 우리의 기대는 환상에 불과하다. 그러한 변형은 노인생리학보다는 상상의 심리학으로 읽어내야 할 것이다. 나이듦은 생물학을 은유로 삼는다. 신체의 변화는 시적 화법의 한 형태, 인격을 성격으로 다시 쓰기다.

7

한밤중에 자다 깨는 습관

저녁 해가 지는 모습을 보기 싫어,
나의 마지막 판이라는 생각이 든단 말이야.
-W. C. 핸디, 「세인트 루이스 블루스」

왜 나이 든 사람들은 밤잠이 없고 걸핏하면 대낮에, 그것도 다른 사람이 있는 데서 꾸벅꾸벅 조는가? 점심시간 전까지 잠이 덜 깨서 멍한 상태를 벗어나지 못하는 젊은 사람들과 달리, 우리는 한밤중에 눈이 말똥말똥하고 환한 낮에 꾸벅꾸벅 존다. 나이가 들수록 적정 수면 시간은 여덟 시간에서 여섯 시간, 경우에 따라서는 다섯 시간까지 줄어든다. 점점 더 밤이 우리의 시간이 된다. 밤의 여신 닉스는 우리가 원하든 원치 않든 우리를 자신의 추종자로 삼는다.

많은 것이 밤에 이루어진다. 어디 꿈과 회상과 기도뿐이랴. 어디 두려움뿐이랴. 한밤중에 찾아와서는 침대 가장자리에 버티고 앉아 우리의 실수와 걱정을 이야기하다가 아침이 오면 (흡혈귀처럼) 홀연히 날아가는 악령들은 또 어떠한가. 화장실을 찾을 수밖에 없는 요의조차 더욱 갈급하다.

어릴 적에는 소변이 마렵다고 매번 잠을 설치지는 않는다. 아주 어린 아이들은 그냥 실례를 하면 했지 잠에서 깨지 않는다. 아이들은 그만큼 잠에 대한 욕구가 강하기도 하고, 어둠이 무섭기도 하고 해서 잠자리를 박차고 일어나지 않는다. 반면, 나이 든 몸의 지혜는 잠자리에서 일어나라고 재촉하는 것만 같다.

한밤중 방광의 재촉이 낮 동안의 생활에도 영향을 미친다. 자기 전에 음료를 너무 많이 마시지 않도록 주의해야 하고, 이뇨 효과가 있는 성분은 피해야 하며, 여행 중에는 중간에 들르는 곳마다 화장실을 챙겨야 한다. 밤이 점점 더 낮에 영향을 미친다. 신체의 끝이 극명하게 다가올수록 우리는 우리가 통제할 수 없는 신체에 갇혀버린 기분이 들고 밤마다 잠을 설치면서 신체의 쇠락이라는 메시지를 통감한다.

그러나 밤에 깨어 있는 것은 '밤에 일어나는' 각성이자 '밤에 대한' 각성이다. 옛날에는 수도원이나 수녀원에서 밤에 깨어 있는 사람을 'vigil(불침번, 철야 경비)'라고 했다. 밤중에 유혹의 주인이 부르러 오고 그의 아랫것들이 생각을 어지럽히려 할 때 분연히 물리쳐야 하는데 퍼질러 잘 수가 있겠는가. 사막의 동굴에 은둔해 살던 초대 그리스도교 수도사들은 이교적인 것들이 독실한 영혼의 꿈을 노리고 접근한다고 믿었기 때문에 잠을 아예 몰아내려고 애썼다. 게다가 선지자의 계시록에서 다가올 천국에 대해서 "거기에는 더 이상 밤이 없을 것"*이라고 했기 때문에 어떤 성직자들은 문자 그대로 잠을 추방하고 영원한 낮을 실현해야 한다고 생각하기도 했다. 하여, 신심 깊은 자로서 성격을 강인하게 구축하고자 하는 자는 밤에 잠들어 있기보다는 깨어 있고 했다. 성격 도야는 그리스도의 길에서 멀어지게 하는 환상과 목소리를 어떻게 물리치느냐에 달려 있었다. 신심 깊은 자는 그런 것들을 물리치기 위하여 밤에도 눈을 똑바로 뜨고 영들을 분별할 수 있어야 했다.

밤에 깨어 있다는 것은 보이지 않는 세계에 대하여 어두운 눈이 열린다는 것이다. 오직 밤에만 찾아오기에 잠을 자지 않아야만 들을 수 있을 듯한 경고, 통찰, 설득에 귀가 예민해진다. 낮 동안에는 그렇게나 바글바글하던 불안, 재구성된 그리움으로 속을 끓이는 일이 드물다.

우리가 걱정, 자책, 불안, 회한, 죽음 공포, 성적 갈망이라고 일컫는 이 영들의 무리는 옛 지중해 세계에도 비슷한 이름을 지니고 있었다. 우리는 이런 것들을 심리적 추상으로 여긴다. 그러나 옛사람들은 이것들을 의인화된 존재, 밤의 여신 닉스의 아이들로 여겼다. 우리는 이 '보이지 않는' 아이들을 꽃병에 그려지고 새겨진 모습으로 볼 수 있다. 모로스 (숙명), 모모스(비난), 케레스(처벌), 네메시스(복수자들), 에리니에스(박해자들), 오이지스(비참), 쿠프리스(정욕)가 다 밤의 여신의 아이들이다. 성경에서는 닉스를 릴리트라는 다른 이름으로 부른다. 릴리트는 "가장 어두운 시간에 자신의 수행원들을 끌고 배회하는" 밤의 괴물이다.

물론 닉스에게는 다른 면, 좀 더 상서로운 역할도 있다. 이 여신은 지

---

* 「요한 계시록」 22장 5절.

친 자를 편안하게 품어주고 자신의 넓고 검은 날개를 잠의 세계 위에 드리워 보호해준다. 그러나 노년에는 이 여신의 보호를 받기보다는 우리를 한밤중에 깨우는 이 여신의 골치 아픈 아이들에게 덜미를 잡히는 일이 더 많다.

밤의 세계의 존재들에게 덜미를 잡힘으로써 우리의 성격은 깊어지고 넉넉해진다. 낮 동안에는 들어올 수 없는 것, 프로이트가 억압이라고 했던 것이 무엇인가를 알게 될 것이다. (오랜 신화에 따르면 닉스의 자식 중 한 명인) 꿈은 억압된 것을 각성시키기에 충분치 않다. 프로이트의 말대로 꿈의 본래 기능은 잠을 보호하는 것이기 때문이다. 꿈이 걱정과 공포를 가리고 그런 것들을 우리가 이해하지 못하는 이미지로 나타내기 때문에 우리는 중간에 깨지 않고 평화롭게 잠잘 수 있다.

그러나 밤에 깨지 않고 내처 꿈만 꾸는 것은 노화의 생리가 원하는 바가 아니다. 방광, 괄약근, 확대된 전립선은 사람이 밤에 깨게 하는 역할만 하는 게 아니라 24시간 주기 리듬을 묘하게 바꾸어놓는다. 덴마크와 일본에서 이루어진 조사에 따르면 젊은 사람들에게는 소변 생성 패턴이 있다고 한다. "건강한 젊은이들의 경우, 밤보다 낮에 세 배 더 빨리 소변이 만들어진다." 이 연구에 따르면 노인들의 24시간 내 소변량은 젊은이들의 그것과 별로 다르지 않았지만 밤에 염분과 수분을 잡아두는 기능은 나이가 들수록 떨어지기 때문에 자주 소변을 통해서 배출해야 한다. 이 보고서의 결론은 다음과 같다. "야뇨증이 있는 사람들은 일부 24시간 주기 리듬이 흐트러지고" "생체 시계를 조절하기 위해서 손쓸 수 있는 여지는 별로 없다."[1]

그렇지만 생체 시계를 '이해하기' 위해서 손쓸 수 있는 여지는 어느 정도 있다. 남성들은 또 다른 리듬을 익혀야만 한다(이 연구는 전립선 문제와 개선이라는 관점에서 이루어졌으므로 여성은 연구 대상으로 삼지 않았다). 생체 시계는 나이 든 사람들이 한밤중에 자다가 일어나 주위의 어둠을 바라보기 원한다. 플라톤의 저 유명한 동굴의 비유는 이러한 어둠에서 깨어나는 것을 암시한다. 부주의에 따른 성격의 침식을 섬세하게 노래한 윌리엄 스태퍼드의 시에서 마지막 두 연도 이러한 각성을 다룬다.

그리하여 나는 주목한다, 그늘에 가린 어떤 목소리에.
말하는 모든 사람의 깊은 곳, 먼 생명의 중심에서 나오는 목소리에.
우리는 서로 속일 수 있지만 잘 가늠해야 할 터,
함께 가는 삶의 행진이 어둠 속에서 길을 잃지 않으려면.

깨어 있을 수 있도록 깨우는 것이 중요하기에,

한번 길을 잃고 잘못 들어서면 다시 잠으로 빠져들 수도 있기에,

우리의 신호를 (긍정인지, 부정인지, 모르겠다는 뜻인지)
분명히 해야 할 것이다. 우리 주변의 어둠은 깊도다.[2]

확실히 사람은 나이가 들면 힘써야 할 과업이 달라지기 때문에 잠이 줄어든다. 과거에 우리는 밤의 여신에게 보호를 받았으나 이제는 그녀의 자손들에게 배워야 할 때다. 숙명, 죽음, 절망, 비난, 복수, 욕망의 환영들은 결코 우리를 쉬게 하지 않을 것이다. 우리는 우리의 집, 아니 침대까지 공유하는 보이지 않는 존재들을 알아보아야 한다. 그들이 깨우면 일어나고, 그들의 매서운 공격을 당하고, 그들의 주장이 타당한가를 고찰한다는 것은 쉽지 않은 일이다. 캄캄한 방 안에서 눈을 말똥말똥 뜨고 닉스의 아이들과 한두 시간을 보내고 나면 진이 빠질지도 모른다. 수면 장애의 종류가 80여 가지에 이르고 미국에만도 수면 장애 클리닉이 337개나 있다는 사실은 그리 놀랍지 않다. 이 나라 전체 인구의 10%가 한 달에 한 번 이상 악몽을 꾼다. 그러니 우리 중에도 한밤중에 닉스의 아이들에게 시달릴 필요가 없게끔(그 아이들에게 배움을 얻을 일도 없게끔) 요실금 패드를 착용하고 수면제를 먹는 사람들이 있다는 사실도 놀랍지 않다.

　나는 이 여신이 자신을 좀 더 잘 알아주기를 바란다고 믿는다. 어쩌면 그녀는 어둠을 피하려는 우리의 태도를 공격하는지도 모른다. 우리 문화의 빛 공해와 한밤의 소음 수준이 여신의 심기를 거스르는지도 모른다. 인공조명과 문명의 소음에서 벗어난 실외 공간은 어디에 있는가? 얼마나 먼 곳까지 가야만 별빛 가득한 밤하늘을 볼 수 있을까? 여러분과 나는 황금 시간대, 늦은 밤, 잠자는 시간이라는 구분 외에 밤을 얼마나 분별할 수 있는가? 우리는 정녕 밤의 소리와 냄새를 아는가? 어느 별자리가 어디에 있는지, 달의 모양은 어떠한지 아는가? 새벽녘 쏴쏴거리는 바람 소리를, 집이 어떻게 덜거덕거리고 고요를 되찾는지 아는가?

어두운 밤공기를 즐기는 야행성 동물들만, 도둑, 3교대 근무자, 재즈 연주자, 거리의 매춘부, 낮에는 보이지 않다가 밤에만 활개 치는 이들만 어둠 속에서 살아나는 것이 아니다. 어린아이들에게 들려주는 동화나 유령 이야기에서처럼, 무생물들도 어둠 속에서 살아난다. 밤에도 쉬지 못하는 정신에 통찰이 깃든다. 우리는 누워서도 잠을 이루지 못하고 희한한 지성을 발달시킨다. 이것이 죽은 자의 이미지들이 소통하는 방법, 조상들이 우리에게 교훈을 주는 방법이런가? 밤이 오기를 기다렸다가 조상들에게 제물을 바치고 이 두려운 영들을 달래기 위해 음주가무를 즐기는 풍습이 여러 토착 문화에 남아 있다. 밤을 알고자 깨어 있다는 것은 보이지 않는 세계에서 힘을 얻는 한 방법이다. 마치 밤에게 여러 얼굴이 있는 것처럼, 밤의 특정 단계에 걸맞은 의례들이 따로 있다. 중세 일본에는 특정한 냄새로 시각을 알려주는 시계가 있었다. 두 시간마다 각기 다른 향이 공기 중에 퍼지기 때문에 어둠 속에서 깨어난 사람은 문자 그대로 시간을 냄새 맡을 수 있었다. 우리에게 밤은 거의 언제나 동일하다. 블라인드가 내려진 침실 안에서 잠을 깨면 한밤중인지, 새벽 3시쯤인지, 동이 트기 직전인지 거의 알지 못하거나 신경 쓰지 않는다. 큰 소리로 몇 시라고 외치면서 돌아다니는 순찰자도 없고, 망루나 첨탑에서 울리는 종소리도 없다. 그러나 아직 몸에는 그 나름의 시간기록계가 있다. 야간 당직 간호사는 다양한 환자들이 특정 시간대에 특정 위기에 빠지기 쉽다는 것을 잘 안다.

우리는 닉스에게 낮의 의무라는 멍에를 씌우기 때문에 밤의 다양한 부분들을 구분하지 않는다. 우리는 걱정하기 위해서가 아니라 잊기 위해서 잠자리에 든다. 밤은 잠으로 만회하는 시간, 바쁘게 도약할 내일을 위하여 재충전하는 시간이다. 우리는 정신이 번쩍 나게 뜨거운 물로 두피를 적시고, 주스를 한 잔 들이켜고, 으쌰으쌰 기운을 내고, 설탕과 카페인을 우리 몸에 욱여넣을 것이다. 이 모든 것이 닉스와 그 후손의 마지막 자취마저 몰아내기 위한 의례들이요, 수면제는 그녀의 접근을 막으려는 수단이다.

성격이 운명이라면, 그리고 운명의 신에 해당하는 복수의 여신들과 추적의 여신들이 모두 밤의 딸들이라면, 성격 구축이 노인들을 한밤중에 깨어나게 하는 생리적 변화의 원인인지도 모른다. 그게 아니면 무엇이 그토록 긴급히 우리를 깨운단 말인가? 성격의 토대는 어둠의 지성으로 파고들게 마련인가 보다. 그 지성이 우리를 어둠 속에 머물게 하고 인간의 삶과 그 음험한 강박, 그 비이성적인 공포에 대한 우리의 상상력에 깊이를 더해준다. 이슥한 밤, 우리는 우리 행위에 그림자가 없지 않음을, 우리에게 죄와 저주의 그림자가 드리워져 있음을 깨닫는다. 우리가 본성상 저주받고 죄 많은 존재라서가 아니라, 세계의 시원始原부터 세계의 절반은 밤에 속해 있고 밤의 두려운 존재들도 우리가 그들을 알기를 요구하는 까닭이다. 낮의 세계에 대한 앎은 반쪽짜리 앎에 불과하다. 성격은 더 넉넉한 진실, 더 풍부한 이해를 요청한다. 그리고 이 지혜의 시작은 그 무시무시한 존재들의 방문으로 마련된다.

이 지혜가 성격과 어떤 관련이 있는가? 첫째, 자신의 감정이 그렇게까지 자기 것은 아님을, 즉 자신의 감정을 자기가 다 파악할 수 있는 것도, 자기가 다 통제할 수 있는 것도 아님을 알게 된다. 숙명에 대한 불안, 비난, 보복을 꿈꾸는 앙심이 '밤에' 일어난다면 그것들은 '밤에서' 온 것이다. 그 감정들은 여러분의 뇌에서 오는 것이 아니요, 감정의 처리 과정이 여러분의 인격과 행동에서 오는 것도 아니다. 그 감정들은 세계의 몰인격적이고 어두운 아랫면에 속한다. 여러분 각자는 밤에 깨는 경험을 통하여 그런 면을 활용할 수 있게 된다.

둘째, 심장이 차가워지고 거칠게 뛰기 때문에, 한때는 일요일 설교나 철학 이론으로밖에 들리지 않았던 것들을 마음에 새겨야 한다. 가령, 키르케고르나 하이데거가 중시했던 두려움 개념이라든가, 신을 경외하는 것이 지혜의 시작이라는 성경 말씀이라든가, 신이 그의 백성, 도성, 민족에게 분노를 발하거나 욥처럼 착하고 충직한 종을 시험하려고 고난을 내렸다는 것을.

셋째, 그림자 영역의 지옥 같은 현실의 그 무엇을 확실히 이해하게 된다. 수많은 신화, 종교, 입문 의식, 예술 창작에 반드시 필요한 지하 세계의 그 무엇을 확실히 이해하게 되는 것이다. 이국의 인류학 전시품 목록에 들어가 있는 조상신, 부족신 가면이 우리 방에 거하는 어둠의 천사가 된다. 그들의 공격을 견디려면 성격깨나 있어야 한다.

8

혼란스러운 동요

인간의 모든 불행은
방에 가만히 앉아 있지 못함에서 비롯된다.
-파스칼

 '이틀 전'이 '두 달 전'이 된다. '주간 간호사'는 '야간 간호사'라고 한
다. 당신이 가본 곳, 당신이 가보고 싶은 곳, 아직 한 번도 가보지 못한
곳이 시제를 무시하고 문장에 막 나온다. 일어날 수도 있었던 것, 일어
난 것, 일어났어야 할 것이 구분되지 않는 곳에서 당신은 가정적으로만
존재한다. 당신은 시간이 존재하지 않는 곳, 프랑스 인류학자 뤼시앵 레
비브륄의 표현대로라면 "원시인의 사고방식", "전前논리적" 의식 상태에
있다. 당신의 인생이라는 책은 쪽 번호도 구두점조차 잃어버렸다. 인생
은 생략과 빈틈이 많고 행갈이도 없이 쭉쭉 나가는 글이다. 이 글은 앞
으로 읽든지 뒤로 읽든지 방향을 따지지 않는다. 문장들은 갑작스럽게
끊긴다. 생각의 가닥을 따라가려다가 악이 올라 발을 동동 구른다. 내

가 무슨 얘기를 했더라? 그놈의 가닥, 가닥이 문제다…….

가닥을 다잡으려고 자신을 다잡는다. 뭔가를 잡으려고는 한다. 내가 잡으려는 것, 내가 향하는 곳은 정해져 있지 않은데 방황하는 육신은 방황하는 정신의 동요를 따라가버리니 곤란하다. 여기서 추락이, 사고가 발생한다. "그 친구는 도대체 왜 가만히 있지 못하는 거야!"라고 말하는 사람들은 가만히 있는 게 혼란스러운 동요보다 더 돌아버릴 일이라는 것을 이해하지 못한다.

가족·친척의 이름이 뒤죽박죽이 된다. 친숙한 사람들이 찾아와주는데 그들의 이름이 '아무리 애써도' 헷갈린다. 그들은 우리가 품고 있는 그들의 이미지와 자못 다르다. 이 이미지는 오랜 세월의 시험을 견뎌냈으니 진실한 기록임에 틀림없다. 오랜 시간이 흘러도 마음의 눈으로 들여다본 이미지는 변치 않는다. 그래서 우리는 딸을 누나 이름으로 부르고, 엉뚱한 이름을 서너 개 주워섬긴 후에야 비로소 누나 이름이 생각난다. 사람들은 말한다. "잠깐 헷갈릴 수도 있지. 괜히 속상해하지 말아요."

어떤 의미에서 실제로 이러한 혼동은 중요하지 않다. 혼동은 여러 세대들이 하나의 이미지로 융합되었다는 증거다. 혼란은 융합의 결과다. 본인도 어느 정도 가계도와 융합되어 몸통의 시각에서 이리저리 뻗어나가는 갈래와 잔가지를 바라본다고 할까. 그 전체에 비슷한 힘이 흐른다. 집안사람들 모두를 아우르는 어떤 공통분모가 있는 것처럼. 차이는 흐릿해진다. 한꺼번에 떠오르는 많은 것이 세대 간 차이보다 두드러지게 와닿는다. 우리는 시간과 관련지어 '누가 누구를 낳았는지', 나이가 들었는지 젊은지, 과거인지 현재인지 등을 생각하는 상태에서 벗어났기 때문이다.

이 또한 일종의 지혜다. 다윈의 사촌이자 실험심리학과 유전성 연구의 개척자였던 프랜시스 골턴 경은 한 가문에 속한 구성원들의 얼굴 사진 수백 장을 조합해보았다. 그는 이미지들을 중첩하는 방법으로 합성 초상 사진을 시도했는데 이 과정에서 이목구비의 기본적인 특징은 더욱 뚜렷해지고 개인적인 차이는 흐릿해졌다. 공통의 특질이 개인의 다양성을 대체했다. 가족 구성원들의 차이를 흐릿하게 함으로써 우리는 그들과 본질적으로 공유하는 것에 가까워질지도 모른다. 사과는 사과나무에서 먼 곳에 떨어지지 않지만 일단 사과나무부터 봐야 한다.

성년기 삶의 상당 부분은 구별이 차지한다. 사도 바울은 분별을 귀한 덕으로 여겼고, 융은 개인화가 분화(의식의 분화, 집단으로부터 개인의 분화)의 과정이라고 보았다. 우리는 어릴 적에 엄마의 장보기를 거들 때부터 이 브랜드와 저 브랜드를 구분하도록 훈련받았다. 이 차와 저 차, 이 록 밴드와 저 록 밴드를 구분하지 못하면 발달에 문제가 있을지 모른다는 의심을 샀다. 우리는 처음부터 3과 8을 구분하고, 6과 9를 구분하고, 분홍색과 주황색을 구분하고, 오렌지와 사과를 구분해야만 했다.

그러한 구분의 노력에서 해방된다는 것이 나이듦의 크나큰 축복 중 하나일지 모른다. 그러나 이 축복, 이 지혜로 일말의 동요 없이 쉬이 넘어가지는 못한다. 우리는 얼굴을 보면 바로 이름을 떠올리고, 가려는 집을 대번에 제대로 찾아가고, 양말 짝을 잘 맞추려고 애쓰지만 쉽지가 않다. 머릿속이 뒤죽박죽이 되면 동요가 일어난다. 아무것도 못하는 어린아이가 된 것 같고, 어른 구실 못하는 어른이 된 것 같다. 그러나 우리는 어설픈 어린아이도 아니요, 불완전한 어른도 아니다. 나이가 들면 세상을 예전처럼 개인의 눈으로 보지 않게 된다. 노인은 이미 조상의 반열에 오른 것처럼, 개인을 초월해 오래오래 남게 될 본질에 반응하기 시작한다. 내가 어른이었을 때에는 어른처럼 말하고 어른처럼 느끼고 어른처럼 생각했으나 이제 조상이 되었으니 어른의 성가신 일을 버렸노라.* 나는 신문이 늦게 왔다고 동요할지언정, 그 신문이 어제 것이라는 사실은 개의치 않든가, 아예 알아차리지도 못할 것이다.

---

* 「고린도 전서」 13장 11절 "내가 어렸을 때에는 말하는 것이 어린아이와 같고 깨닫는 것이 어린아이와 같고 생각하는 것이 어린아이와 같다가 장성한 사람이 되어서는 어린아이의 일을 버렸노라"를 바꿔 쓴 것.

9

말라감

마른 영혼이
가장 현명하고 훌륭하다.
-헤라클레이토스

나이가 드니 추운 날에는 콧물이 흐르고 눈물이 나는데 정작 콧속이나 안구는 찢어질 것처럼 건조하다. 건조한 두피와 살갗도 골칫거리다. 체모와 각피가 푸석푸석해지고 땀이 예전처럼 잘 나지 않는다. 젊을 때는 여드름과 축축한 손바닥이 고민이지만 나이 든 여성은 밤마다 얼굴에 크림을 한 겹 씌우듯 바르고 메마른 손에도 열심히 문질러댄다.

고대 그리스 의학은 젊음은 촉촉하고 나이가 들수록 그러한 기본 기질의 상극으로 나아가게 된다고 보았다. 그래서 더운 것은 찬 것으로, 촉촉한 것은 마른 것으로 변한다. 우리는 한때 싱그럽고 촉촉하다 못해 액체가 뚝뚝 떨어질 지경이었으나 점점 뻣뻣해지고 퍼석해지고 딱딱해진다. 민간의학은 수백 년이 넘도록 이러한 고대 의학의 생각을 이

어왔다. 그래서 노인들에게는 증기욕이 특히 좋고 송아지고기나 토끼고기처럼 육질이 부드럽고 촉촉한 고기 혹은 스튜, 커스터드, 수프 같은 유동식이 알맞다고 한다. 그러한 조치가 노년의 메마름을 상쇄해준다는 것이다. 바싹 말라가는 것이 노화의 순리라는 생각이 얼마나 지배적인지 어떤 언어들에서는 '노화'에 해당하는 단어가 '말라감'이고 '노화'와 '말라감'이 아예 동일한 의미로 통한다.

침대에 누워 있는 노인은 얼마나 작아 보이는지! 노인은 점점 쪼그라드는 것처럼 보인다. 아주 큰 통증과 기능 장애를 짊어진 노년의 작은 몸, 이것은 패러독스라기보다는 패러다임이다. 그것은 몸의 역할이 줄어들고 있음을 보여준다. 지속되는 것들을 생각하면 몸의 가치는 떨어진다. 우리는 아예 못 참을 것 같다고 생각하는 조건들을 진짜 노년은 성가시고 지루한 것 정도로 여긴다.

육신은 왜 말라가며 어째서 마른 영혼을 '가장 현명하고 훌륭하다'고 말하는가? 우리는 양피지 같은 살갗의 수분 빠진 미라가 되어가는 중인가? 이 자연스러운 과정을 좀 더 은유적으로 읽어내야 하는가? 건조가 노년의 수분 상실, 죽음으로 나아가는 또 하나의 결손 그 이상의 의미가 될 수 있도록? 이 메마름이 자연의 본성뿐만 아니라 성격의 본성에서도 기인한다고 가정하면 어떨까? 몸의 지혜가 메마름을 요구하는 거라고 생각해본다면?

헤라클레이토스는 영혼을 구름이나 안개 같은 것, 혹은 감정의 흐름으로 여기지 않았다. 그는 영혼은 불같은 것, 불처럼 위로 올라가려는 성질을 띤 것이라고 보았다. 영혼에게 가장 좋은 것이란 좀 더 세련되고 미묘하고 가볍고 건조한 것이다. 그가 '가장 좋다, 훌륭하다'라는 뜻으로 사용하는 단어 'aristos'는 'aristocrat(귀족)'라는 단어에 어근으로 남아 있다. 원래 'aristos'와 그 반대말 'hoi polloi'는 우주론의 개념들이었다. '대중'이라는 뜻으로 통하는 'polloi'는 어원상 '흐름', '촉촉한', '오염', '늪지' 같은 단어들과 뿌리가 같은데, 결국 어느 범위의 축축한 끄트머리를 가리킨다. 메마른 끄트머리를 고수하는 것이 가장 현명하고 좋은 처사요, 헤라클레이토스라면 "영혼은 축축해지면 죽는다"고 말할 수도 있을 것이다.

물론, 오늘날 이러한 원형적 등급을 카스트나 계급에 대한 생각 없이 읽어내기란 불가능하다. 우리는 이제 영혼과 세계에 대한 원형적 감각이 없으므로 징후, 편견, 문제로만 보이는 조건들에 우주론적 의미를 부여하지 못한다.

어쨌거나 축축한 영혼의 질펀한 사유와 분출하는 감정은 우리를 수렁으로 빠뜨린다. 그래서는 시각이 명쾌할 수가 없고 판단이 예리할 수가 없다. 메마른 영혼은 발돋움하고 계시를 구한다. 그러한 영혼은 통찰력이 번득이고 금세 불이 붙는다. 메마른 영혼은 연장자로서, 멘토로서 빛을 비춰준다. 그러나 지혜는 그 불이 좀 더 타들어가기를 요구하는 듯하다.

한 문명 속에서 노인들을 가르치는 자로 여긴다면 그들은 불을 지키는 자, 지혜로써 어둠을 밝히는 계몽의 화신일 것이다. 그들의 성격에는 불이 있어야 한다. 따라서 그들은 메말라야 한다.

동일한 은유적 이해의 전통에 뿌리를 둔 연금술적 심리학도 이러한 사고방식을 따른다. 화학적인 것들은 프시케의 것들이기도 했고 심리학적 의미를 띠었다. 연금술사들은 뛰어난 정신분석가들처럼, 또한 시인과 화가 들처럼 은유를 다루는 일을 했다.

연금술의 주요 작업 중 하나가 과도한 수분을 증발시킨 후 말라붙은 잔여물로 다른 혼합물을 만드는 것이다. 액체가 너무 많으면 영혼의 실체가 썩는 경향이 있다. 우리는 자기 자신이 침몰하고 침수된 것 같은 느낌에 휩싸인다. 그 분위기에서 벗어나지 못하고 고인 물처럼 정체되는 느낌. 슬픔 속에, 갈망 속에, 추저분하고 끈끈한 상황 속에 매몰된 느낌. 증발은 우리의 발목을 잡는 이 습기, 이 증기를 날려 보낸다. 오래된 끈적함이 말라서 티끌이 된다. 우리는 이전에 충실했던 것에 더는 달라붙지 않는다. 일단 감정이 추출되고 난 후의 기억은 호기심의 대상이 될 수 있다. 비본질적인 물질을 없애고 남은 화학적 잔여물처럼, 모든 혼란이 증발되고 나면 순수한 뼈대, 잘 마른 본질만 남는다. 과거가 건조한 사실들로 환원되면 비로소 노인들이 나누어 줄 수 있다는 지혜의 소금이 나온다. 오직 노인들만이 자기네들의 감정적 개입을 날려 없애고 나서 이 짭짤하고도 쓰디쓴 참된 통찰에 이를 수 있다.

언급되지 않은 채, 주목받지도 못한 채 부유하는 것들이 있다. 노인들은 거리를 두고 본다. 망막은 비록 박리되지 않았어도 시각은 붕 떠있다. 나이가 들면 멀찍이 놓고 봐야만 선명하게 보인다. 원시遠視의 메마름. 신체가 그 나름대로 부처의 초탈을 익히는 방식이런가.

나는 우스꽝스러운 모자를 쓰고 수염을 기르고 암호로 글을 썼던 그 옛날의 괴팍한 연금술사들이 영혼에 꼭 필요한 수련법을 가르쳤다고 생각한다. 순진하기 그지없는 열광의 봇물, 방만하게 흘러넘치는 감상을 말려야만 한다고 말이다. 건조한 영혼에게는 세상을 조금 덜 주관적인 애착을 가지고 바라보는 눈, 건조한 유머와 건조한 재치가 있는 법이다. 우리는 질 좋은 포도주처럼 드라이해지고 기분 좋은 떫은맛을 머금는다.

10

기억력의 문제
단기적 손실, 장기적 이득

내가 그 얘기를 했는지
안 했는지 모르겠군요.
아, 정말 모르겠습니다.
–로널드 레이건

이렇게 바보 같을 수가, 약을 아까 먹었는지 안 먹었는지 도통 모르 겠다. 이름, 날짜, 단어도 한 번, 두 번 안 떠오르다가 영원히 안 떠오른 다. 한편으로는 뇌세포가 숲속의 추풍낙엽처럼 우수수 떨어지고 있을 테고, 다른 한편으로는 어쩌다 새들이 찾아오면 내려앉을 자리를 만들 어주려고 빈터를 조성하는 작업이 진행 중일 것이다.

기억력 감퇴의 책임을 뇌에게 묻는 것은 관습적이고도 편리한 태도다.

쉰 살 이후로는 뇌의 무게가 10년마다 2%씩 감소한다. (…) 특 히 전전두엽의 운동 영역은 뉴런의 20~50%를 잃는다. 또한 후 두엽의 시각 영역도 뉴런의 50%를 잃고, 측두엽에 위치한 물리적 감각을 관장하는 영역도 그 정도를 잃는다.

그러나 이처럼 하부 구조가 퇴보하는 동안에 조금 다른 일도 일어난다.

> 대뇌 피질에서 고도의 지적 활동을 관장하는 부분은 뇌세포 감소 정도가 그렇게 심하지 않다. (…) 심지어 뉴런의 수는 줄었어도 활동은 증가하는지도 모른다. (…) 최근 연구들은 일부 대뇌 피질 뉴런들은 성년 이후에 더 *풍부해진다*는(이탤릭체는 인용자의 강조) 관찰 결과를 보여주었다. (…) 건강한 노인의 경우, 상당수 뉴런들에서 뻗어 나오는 섬유(수상 돌기)가 계속 자라는 것을 볼 수 있다. (…) 신경학자들은 사실상 우리가 나이를 먹으면서 쌓을 수 있다고 생각하고 싶어 하는 지혜의 근거를 발견한 셈이다.[1]

확실히, 나이 든 정신에게는 기억을 장기적인 것과 단기적인 것으로 구분하는 비상한 재주가 있다. 장기 기억이 발전하는 동안 단기 기억은 주저앉는다. 70년 전, 소녀 시절 친구들이 입었던 원피스들은 또렷이 기억나는데 내가 '방금 전에 어딘가에' 두었던 안경은 도저히 못 찾겠다.

이러한 구분에도 어떤 지혜가 깃들어 있을까? 정신이 새로운 것을 받아들이지 않으면 오래되고 머나먼 이미지들이 힘차고 생생하게 떠오를 수 있을까? 주전자를 불 위에 올려놓고 깜박하거나, 열쇠를 두고 오거나, 동생의 손자 이름이 기억나지 않으면 본인도 낭패요, 주위 사람들이 화가 날 수도 있다. 하지만 성격이라는 것이 어디 주전자, 열쇠, 가끔 보는 아이 이름으로 구축되던가?

성격은 오히려 매장된 것들, 특히 실수와 불운이 기억 속에 묻어두고 간 것들로 이루어진다. 노년은 그것들을 찬찬히 살펴볼 때다. 인생에는 방대한 재고 목록이 있고 각 사람은 관리인이 후입선출법[LIFO, last in first out]으로 관리해야 할 창고다. 창고에서 새로 들어온 것을 신속히 없애야만 그동안 줄곧 있었던 것을 찬찬히 살펴볼 정서적 공간이 보존된다. 지난주 방문객들은 고사하고, 오늘 아침에 나누었던 대화조차 기억나지 않는 것은 훨씬 더 오랫동안 저장한 기록들을 한데 모아둘 선반을 마련하기 위함이다.

노인심리학은 나이 든 사람들이 재고 조사와 '생애 회상'에 점점 더 많은 시간을 보낸다는 사실을 알아냈다. 이것은 '과거로부터' 회복하는 작업이 아니라 '과거를' 회복하는 작업, 프루스트가 방대하고도 탁월한 기억의 연구에 붙인 제목대로 '잃어버린 시간을 찾는' 작업이다. 과거의 시간이 잃어버린 시간이 되지 않으려면 그 시간에 현재성을 부여해야 한다. 따라서 새로운 사건들은 오래된 사건들과 결부될 수 있을 때에만 들어온다. 외국의 도시를 여행하면서 어느새 그곳에서 떠오른 다른 도시 이야기만 하고, 나이 어린 친척을 만나서는 여러분의 결혼식에 왔던 그 친척의 어머니나 이모의 특징만 떠올리고, 특별한 요리를 대접받고는 여러분이 예전에 그 요리를 어떤 방법으로 만들었다는 얘기만 한다. 중요한 것은 새로운 요리의 맛이나 새로 만난 친척의 얼굴이 아니다. 그런 것들이 오래된 기억을 촉발한다는 점만 중요하다.

나이 든 사람들은 자기중심적이라는 뜻인가? 나는 그렇게 생각하지 않는다. 나이 든 사람들이라고 해서 젊은 사람들보다 더 자기중심적이지도 않거니와, 본인이 젊을 때보다 더 자기중심적이 되지도 않는다. 최근 사건들을 배제하면서까지 오래된 이미지들을 지키려는 성향이 강해지는 까닭은 우리 영혼이 그 이미지들을 검토할 것을 요구하기 때문이다. 나이를 먹으면서 우리 안의 그 무엇이 멀리 떨어져 있는 방들과 더께가 쌓인 거울들을 돌아보게 한다. 나는 성격이 스스로 이해하기 원하고 통찰력과 지성을 키우기 원해서 그러려니 생각한다.

우리는 또한 기념하기 위해서 돌아본다. 기억할 만한 일에는 화환을 남기고 꽃을 바친다. 과거는 무덤 속에 묻혀 있지만 우리 영혼의 역사 속에서 그 순간들의 기억은 여전히 귀하다. 성격은 자기 안의 귀중한 순간들을 기념함으로써 더욱 공고히 한다. 아름답고 용감하고 명예로운 일들을 기리지 않는다면, 신의 한 수와도 같은 결단이나 위대한 희생을 되새기지 않는다면, 과연 그런 일들이 우리에게 무의식적으로 여전히 작용하고 있노라 주장할 수 있을까? 노년은 우리의 성취를 기념할 시간을 주고, 우리의 스승들, 혹은 그저 우리와의 만남을 기쁘게 여겼던 이들에게 물려받은 것을 기념할 시간을 준다. 가치 있는 사건들에 대한 기념 방문, 이로써 우리는 당장 지금 듣는 찬사나 타인들의 인정에 덜 연연하게 된다. 내가 자축 퍼레이드를 펼치고 내가 나에게 훈장을 수여하는 것으로 족하다.

남들을 덜 필요로 하고 그들에게 덜 휘둘린다는 것은 또한 외로움을 덜 타고 위엄을 더 갖추게 된다는 뜻이다. 위엄 있는 노인이 되고 위엄 있게 떠나는 것은 성격의 소관이다. 성격은 현대 심리학이 말하는 '임파워먼트^empowerment' 따위보다 고상한 설명을 요구한다. 여러분이 떠나고 난 후 사람들이 어떻게 말해주기를 바라는가? 용감하게 처신할 줄 알고 멋, 선의, 유머가 있는 사람이었다고 말해주기를 바라는가? 아니면, '자존감'이 높고 '자아실현'에 도달한 사람이었다는 평가를 원하는가?

노년에는 최근에 일어난 일들이 바로 그 새로움 때문에 성격의 요구를 충족하기에 미흡하다. 새로움은 전처럼 매력적이지 않다. 생애 회상은 사건들을 경험으로 변환한다. 사건들에서 감정을 제거하고 사건들을 어떤 의미 패턴으로 모아들인다. "사람이 나이가 들수록/과거가 또다른 패턴을 지니게 되고/그저 연속적인 일이 아니게 되는 모양이다." T. S. 엘리엇의 『사중주 네 편』은 시간, 나이, 기억에 대하여 성찰하면서 이렇게 이어진다. "우리는 경험을 했지만 의미를 놓쳤네./의미로 다가가니 경험이 복구되네./그 어떤 의미를 초월한, 다른 형태로서."[2]

나는 단기적인 최근의 일과 장기적인 생애 회상의 갈등을 설명해보고 싶다. 내게 분석 치료를 받던 66세 여성은 90대 노모를 돌보고 있었다. 그녀의 말로는, 그 나이에도 모녀는 사사건건 싸우고 때로는 아주 그악스럽게, 대책 없이 으르렁댄다고 했다. 일반적으로 어머니와 딸이 부딪히기 쉬운 사안이나 오랜 세월 쌓인 감정을 제외하고도 그들에게는 현재 갈등을 빚는 문제가 있었다. 그게 뭐였느냐고? 현재 일어나는 사실들이 문제였다. 노모는 고령에도 여전히 명민한 사람이었는데도 최근 일들을 기억하지 못했고, 딸은 허구한 날 어머니가 잘못 알고 있는 날짜, 약속, 이름, 가격, 시간, 약 복용량, 위치, 그날그날의 뉴스, 요컨대 단기 기억의 세계 전체를 바로잡아주기 바빴다. 딸은 또한 어머니의 생활 '편의'를 돕는 조치, 특히 전자 제품 사용법을 익히게 하느라 애를 먹었다. 자동 응답기, 전기난로 타이머, 비디오카세트 녹화 및 재생기, 화면 분할 텔레비전, 휴대 전화, 제빙기, ……

노모는 반쯤 추억 속의 세상에서 살고 있었다. 억지로 최근의 일을 일깨우면 오히려 심하게 우울해했다. 노모의 정신은 여러 저장고를 둘러보며 '생애 회상'에 몰두하고 있었기 때문이다. 그러나 이 허깨비, 백일몽, 노모의 창고에서 자주 반복되는 기억, 이미 오래전에 사망했거니와 별다른 연고도 없었고 중요하지도 않았던 사람들이 딸에게는 위협적이었다. 유령 이야기, 조상 숭배, 오래된 저주, 죽은 자들의 사소한 모든 것이 딸에겐 위험하게 느껴졌다. 어머니가 과거에 매몰되어 점점 사라져가는 느낌이 들었기 때문이다. 딸에게 살아 있다는 것은 현실에 머문다는 의미였다. 현재 일어나는 구체적인 일들에 임할 것. 그러니 딸은 어머니의 주의를 사실들의 세계로 돌려놓으려고 최선을 다할 수밖에 없었다.

나는 딸에게 상상력이 부족하다고 생각했지만 내게는 그녀의 상상력을 깨울 만한 능력이 부족했다. 그다음에는 이 모녀 갈등에 정신분석적인 이유가 있음을 알았다. 딸의 상상력 부족은 통제할 수 없는 미지의 것에 대한 두려움으로 이해될 수 있었다. 그녀는 어머니가 점점 무너져가는 모습을 보며 매일같이 그 두려움을 마주하고 있었다. 죽음 공포가 그녀의 상상력을 차단하고 있었던 것이다. 나는 다른 이유도 발견했다. 그 어머니는 '구식'과 '예술적인 것'에 집착이 심해서 실용적인 지침이나 도움이 꼭 필요한 사람이었다. 따라서 노모를 돌보는 딸은 자기가 원하든 원하지 않든 늘 현실 감각이 뛰어나고 도움이 되는 사람으로 살아야만 했다. 딸은 그런 역할을 감당하면서 어머니를 무능한 사람, 노망난 사람 취급하고 어린애처럼 다루는 등, 현실의 일들을 가학적 의도로 이용하고 있었다. 복수, 시기, 죄의식 등 정신분석가에게는 어느 장면과 맞닥뜨리든 거기에 맞게 인격을 설명할 수 있는 용어들이 있다. 정신분석학은 삶을 이성적 이유들로 가차 없이 환원시키기는 하지만 상상력만큼은 눈부시다. 그렇지만 나는 이 모녀 갈등을 그들의 인격, 병력, 나아가 정신분석과도 별개로 살펴보면서 기억 그 자체에 대해서 좀 더 깊이 생각해보기 원한다.

나는 이제 나의 내담자와 노모의 갈등이 장기 기억과 단기 기억의 차이를 보여주는 한 예임을 알 수 있다. 두 가지를 동시에 가질 수는 없는 것 같다. 하나를 가지면 다른 하나는 놓아야 한다. 젊을 때는 장기적인 것이 들어올 자리가 없는 듯 보인다. 아주 어린 아이들에게 역사를 접하게 하기는 어렵다. 심지어 의대에서도 의학사는 기껏 가르친다고 해봐야 선택 과목이다. 반면, 의학 분야의 최신 성과나 미래를 위한 그 성과의 지침은 없는 시간도 쪼개어 알아놓아야 한다.

그래도 의학에서 참인 것이 다른 학문들에서 참인 것보다는 쓸모있을지도 모르겠다. 기억은 무의미하다. 아니, 기억은 되레 짐이다. 헨리 포드가 "역사는 터무니없는 속임수"라고 했었나. 과학의 고의적 기억

상실은 인문학이 기억에 부여하는 중요성과 뚜렷이 대조된다. 철학, 정치학, 그리고 사진 및 영화를 포함하는 시각예술은 기억으로 먹고 산다. 인문학을 하는 사람들은 사유를 심오하게 하고 세련되게 다듬기 위해서 기억을 필요로 한다. 비슷한 이유에서 이 장에서는 역사에 주목하고자 한다.

적어도 1,500여 년 동안은 이미지를 떠올린다는 뜻으로 '메모리아 memoria'라는 단어를 썼다. 아리스토텔레스에서부터 시작된 기억의 심리학은 메모리아를 정신의 가장 기본적인 것으로 보았다. 아리스토텔레스는 우리가 심상들의 집합, 혹은 다시 모을 수 있는/회상 가능한re-collected 상상에 의존하지 않고는 생각 자체를 할 수 없다고 보았다. 이러한 심리학적 전통에 따르면 오늘날 흔히 기억이라고 말하는 것은 시간에 의해 한정된 상상이다. 회상을 한다는 것은 늘, 비록 과거에 실제로 일어났던 일일지라도, 상상을 한다는 것이다. 상상하기/상상과 기억해내기/기억의 차이는 단지 시간이라는 추가 요소의 개입 여부밖에 없다.

요컨대, 노망난 어머니는 과거를 회복하는 것 이상으로 큰일을 하고 있었다. 노모는 상상을 하는 중이었고, 이 이미지의 세계가 그녀를 부르고 (딸의 말마따나) 그녀를 허깨비와 환상의 세계에 붙잡아놓았던 것이다. 딸은 어머니와 함께 이 상상의 여행을 떠날 수 없었다. 딸이 보기에 그런 유의 여행은 정상이 아니었으니 그녀가 정의하는 '현실'에서 어머니가 자꾸 벗어난다고 느낄 수밖에 없었다. 그러나 노모에게 장기기억이라는 형태의 상상은 충분히 현실적인 것, 간섭 많은 딸만큼이나 피부에 와닿는 것이었다.

상상들은 시간이라는 요소가 결부된 채로 어머니에게 다가왔다. 과거라고 부르는, 예전에 존재했던 세계에 속한 일들이었다는 얘기다. 그중 얼마만큼이 정확하고 얼마만큼이 지어낸 것인지는 우리가 알지 못하거니와, 알 도리도 없다. 이건 모든 기억이, 심지어 최근의 돌발적 사건, 비행접시의 방문 혹은 침입에 대한 단기 기억이라고 해도 마찬가지다. 기억이 일단 상상이라는 점이 중요한 거고, 시간에 한정된다는 점은 부수적이다.

기억의 알맹이가 상상이라는 점은 프로이트의 가장 의미 있는 재발견 중 하나다. 프로이트를 문자 그대로 해석하는 자들은 이러한 그의 주장을 곧잘 비판했다. 그들은 비록 상상이 기억을 꾸미더라도 일단은 실제 발생한 일(가령 아동기의 성적 사건이라든가)이 먼저라고 반박했다. 그러나 프로이트는 이미지의 힘과 현실에 집중함으로써 자신의 이론을 고대 '메모리아'의 전통, 즉 기억의 알맹이를 상상이라고 보는 전통에 위치시켰다.

메모리아는 장기 기억의 획득은 물론 단기 기억의 상실을 설명하는 데에도 도움이 된다. 우리는 요일, 조카의 이름, 왼쪽으로 돌아야 하는 모퉁이를 기억하지 못한다. 이러한 것들은 모두 정신의 학습에 속하고, 학습한 것이 그에 상응하는 이미지와 연결될 때에만 사용 가능한 상태로 유지된다. 기억이라는 것이 발동하려면 상상력이 필요한가 보다. 르네상스 시대에는 기억력을 보조하는 복잡하고도 체계적인 기법들, 소위 '기억술ars memoriae'이 성행했다. 기억술은 배우고 익혀야 할 것을 이미지와 결부시킨다. 이미지가 없으면 학습한 것은 금세 희미해진다. 학습한 것이 오래 남아 장기 기억이 되었다면 그것은 상상을 통하여 의미를 띠고 한층 더 중요한 것이 되었다고 봐도 좋다.

메모리아는 회상이라는 의미, 적극적으로 상상하고 이미지들과 씨름한다는 의미 이상이었다. 메모리아는 일종의 '장소'였다. 우리가 이 장에서 사용하는 용어인 저장소, 실내 공간, 방, 홀, 창고, 동굴처럼 말이다. 유서 깊은 단어를 쓰자면 '보고寶庫', 즉 이미지들이 풍부하게 들어차 있는 보물 창고다. 비록 이러한 장소에 들어가려면 생애 회상의 문을 통과해야 하지만, 그곳에는 탐구하는 정신이 활용할 수 있는 "여전히 생생한 이미지들이 낳는 이미지들"[3]이 모여 있다. 그 이미지들은 여러분의 과거, 여러분의 인격에서 직접 유래하지 않는다. 그 이미지들은 흡사 거칠기 그지없는 꿈처럼 여러분의 상상의 역량 너머에서 태어나 저 혼자의 힘으로 온다. 성 아우구스티누스, 키츠, 콜리지, 알리바바, 신드바드는 동굴에서 들어가보고 깜짝 놀랐다.

노년이 기억으로 가득 찬 이유는 미래가 너무 짧아서라고들 한다. 바라볼 것, 계획할 것이 많지 않으니 뒤를 돌아본다는 식이다. 그러나 나는 '우리'가 뒤를 돌아보는 게 맞는지 의문이 든다. 추억하고 기념하는 상상력이 저절로 살아나는 것처럼 보이지 않는가. 우리가 기억을 선동하는 것이 아니라 기억이 우리를 떠미는 것 같다. 기억이 우리의 생각 속에다가 그동안 잊고 있었거나 '시간이라는 추가 요소'가 들어와 있지만 실제로는 일어나지 않았던 오만 가지 장면, 인물, 상황, 이미지를 끌어오는 것 같다. 순수한 상상이다.

노년에 자연스럽게 이런저런 이미지가 떠오르고 그러한 이미지를 '처리'해야 할 것 같은 느낌이 드는 것은 영혼의 의도가 그러하기 때문이라고 나는 생각한다. 마치 성격이 우리에게 메모리아와 부딪히라고 강요하는 것 같다. 쇼핑, 전화로 수다 떨기, 슬롯머신이 더 재미있을 텐데 쇼핑몰이나 모텔 방에서조차 이미지들은 어김없이, 거의 강박적으로 밀려온다. 우리는 기억하기를 회피할 수가 없다. 왜 그럴까? 뇌가 토해내는 것인가? 오랜 죄를 고백해야만 구속^{救贖}받을 수 있는 까닭인가? 혹은, 좀 더 개인적인 이미지들의 생애 회상이자 풍부하게 넘쳐나는 '이미지들 그 자체'로서의 메모리아가 성격의 필수적 토대이기 때문인가?

노모는 동굴 속에서 길을 잃고 자기 것이 아닌 보물함을 열어보는 중인가, 아니면 생애 회상에 들어가 뭔가에 주의력을 온통 빼앗겼을까. 그녀가 소화 중이라고 생각하기로 하자. 우리 모두는 실수와 불운을 회한이라는 소금을 살짝 뿌려서 잘 씹어 삼켜야 한다. 원래는 달력의 한 장처럼 밋밋한 평면의 메모에 불과했던 것, 패턴이나 의미 없이 단순히 발생했던 일들을 말이다. 생애 회상을 통해 이해하게 되면 성격이 풍요로워지고 장기적으로 이득이 된다. 삶의 패턴들은 잔해와 로맨스 사이에서 좀 더 분명해지고 캐릭터들의 행위와 반응을 통해 그들을 드러내는 잘 구성된 소설과 비슷해진다. 생애 회상은 사실상 인생의 다시 쓰기(혹은, 처음 쓰기)나 자기 인생을 이야기들로 써내는 작업일 뿐이다. 그리고 이야기가 없으면 패턴도 없고 이해도 없고 예술도 없고 성격도 없다. 그저 습관들, 목표 없는 관찰자의 눈앞에서 그저 스쳐 지나가는 사건들, 돌아보지 않은 인생, 살기에 급급해 삶 속에서 길을 잃은 삶이 있을 뿐.

서둘러 부연해야겠다. 거의 돌아보지 않고 제대로 이해되지 않은 삶을 위해 올바르게 길을 잃는 것은 충분히 그럴 만한 가치가 차고 넘치는 일이라고. 그리고 젊을 때는 원래 뭔지도 모르고 사는 게 맞다. 앎은 나중에 온다. 생애 회상은 젊은 사람들이 할 일이 아니다. 회고록, 자서전, 오랜 기간에 걸친 정신분석적 탐구를 예순 살도 되기 전에 건드려서는 안 된다. 그렇지만 고등학생들도 기억에 남는 경험과 거기서 얻은 교훈에 대해서 써보라는 과제를 받곤 한다. 청소년 치료는 불과 5년 전에 끝난 유년기를 돌아본다. 그들의 자유 토론, 채팅방은 가정 문제와 그 영향을 다룬다. 시기상조의 생애 회상은 성격이 아니라 주관성을 부풀린다. 고등학교를 갓 졸업한 또 하나의 비대한 자아가 권한을 부여받고, 지나치게 확장된 자아들로 이미 바글바글한 세상으로 나간다. 그에게 필요한 것은 외려 이제 막 모험에 나선 수습생의 겸손과 조심성이건만.

성격이 생애 회상을 요구한다고 치자. 어쩌면 성격은 미완으로 남기를 원치 않는지도 모른다. 본성에 대한 고찰 없이, 지성으로 파악되지 않는 사실들의 잡탕, 날짜와 일, 여행과 질병 따위로만 엮인 삶의 역사로 남기를 원치 않는지도 모른다. 고증 자료는 풍부하지만 아무런 결론이 없는 미국 스타일 평전들처럼 말이다. 인생의 마무리 국면은 우리에게 이전 행위들에서 결론을 이끌어낼 것을 요구한다. 90년이 넘도록 살았으면서 영혼이 인생을 생판 모른 채 세상을 뜨고 싶겠는가? 메모리아가 그 세월을 성격의 가치들로 바꾸어놓기를 바랄 만하지 않은가?

기억하기를 통해 가치들이 부상함으로써 아홉 뮤즈들의 어머니 므네모시네(기억)의 신화가 우리의 노년에 재연된다. 아홉 뮤즈는 각기 천문학, 희극, 춤, 웅변, 서사시, 역사, 음악, 연애시, 비극을 수호한다. 이 예술 형식들은 그녀들의 어머니 여신인 기억을 숙고함으로써 가치를 얻는다. 우리가 꼭 노년에 기억을 예술로 담아내야 할 필요는 없다. 모지스 할머니처럼 그림을 그리거나 주세페 디 람페두사처럼 소설을 쓰지는 않아도 된다. 우리는 단지 므네모시네의 딸들을 좇아 기억을 숙고하고 그러한 기억이 어떤 의미 있는 모양새를 갖추는지 알아차리기만 하면 된다.

숙고로서의 생애 회상은 외길을 따라가거나 지혜의 땅에 들어가지 않아도 된다. 그 대신, 우리는 아홉 뮤즈들이 각기 우리 회상의 모양을 잡아나가는 것을 알아차리기 시작한다. 우리는 서사시적인 순간, 사랑에 빠졌을 때의 시적인 흥분, 희극과 비극을 회상한다. 사적인 기억을 우리 시대의 공적 역사에 집어넣기도 하고, 별들이 우리의 운명에서 담당한 역할을 상상하기도 하며, 과거의 패턴을 주제와 부주제가 있는 악곡이나 회전과 복귀가 있는 춤으로 이해하기도 한다. 결국은 우리도 늘 똑같은 이야기를 시시콜콜하게, 그러나 웅변처럼 유려하게 늘어놓기 시작한다.

프로이트는 이미 마음에 저장된 내용은 변하지 않는다고 했다. 그 내용은 시간의 영향을 받지 않는다. 노인은 과거에 푹 젖어 사는 탓에 종종 짜증을 부른다. 노인들의 방은 실내, 실외를 막론하고 시대 박물관이 된다. 동일성의 보존은 노인이 이야기를 다시 상상하지 못하게 하고 심오한 성찰을 방해한다. 이혼과 그로 인한 미움, 홍수와 그로 인한 트라우마에 빠지면 '실제 일어난 그대로'라는 직역주의의 덫에 갇혀 상상력을 발휘할 수 없다. 기막히게 좋은 일도 구체적인 사실들에 덜미를 잡히면 장기 기억에 도달할 수 없다.

저장된 내용은 시간이 흘러도 변치 않는다는 프로이트의 확신에도 불구하고 나는 그 내용에 뭔가가 일어난다고 믿게 되었다. 온기가 차가운 금고 속으로 파고든다. 노년에는 이미지가 좀 더 기분 좋은 것이 된다. 열렬한 투쟁, 질시 어린 경쟁, 심지어 배신조차도 새로운 가치를 띠고 돌아온다. 이제 그 기억들은 그리 상처가 되지 않는다. 곰곰이 생각해보면 재미있기까지 하다. 오래 앓은 병, 하지 않았어야 했던 결혼, 온갖 치졸하고 가혹한 처사들이 이제는 독하게 느껴지지 않고 무엇을 위한 일이었는지도 모르겠다.

왜 과거의 어두운 날들이 노년의 회상 속에서 밝아지고 가벼워지는가? 영혼이 지고 있던 무게를 놓아버리고 높이 날아갈 준비를 한다는 미묘한 암시런가? 종교에서 말하는 천국의 전조이런가? 용서하지 못하고 떠날 일이 없게끔, 그 행복한 분위기가 이제 최악의 경험들조차 감싸는 것인가? 결국 용서받을 수 없는 일은 끝내 용서받지 못할 것이다. 그 이유는 노년에는 용서가 필요치 않기 때문이다. 그런 일은 그냥 잊힌다. 망각은 노년의 경이, 어쩌면 용서의 가장 진실한 형태이자 축복일지도 모른다.

11
성마름

저들의 목을 쳐라!
-루이스 캐럴

노년에는 성마름과 차분한 인내가 희한하게 어우러져 나타난다는 점을 잊지 말자. 한편으로 노인들은 좀 더 수동적인 관용을 보여준다. 하루를 헛되이 흘려보내기도 하고, 불편한 것이 있어도 참고, 서두르거나 당황하지 않는다. 다른 한편으로 노인들은 사소한 자극에도 화를 잘 낸다. 증손자의 머리 모양, 늦게 도착한 버스, 너무 크거나 너무 작은 소리, 부주의한 종업원 정도면 역정을 낼 이유가 된다.—쾅, 로켓탄의 붉은 섬광, 대기를 가르는 포탄.*

양로원에서 평소에는 큰 소리 한 번 안 내는 얌전한 할머니들조차

---

* 미국 국가(國歌)의 노랫말.

때때로 묶어놓아야 할 지경이 된다. 그들이 의자에서 떨어져서 다칠까 봐 그러는 게 아니라, 그들이 갑자기 불같이 화가 나서 간병인을 꼬집고 때리면 걷잡을 수가 없기 때문이다.

수 세기 전에는 가장 기초적인 수준의 유기 생물이 자극에 대한 반응으로써 활력을 드러낸다고 보았다. 18세기 스위스의 대학자이자 '당대 생리학의 대가' 알브레히트 폰 할러는 567회의 근육 세포 수축 실험을 통하여 '원형질 감응성' 이론을 수립했다.[1] 할러의 발상과 작업은 신경과 근육 조직을 다루는 근대 실험생리학을 일으켰고 그 후 거짓말 탐지기에도 단초를 제공했다. 우리가 흔히 쓰는 말에도 "the quick and the dead(산 것과 죽은 것)"이라는 표현이 있는데 신속한 감응을 생명의 기본 신호로 보는 옛 생각을 여기서 엿볼 수 있다. 당장에 불같이 일어나는 것은 생명 그 자체요, 바싹 마른 것일수록 빨리 탄다.

분노를 촉발시키는 짜증거리는 사소해 보이지만 결코 사소하지 않다. 분노는 세포가 화를 내는 것 같다. 분노는 성격을 지키기 위해 치솟고, 간섭을 거부하며, 습관적인 생활 방식을 고집한다. "나한테 이래라 저래야 하지 마!", "내가 알아서 한다고!", "나는 '이런 게' 좋다니까!" 성마름은 삶의 의욕을 날것 그대로 표출한다. 성마름은 삶에 대한 육신의 애착을 드러낸다.

데카르트의 "나는 생각한다, 고로 나는 존재한다Cogito ergo sum"는 말은 "나는 감응한다, 고로 나는 존재한다"는 말로 대체할 수 있을 것이다. 감응성(성마름)이 정말로 생명의 표시라면 꼬장꼬장한 노인은 툭하면 발끈하고 성질을 내는 것으로 자신을 유지하고 있는 셈이다. 그들은 미미한 도발에도 당장 언짢아하고 복수를 구상하곤 한다. 우리는 정치적 참사, 사회적 편견, 우스꽝스러운 증오를 필요로 한다. 적대감의 내용만 중요한 게 아니라 이 불같은 기세도 중요하다.

노년의 격분은 자주 보이는 현상이다. 분노는 지연시키는 동안에도 서서히 커져간다. 불이 꺼진 상영관에 들어갔는데 뭔지 모를 물건이 '나'의 발에 걸릴 때, '나'의 주차 공간을 다른 사람이 이미 차지했을 때가 그렇다. 계산대에서 내 앞에 서 있는 사람은 다 밉다. 이 인간들은 다 뭐야? 다 죽어버렸으면 좋겠다 싶다.

화가 나 있는 정신은 문명만큼이나 오래된 것, 이미 정해진 인간 본성이다. 조너선 스위프트와 헨리 루이스 멩켄, 카를 마르크스와 도로시 파커가 그러한 정신의 소유자가 아니었다면 단어 하나 쓰지 못했을 것이다. 분노의 신과 전쟁의 신이 존재하는 사회들은 또 얼마나 많은지. 야훼만 해도 무섭게 분노하는 신, 파괴를 결심하면 역병과 홍수를 내리는 신, 사소한 도발에도 자기 백성을 학살하는 신 아닌가. 고대 그리스인들은 헤라, 아테나, 아프로디테, 포세이돈, 제우스의 분노를 알아보고 극화했다. 화는 복수의 세 여신으로 구현되었는데, 죄를 눈감아주지 않는 이 여신들은 인간사라는 드라마에 맹렬한 정념을 불어넣는다.

노년층에 대한 충고는 이 모든 것을 잊고 있다. 노인들은 푸딩과 밀크 토스트, 예의 바른 겸손과 온건한 대답으로 소중하게 다뤄야 할 대상이다. AARP(미국은퇴자협회)는 원기 넘치되 화를 잘 내지는 않고, 정력적이되 목소리가 크지 않은 노인들을 좋아한다. 노년은 순전히 평온한 회상을 위한 시간이라는 듯, 노인이 지금 실제로 느끼는 불같은 감정은 부정당한다.

평온은 쉽게 성내는 태도를 길들이지만, 활력을 억누르고 현재 상태의 압제와 불의를 더욱 부추긴다. 나이 많은 시민들이 운동가들과 손을 잡지 않는다면, 노인들이 음주 운전, 간접흡연, 안전이 의심되는 차량, 돌고래 학살에 맹렬히 반대하지 않는다면, 그러한 파행은 계속될 것이다.

노인들은 생업에서 은퇴할지언정 시민으로서는 좀체 은퇴하지 않고, 그래서도 안 된다. 그들은 단지 고령자이기만 한 것이 아니라 시민이기 때문이다. 노인들은 성마른 사람들이기에 공격받기 쉬운 최전선에 설 수 있고, 공청회에 참석하고, 탄원서를 넣고, 소송을 걸고, 대의를 옹호하기 위해서 두려움 없이 나설 수 있다.

고질적인 적개심, 나아가 폭발적으로 드러내는 적개심조차도 '건강한' 것일까? 미네소타 메이오 클리닉에서 실시한 연구 조사는 젊은 사람들과 비교해서 "나이 든 사람들은 적개심 척도에서 상위 등급에 해당하는 경향이 있다"는 결론을 내렸다. 그러나 "연구자들은 적개심 수준이 높은 노인이라고 해서 심장 질환 위험도가 더 높지는 않다는 결과에 놀랐다."[2]

강렬한 감정은 노인이 조상이라는 조건으로 나아가는 데 도움이 될 수 있다. 조상의 과업은 때때로 과격한 방식을 동원하면서까지 공동체를 보호하는 것이기 때문이다. 조상은 수호령으로서 상황이 잘못되어 가고 있다는 사소한 조짐들조차 주시한다. 복수의 세 여신이 그렇듯, 조상은 불의를 그냥 보아 넘기지 않는다. 차분한 명상 습관, 자수, 바구니 세공, 주치의가 처방한 진정제는 모두 "빛의 소멸에 저항하여 분노하고, 또 분노할"[3] 원형질의 감응성을 알면서도 억누르려는 조치다.

화는 오랫동안 이어진 삶의 패턴에서 벗어나고픈 욕망을 나타낼 수도 있다. 마치 병 속에 갇힌 영이 더는 일상의 소소한 것들에 얽매이기 싫어하는 것 같다. 그 영은 이제 지상에서 살아가는 육신에 머물고 싶지 않은가 보다. 이때 성마름은 여기 남아서 떠날 때를 기다려야만 한다는 것에 대해 좌절감을 표현하는 것이다. 나와 친한 말리도마 소메 교수가 자기 고향 부르키나파소에서도 노인들은 대개 그날그날의 사소한 일에도 화를 잘 내고 언짢아하는 편이라고 말해준 적이 있다. 그들 중 일부는 이미 세상을 하직했다. 그들의 성마름은 떠날 때가 됐음을 의미한다.

노인들이 화를 잘 내는 이유는 과연 어떻게든 살아보겠다는 세포의 분노 때문일까, 아니면 어서 떠나고 싶은데 그럴 수 없어서 조급함이 도진 탓일까. 어느 쪽이든 간에 성마름은 노년의 속성이다. 노년에는, 심지어 딱히 도발하는 것이 없는 상황에서조차, 자연스럽게 화가 치밀어 오른다. 그리고 이 화는 참을성으로 조절되지 않는다. 온화함을 유지하는 참을성과 쉽사리 폭발하는 짜증이 나란히 간다.

참을성과 조급증은 노년에 속하는 대립적인 두 힘으로 이루어진 한 조다. 나이가 들면 인간 본성의 오만 가지 모순들이 불거진다. 인격을 구성하는 강박 관념들이 바구니 밖으로 튀어나온다. 당신은 예측 불가능한 히드라, 일곱 난쟁이가 된다. 잘 웃고, 시끄럽고, 기분 좋고, 불평 많고, 화 잘 내는 사람이 된다. 종교가 있는 사람이라면 이 종잡을 수 없는 기분이 모든 것이 환영받고 아무것도 예측되지 않는 내세의 전조라고 말할지도 모른다. 천국에 올라간다는 것은 충만한 성격을 억제하지 않고 드러내는 것, 몸속에 갇혀 사는 예측 불가능한 난쟁이들을 있는 그대로, 아무 변명도 하지 않고 풀어주는 것일지니.

12
이별

이별은 이처럼
달콤한 슬픔이기에.
−셰익스피어, 「로미오와 줄리엣」

    성마름이 암시하는 것이 하나 더 있다. 그것은 인격의 중앙 통제 장치가 무너져 내리고 있다는 것이다. 건망증은 단지 그 일부일 뿐이다. 발을 헛디디고, 글자를 잘못 읽고, 트림과 방귀는 왜 이리 잦은지. 예상치 못했던 친절에 갑자기 눈물이 또르르 흐르고, 누가 날 방해하면 확 성질이 나고 과격해진다. 단어들이 얼른 떠오르지 않는다. 단어들을 말로 엮어내지 못하고 한참을 버벅댄다.

    폭동이 일어나고 있는 게다. 무리가 이제 대장을 따르지 않겠단다. 저마다 제 일을 저 하고 싶은 대로 한다. 일사불란한 폭동이라기보다는 산발적으로 발생하는 탈영에 더 가까우려나. 혁명이 아니라 무정부 상태다. 다른 이미지로 표현하자면, 노년은 모자를 쓰고 확성기를 든 서커스 단장을 비추던 조명을 막간 쇼에 등장하는 동물과 기형 인간들에게로 황급히 옮기는 것 같다.

강박 관념들이 밖으로 튀어나온다. 쩨쩨함, 투덜거림, 난처함, 감상적인 눈물, 시기, 앙심, 고집불통이 마치 오래 참았다는 듯이, 이때만 기다렸다는 듯이 하나하나 튀어나온다. 나이를 먹고 나서 드러내기를 좋아하고 주위에 충격을 주기 좋아하는 사람들이 꽤 많다. 그들은 남들이 보는 앞에서 시범을 보이기 좋아하는데 가족들은 민망해하면서 그들을 숨기거나 모르는 체하려 애쓴다. 하지만 부분적 인격들은 일단 중앙 통제에서 벗어나면 "안녕, 나 여기 있어, 나 좀 봐, 나도 여기에 있는 거 맞아"라고 말한다. 이 인격들이 이제 약해져서 슬슬 물러나는 자아를 조롱하는 몸짓을 한다.

마지막으로 떠날 준비는 흩어짐으로 시작된다. 통제 약화에 따르는 온갖 당혹스러운 일들에도 참으로 복된 보상이 있다. 나이 든 사람은 느슨해지고 자유로워졌다고 느낀다. 요실금 패드를 차야 하고, 소리를 제대로 들으려면 고개를 돌려야만 하는 사람이 (정상적인 생활을 더 어렵게 하는 문제들이 자꾸 늘어난다는 것은 말할 필요도 없다) 그러한 구속에서 어느 정도 자유로워질 수 있다는 것은 놀라운 일이다. 고통스러운 것은 되레 그런 문제를 겪지 않고 구경만 하는 사람들이다. 휠체어 신세를 지는 뇌성 마비 환자, 인공 후두를 통해서만 말을 할 수 있는 여성은 우리가 도저히 참을 수 없다고 생각하는 상태와 합의를 보았으니 어떤 면에서는 축복을 받은 셈이다. 우리는 통제적 자아가 제시하는 이상들을 기준으로 그러한 상태를 상상만 하기 때문에 희한하게도 더 그 상태에 구속을 받는다. 반면, 그 상태에 실제로 처한 사람들은 이미 오래전에 통제적 자아를 버려야만 했고 그러한 자아에서 자유로워졌다.

흩어짐은 또한 성격을 인격에서 풀어준다. 인격은 다양한 성격 특질들에게 굴레를 씌우고 그것들을 일관성 있게 통합한다. 나이가 들면 그 특질들이 잊히지 않는 이미지로 하나씩 툭툭 떨어져 나온다. 오랫동안 다투고 살았던 남편이 사라지면 그의 성격적 특질들이 풀려나온다. 그 사람은 가도 그의 조심스러운 손길은 남는다. 그의 억압적인 힘과는 별개로 하나의 이미지가 남는다.

이 유일하고도 독특한 성격 특질은 전체로서의 사람과는 별개로 계속 존재한다. 우리는 죽은 자의 일부분만 기억에 간직한다. 특징들만 남는다. 조상들은 복합적인 인물이라기보다는 위기가 닥쳤을 때 우리의 길잡이가 되는 하나의 성격 특질이다. 그래서 천사와 케루빔*의 수가 그렇게나 많고, 보이지 않는 존재들과 복된 성인들이 그렇게나 많은 것이다. 그들은 저마다 서로 다른 성격 특질을 띠고 자기만 해줄 수 있는 일을 해준다.

몸은 비록 흩어지고 무너질지언정 자신이 무엇을 하는지 알고 자기에게 지혜를 주는 원형적 근거에 의지한다. 조각조각 부서지고 흩어지는 몸의 원형적 배경은 디오니소스 신화에서 찾아볼 수 있다.

그리스 신화에서 디오니소스는 티탄족에게 박해를 받아 사지가 수없이 많은 조각으로 찢긴다. 그러나 디오니소스는 위장과 추적의 신으

---

*   케루빔(cherubim): 가톨릭에서, 구품천사 가운데 상급에 속하는 천사. 숭고한 지혜를 가졌다고 한다.

로 남아 있다. 그는 쪼개진 자/쪼개어지지 않는 자, 풀어주는 자, 영혼들의 주인, 야수들의 주인이라는 별칭으로 통한다. 디오니소스의 영역은 도시의 관습적인 제약 밖에 있다. 디오니소스의 춤은 숲이 가까운 산비탈에서 추는 춤이다. 도시 안에서 그는 극장의 신으로서, 희극과 비극을 모두 주관한다. 노인에게 희극과 비극의 연출보다 더 잘 들어맞는 것이 또 있으랴!

흩어짐이 함축하는 신화는 우리가 성격의 힘과 으레 결부시키는 신화들과 전혀 다르다. 결단력 넘치는 행동의 대가 헤라클레스, 동물의 세계를 지배하는 아르테미스, 가족의 가치를 지지하는 가정의 여신 헤라, 꾀바른 거래자이자 전령이자 탈출의 귀재 헤르메스, 젊음을 사랑하는 아름답고 총명한 신 아폴론과는 완전히 다른 것이다.

영혼들의 주인이라는 디오니소스는 몸뚱이가 갈가리 조각난 신이다. 디오니소스는 생명의 힘, 그리스어로 '조에^{zoe}(여기서 동물학^{zoology}이라는 단어가 나왔다)'의 화신이다. 이 힘은 모든 인간, 동물, 식물을 관통한다. 고대 그리스 작가 올림피오도루스는 "우리의 육신은 디오니소스적"이라고 했다. '이상한 신'이라는 별칭으로 불렸던 이 이상한 존재는 가장 남성적이면서도 대단히 여성적인 데가 있고, 어린아이이자 수염을 드리운 어른이며, 사납고도 음울하고, 가면을 썼으나 드러나 있으며, 일어나 있되 누워 있다. 디오니소스는 무서운 힘과 혈기를 지닌 신이지만 주로 보모들과 함께 있다.* 이 신의 오만 가지 패러독스 중에서도 가

----

*   일부만 전하는 아이스킬로스의 사티로스극 「디오니소스의 보모들」이라는 작품이 있기 때문에 이렇게 말하는 것이다.

장 기막힌 패러독스는 이런 것이 아닐까. 껑충거리는 사티로스와 미쳐 날뛰는 무녀들의 춤 속에서 등장하는 이 도취 어린 생명력이 영계靈界를 다스리는 보이지 않는 신 하데스와 동일시되기도 한다는 것 말이다.

이러한 신화의 이미지들을 나이듦의 심리학으로 옮겨본다면, 과연 디오니소스의 거울 속에서, 디오니소스 제의에서 일어난다는 신비로운 사건들 속에서 우리 자신을 보지 않을 수 있을까? 우리 노인들도 은유적으로 수염을 길게 드리웠으나 어린애 같고, 거칠지만 돌봄을 갈구하며, 성적 매력이 있되 성적 불능이고, 난폭한 남성성과 부드러운 여성성을 다 갖고 있지 않은가? 때때로 우리는 술에 취한 것처럼 혼란스럽지 않은가? 반려동물이나 식물을 키우면서 늙어가는 우리는 점점 더 그것들과 유사성을 느끼지 않는가? 게다가 우리는 기이한 존재로(또한 희극적이고도 비극적인 존재로) 오해받고 있지 않은가? 우리가 징후들에만 주목하고 그런 것들을 정신 질환으로 명명한다면 우리는 광기 속의 체계성을, 혼돈 속의 신화를 놓친다.

그래도, 왜 흩어지는 것인가? 어째서 이 같은 파편화가 떠나감의 한 부분이어야 하는가? 여기서 다시 한번 디오니소스가 우리의 이해에 도움이 될 것이다. 디오니소스의 강렬한 역동성은 마치 숨겨진 정보 비트처럼 만물을 관통하는 지성의 불꽃으로 여겨졌다. 만물을 살아 숨 쉬게 하는 것이 바로 이 지성의 불꽃이다. 디오니소스적 세계에서는 모든 것이 살아 있다. 죽은 자조차도 그 세계에서는 살아 있다. 생애 말년에 우리가 아는 대부분의 사람들, 꿈과 기억 속에 찾아오는 그들은 죽었으나 생생하게 살아 있는 것처럼 느껴진다. 앞서간 친구들·연인들·가족들의 이미지가 우리에게 가장 크게 와닿는다. 그들은 이미 죽었는데도, 아니 어쩌면 바로 그렇기 때문에, 그들의 이미지는 생생하기 그지없다.

우리는 떠나기 위하여, 그리고 합류하기 위하여 흩어진다. 무덤 위에서 그리스도교의 목사도 디오니소스적 은유를 써서 이렇게 말하곤 한다. "그녀는 조상들에게로 갔습니다.", "그는 사랑하는 이들과 이제 하나가 되었습니다." 어쩌면 우리는 온전한 자기가 부활하는 게 아니라 전체에서 분리되어야 하는 어느 한 성격 특질만 부활하는 건지도 모르겠다. 흩어짐은 재조합으로 나아가는 길을 열어준다. 이것이 쪼개진 자/쪼개어지지 않는 자 디오니소스의 신화다.

우리의 신체 기관 하나하나에 감추어진 지성이 있다. 수천 년 전 위대한 이집트 문명은 시신을 여러 부분으로 나눈 후에 미라로 만들었다. 고대 이집트인들은 다양한 신체 기관을 특정 동물의 머리로 장식한 단지에 보관했는데, 각각의 단지는 특정한 신에 속해 있고 그 신의 지성이 깃들어 있다고 생각했다. 우리는 신체 기관이나 뼈에서 지성을 찾는 일이 거의 없다. 우리는 몸의 각 부분이 무너지기 전까지는 우리가 그 부분들로 이루어져 있다는 것도 모르고 산다.

신체 운동 혹은 물리 치료는 우리 몸의 부분들을 감지하는 훈련이 되곤 한다. 하타 요가나 춤 연습이 그렇고, 운동 기구를 이용한 체력 단련도 그렇다. 우리는 주로 신체의 일부에, 이를테면 무릎이나 신장에 문제가 생겼을 때 그 부분을 발견한다. 그러고 나면 무릎이 집중적인 관심을 받고 무릎의 각도나 피로도가 아주 흥미로운 것이 된다. 신장에 탈이 나면 신장 그 자체가 연구 주제가 된다. 부분은 별개의 현상으로서 말을 걸고 그에 맞는 특수한 의학적 치료를 받는다. 중풍이나 부상 이후의 재활도 그와 비슷한 자각을 제공한다. 재활은 제대로 기능하지 않는 부분을 쪼개어지지 않는 전체에 다시 통합하는 작업이기 때문이다. 디오니소스가 선사하는 것은 이런 유의 자각, 흠 없이 기능할 때는 너무 조용해서 있는 줄도 몰랐던 부분들에 대한 상세한 앎이다.

물론, 신장 결석이나 뒤틀린 무릎이 좋을 리는 없다. 고통은 미덕이 아니며, 미덕으로 가는 길이라는 보장도 없다. 고통은 우리를 뻣뻣하게 만들거나 뒤틀리게 만들 수 있다. 고통을 일으키는 신장이나 무릎처럼 말이다. 그렇지만 나는 몸이 일종의 사원이라고 말하고 싶다(고대 그리스인들과 그리스도교인들은 곧잘 그렇게 말한다). 사원은 신들이 거할 수 있는 곳이다. 이것은 의학에서 말하는 문자 그대로의 구조이자, 심리학적 통찰을 위한 시적 설계다. 몸에 문제가 생길 때 그러한 손상은 의학적으로 뭔가 잘못되었음을 시사할 뿐 아니라 그 문제에서 심리학적으로 뭔가를 배울 수 있음을 시사하는지도 모른다. 이 경우, 문제는 그대로 남을지언정 놀라운 지성의 근원, 나아가 활력의 근원이 된다.

어쩌면 우리는 떠나기 위해서 흩어지는지도 모른다. 그래야만 그토록 오랜 세월 우리를 잘 지원해주었던 것의 진가를 알 수 있을 테니까. 이 충직한 신장, 이 튼튼한 관절은 불평 한마디 없이 참으로 잘 도와주었다. 몸은 관 속의 시신이 되기 전에 영혼에게 하고 싶은 말이 많은가 보다. 몸이 말을 안 듣고, 주저앉고, 큰소리를 내기 시작한다. 신체의 부분들이 우리가 키우는 식물이나 동물처럼 자기가 뭘 좋아하는지, 어떻게 해줘야 자기에게 최고로 잘해주는 건지 알려준다. 이것이 떠나는 노인에게 주어지는 일종의 지혜다. 우리는 사람을 치료해주는 노파들, 민간요법사들과 마녀들과 샤먼들에게서 이런 종류의 앎을 구한다. 이로써 어르신들elderly이 딱총나무elder 약재 못지않게 뭇사람들의 질병에 도움이 될 수 있다. 그들이 어디서 지성과 활력, 유일무이한 성격을 획득한다고 보는가? 그들의 문제들, 그들의 무너짐에서 얻은 것이다. 대체의학을 시술하고 말고는 중요하지 않다. 노인들은 대안적인 신인 디오니소스에게 속해 있다. 몸이 갈가리 찢어졌고, 그 역설적인 괴이함으로써 올림포스의 위대한 신들의 영원한 대안이 된 신 디오니소스에게 말이다.

13

노년의 성애

에로티시즘은 모든 문제들 가운데 가장 신비롭고 가장 일반적이며
가장 직설적이지 못한 것이다.
생동감 넘치는 삶을 원하는 (…) [사람]에게 에로티시즘보다 더 큰 문제는 없다.
−조르주 바타유

어이, 이봐요! 바지 지퍼가 열렸어요, 당신.
−제임스 조이스

아리스토텔레스의 『난제들Problemata』까지 거슬러 올라가는 전통에
따르면 노년은 성욕이 절도를 모르는 시기다. 노인들은 토성의 영향
을 받기 때문에 '우울증의 광기furor melancholicus'에 빠지기 쉽다. 이 정신
상태는 창의적인 예술과 예언, 그리고 심한 정서적 불안정을 북돋운
다. 이 예지적인 신들림을 다른 말로는 '프네우마*의 과잉'과 '상상력vis
imaginativa의 고양'이라고 할 수도 있겠다. 물리적인 힘은 쇠퇴하지만 상상

---

*　　프네우마(pneuma): 생명의 원리로서의 공기, 호흡, 정령 따위를 이르는 말. 생명과
이성을 갖추고 자기 운동을 하는 물질, 또는 세계영혼이나 신의 정신 따위를 이르
는 말로 사용된다.

은 제멋대로 날뛴다. 한편에는 성 불능, 여성 혐오, 우울한 고립이 있고 다른 한편에는 추접스러운 늙다리, 나이 많은 호색한의 음란한 환상이 있다.

"우울한 사람들"은 "시각적 이미지에 유난히" 민감하다.[1] "심상 혹은 이미지^{phantasmata}는 [우울한 사람의] 정신에 더 크게 영향을 미치고 눈을 뗄 수 없게 만든다." "사람들은 나중에 이러한 상상력$^{vis\ imaginativa}$의 지나치리만치 민감한 감응이 (…) 시각적 상상력을 끌어올린다고 생각했다."[2] 아리스토텔레스 생리학에 따르면 "예술 영역에서든 시, 철학, 정치적 수완 등에 있어서든 모든 탁월한 사람들은 (심지어 소크라테스와 플라톤도) 우울한 사람들이었다."[3]

고대 생리학은 어째서 문자 그대로 헛바람 같은 환상^{phantasmata}이 생식기에 영향을 미치는가를 꽤 합리적으로 설명한다. "성행위는 공기의 발생과 관련이 있다. 그 점은 남성의 성기 크기가 갑자기 확 부풀어 오른다는 사실로 입증된다."[4] 생식기를 부풀리는 것은 성적인 생각과 이미지다.

근대 과학적인 실험의 초창기에 레오나르도 다빈치는 이러한 프네우마의 생리학을 그림으로 나타내기도 했다. 그가 그린 (인체 해부를 바탕으로 한) 페니스 단면도에는 두 개의 관이 나타나 있는데, 그중 하나는 정액이 흐르는 관이고 다른 하나는 프네우마 혹은 정액의 기운$^{aura\ seminalis}$이 흐르는 관이다.[5] 발기는 상상을 요한다.

오늘날의 생리학은 다른 이야기를 들려준다. 그것은 상상력$^{vis\ imaginativa}$의 고양은 쏙 빼버리고 "여성의 난소와 남성의 성 능력은 신체의 그 어느 것보다 빠르게 쇠락한다"[6]는 말만 한다. 나이가 들수록 여성은 질액이 말라가고 남성은 발기가 쉽지 않으니 성행위에 대한 불안이 커지고, 그래서 실제로 행위에 실패하는 경우가 늘고, 그래서 다시 실패 불안이 커지고, 이런 식의 악순환이 자리 잡는다. 섹스에 전력을 다하는 나이 든 육신들의 희비극이 따로 없다.

성행위는 침체되지만 성적 환상의 범위는 더욱더 커지고 활기를 띤다. 파킨슨병에 걸린 정신분석가 새뮤얼 앳킨은 솔직하기 그지없는 일기 속에서 이렇게 보고한다.

12월 1일. (…) 성적 흥분 상태에서 깼다. 만세! 성적 충동이 아직도 팔팔하게 작동하는구나. 파킨슨병이 기력을 다 앗아가 이토록 쇠약해졌는데도, 남들에게 들릴 정도의 목소리를 내기도 어렵고 어질어질하고 사실상 움직이거나 글을 쓰는 것이 불가능한데도 나는 '열정'을 느낀다. 나는 좋은 시간을 보내고 있다. 쇠락에 대한 승리가 여기 있다. (…) 새로운 우스운 행동. 이성애의 고조. 창의적인 충동. 웃음을 유발하는 실수. 광대(*비극적인 광대*).

2월 10일. 반쯤 죽은 거나 다름없는, 지독히 침체된 상태로 하루를 시작했다. 영광 속에 하루를 끝내리라. 성적인 생각들. 나에게는 세 가지가 있다. (1) 성숙한 삶의 과제를 감당하기에는 모자랄지언정 성적 환상은 얼마든지 즐길 수 있는 활동적인 정신. (2) 남성성과 발기 능력은 잃었지만 아직도 *에로틱한 상상*

덕분에 기분 좋은 느낌을 누릴 수 있는 남근. (3) 나의 여인……

나의 낭만적 느낌의 대상……. (이탤릭체는 인용자의 강조)[7]

닥터 앳킨은 여든여덟 살에 이 글을 썼다. 파블로 피카소는 생애 여든일곱 번째 해인 1968년 5월 16일에서 10월 5일 사이에 성애를 주제로 하는 판화를 347점이나 완성했다. 이 걸작들은 생식기, 관음증에 빠진 사람들, 향락주의자들, 성교를 구체적으로 묘사하고 있지만 회화적 왜곡과 다른 인물들(옷을 잘 갖춰 입은 과거 예술의 대표자들, 포주들과 뚜쟁이들, 음악가들)의 행렬, 그리고 거울, 가면, 모델의 효과 때문에 그렇게 노골적으로 보이지는 않는다. 포르노그래피의 노골적인 가랑이 벌리기는 상상적 맥락에서 다른 모양새가 되었다. 몸은 상상으로 옮겨지고 성생활은 성애물로 옮겨졌다.

외설과 조소嘲笑 사이의 균형이 이 판화들을 대번에 신선하고, 순수하고, 그로테스크하고, 달곰쌉쌀하고, 감동적이며, 그러면서도 자조自嘲적인 작품으로 만든다. 구체적인 생식기가 장식적이고 환상적이며 익살스러운 것이 된다.

"나는 열정을 느낀다"고 닥터 앳킨은 말한다. 그는 "에로틱한 상상 덕분에 (…) 쇠락에 대한 승리가 여기 있다. (…) 이 성애의 고조. 창의적인 충동."을 말한다. 80대 노인 두 명이 동일한 선로를 따라간다. 에로틱한 상상이 아니고서야, 피카소가 일곱 달 내내 한 달에 50점꼴로 작품 활동을 할 수 있는 열의와 체력이 어디서 나왔겠는가? "성적 노화가 전반적인 노화를 선도한다는 오래된 신화에는 일말의 진실이 있다."[8] 닥터 앳킨과 피카소 옹은 이 말을 역으로 증명해 보였다. 어쩌면 노년층이 신체적·정신적 기력을 끌어올리는 데에는 에로틱한 상상이 역기운동과 수영을 합친 것보다 더 효과가 좋을지도 모른다. 우리는 근육과 뼈로만 열정적으로 살아가지 않는다. 다른 그 무엇, 에로틱한 것이 정신에 불을 지펴야 한다.

어째서 나이 많은 캐릭터도 여전히 성욕을 떨치지 못하는가? 어째서 그런 캐릭터에게는 생식과 출산이 부수적인 외부 효과에 지나지 않고 성적 환상이 생의 기쁨을 연장하는가? 윌리엄 버틀러 예이츠의 소박한 한 연이 바로 이러한 경우를 노래한다.

> 다들 욕정과 격정이 나의 늙은 몸에 들러붙어
> 덩실거리는 것이 끔찍하다 생각하겠지만
> 내가 젊었을 적에는 욕정과 격정이 저주가 아니었다.
> 다른 무엇으로 내 몸을 자극하여 노래 부르게 할꼬?[9]

예이츠는 예순일곱 살 때 친구이자 전 연인에게 보내는 편지에 이렇게 썼다. "나는 끝까지 죄 많은 사내일 테고, 죽음의 침상에서도 젊은 날에 낭비한 그 모든 밤들을 생각할 거요." 이듬해에 예순여덟 살이 된 그는 또 다른 친구에게 이렇게 썼다. "섹스의 시정詩情을 무시하는 사내는 (…) 변소 벽에 쓰여 있는 낯 뜨거운 낙서나 보든가, 그게 아니면 자기가 벽에 그런 걸 쓰고 있게 될 거야."[10]

예이츠는 성적 환상의 강력한 힘을 인식하는 동안에도 자신의 신체적 쇠락을 슬퍼해 마지않는다.

> 내 심장을 다 태워버려주오, 욕망으로 병들고
> 죽어가는 동물성에 매여 있는 심장을…….

또한,

> 이 부조리를 어찌할꼬—
> 오, 마음아, 오, 어지럽혀진 마음아—이 우스꽝스러운 모습을,
> 개 꼬리에 매달린 듯 나에게 달라붙은
> 늙어빠진 나이를 어찌할꼬?

> 나는 이보다 더 흥분된,
> 정열적인, 환상적인 상상력을 가져본 적도,
> 그리고 불가능한 것들을 이보다 더 기대하는
> 귀나 눈을 가져본 적도 없었다.

연로한 나이와 고양된 환상은 함께 나타나고 한데 속해 있다. 이 둘은 모종의 관계가 있으며 서로를 필요로 한다. 심지어 예이츠는 "신체의 노후가 지혜"라고 선언한다. 노쇠에 수반되는 "정열적인, 환상적인 상상력"의 지혜 말이다.[11]

월트 휘트먼에게 성애는 상상의 자유로 나아가는 열쇠였다. "머리끝

부터 발끝까지의 생리를 나 노래하네. (…) 열정으로 힘차게 약동하는 거대한 생을."[12] 휘트먼은 생을 마감하기 직전인 1891년에도 예이츠가 말하는 "섹스의 시"를 상상했다. 그는 자신의 무덤을 설계하고 공사를 감독하는 와중에도 『풀잎』의 열 번째 개정판(그가 '임종판'이라고 일컬었던 개정판) 출간에 참여했다. 25년 전 그를 내무부에서 해고당하게 했던 그 "더러운 책" 말이다.

휘트먼은 죽음을 앞두고 극단적인 신체적 쇠락을 경험하는 와중에도 편지, 작가 노트, 여러 편의 시를 썼다. 그가 죽은 후 부검을 해보니 흉골 아래 폐와 왼쪽 발에 종양이 있었다. 폐렴으로 폐는 물론, 장과 간도 상태가 나빴다. 신장 상태도 나빴고 부신 낭종, 전립선 비대증, 거대한 방광 결석까지 발견되었다. 뇌 위축증과 동맥 경화도 있었다.[13] 휘트먼의 총기는 그의 신체적 쇠락만큼이나 범상치 않았다. 임종 고해도, 변소 벽에 모든 것을 까발리고 싶은 충동도 없었다. 휘트먼은 벌거벗은 몸, 자위행위, 사내들끼리의 육체적 사랑의 수호성인이었으나 행동과 상상을 확실히 구분했다. 실제 행동은 사생활에 속했고, 상상은 글쓰기의 소재였다.

휘트먼은 생애 말년에 남성의 성애에 대한 본인의 입장을 밝히라는 압박을 받고는 이렇게 답했다. "억제…… 그러다 어느 순간 영적 충동(악령)이 최고조로, 더없이 거칠게, 극한까지 날뛰게 내버려둡니다(「G의 L」를 쓰면서 그랬다고 생각하고, 여전히 그렇게 합니다)." 억제는 예이츠에게 "흥분된, 정열적인, 환상적인 상상력"의 기회를 마련했다. 휘트먼은 개인의 억제와 상상의 자유가 어떻게 연결되어 있는가를 작가 노트에서 설명한다.

> 우리는 사회가 관습적으로 지배하고 옳다고 정해놓은 것에다
> 가 우리의 삶을 맞춘다. 우리는 자유를 얻기 위해 우리의 방으
> 로 물러난다. 옷을 벗고, 몸을 씻고, 모든 것을 자유롭게 풀어놓
> 는다. 그런 일, 그 밖에도 많은 것이 사회에서는 부적절하게 여
> 겨진다. (…) 사람의 영혼은 이렇게 평균 혹은 그 이하로 자신을
> 억제한 데 대해서 고도의 보상을 요구하고 즐긴다. (…) 이 필수
> 불가결한 자기 억제를 상쇄하기 위하여 시인의 자유 정신은 자
> 기 자신을 풀어놓고 일반적인 사회가 용납하지 않는 전방위적
> 인 자유 비행으로 인류를 더욱 강하고 풍요롭게 한다.[14]

'전방위적인' 상상의 자유는 사회의 평균에 부합해야 하지만 반대로
그 평균을 벗어나기도 해야 한다. 일반적인 사회의 풍습과 노화의 생리
에 따른 억제가 상상의 자유를 요구하기도 한다. 휘트먼은 이 자유를
못마땅하게 여기는 사회가 다름 아닌 이 자유로써 더욱 강해지고 풍
요로워진다고 보았다. 노년의 에로틱한 환상을 단지 징후나 보상으로
보아서는 안 된다. 환상은 사적으로 반드시 필요한 것, 나아가 사회에
도 유익한 것이 된다.

남성의 성적 환상은 성기 중심으로 훨씬 더 구체적으로 이야기되는 반면, 여성의 성적 환상은 더 포괄적이고 덜 구체적이다. 연애소설들만 보아도 알 수 있다. 그렇지만 환상의 '강렬함'은 남녀가 다르지 않다. 나이 많은 여성이 여름날 나무 그늘에서의 키스를 회상할 때, 나이 많은 남성이 멕시코 티화나의 어느 술집 뒷방에서 느꼈던 미끄러운 질의 촉감을 회상할 때, 그 기억들은 모두 이미지다. 둘 다 나이나 성별과 상관없는 에로틱한 상상의 예시에 해당하는 것이다.

성별과 상관이 없다? 맞는 말이기도 하고, 아니라고 할 수도 있다. 일반적인 성생활 분석은 조사 대상을 신체적 성별과 문화적 역할로 나눈다. 그러나 성격이나 상상은 성별에 따라 결정되지 않고, 따라서 에로티시즘도 그런 식으로 정해지지 않는다. 성애적 차이는 오히려 문화적 배경, 경제 수준, 교육, 종교, 가족, 또래 집단에 의해 좌우되며 유전적 자산에도 다소 영향을 받는다. 성적으로 매우 적극적인 여성이 있는가 하면 수동적인 '초식남'도 있다. 독단적 성 담론이 여성은 어때야 하고 남성은 어때야 한다고 말하기 때문에 자신의 음탕함을 부끄러워하는 여성, 성적 무관심을 부끄러워하는 남성도 있다. 성생활은 기본적으로 상상의 삶이다. 상상에서 시작하고, 상상을 먹고 살며, 상상에 힘입어 생경하고 때로는 부조리한 실제 사건을 오래도록 기억에 남긴다. 그리고 성별이 상상을 결정하는 요인이 아니다.

프랑스 여배우 잔 모로는 "추하게 나이 먹어가는" 역할을 선택하고 그런 영화들을 감독했다. 그녀는 예순네 살에 "불꽃처럼 빨간 머리의 이국적인 자유 영혼"을 연기했다. 이 자유 영혼은 어느 아가씨를 비참한 결혼에서 구제하기 위해 "신랑을 성적으로 공략하는" 방법으로 중간에서 손을 쓴다. 그녀의 이력, 그리고 자기 역량에 대한 인식은 도발적인 에로티시즘과 함께 노년에 더욱 성장했다. 모로는 "성생활이라고 하면 사람들은 대개 육체적 섹스를 생각하지만 사실은 상상할 줄 아는 정신에서 시작하는 거죠"라고 말했다.

20세기 미국 최고의 화가 중 한 사람인 앨리스 닐은 "추잡한 캐릭터" 장 주네를 사랑했다고 한다. "그게요…… 그 사람은 무슨 일이든 문학으로 바꿔놓았어요. 문학이 되기에 너무 비열하거나 부도덕한 일이란 그 사람한테 없었지요."

105세까지 살았던 도예가 비어트리스 우드는 85세 이후에도 "과감하게 교태를 부리며 연애를 즐겼다." "그녀는 사악하고도 걷잡을 수 없는 관능의 신화를 쌓아 올리기 좋아했다." '신화 만들기'가 중요하다는 것은 아나이스 닌과 메이 사턴도 보여주었다. 그들은 여러 연인을 연달아 만났다고 주장했고, 혹은 그랬다고 상상했다. 에로틱한 환상과 끝없는 글쓰기는 그들의 긴 생이 끝날 때까지 함께했다. "일흔 살의 메이에게, 연인은 사실상 시의 혈관에 주사기로 찔러넣는 마약 한 방이었다." 그녀는 자신이 사랑하는 여성들을 '뮤즈'로 여겼다.

콜레트와 마르그리트 뒤라스가 나이를 먹어가는 동안, 젊은 애인이라는 존재로 구현된 아름다움이 그들의 예술에는 아주 중요했다. 콜레트는 쉰 살에 전남편의 소생인 스무 살 청년과 연애를 했다. 뒤라스의 연인 얀은 스물다섯 살이었다.

젊은 육체의 아름다움에서 영감을 얻는 노년이라는 주제는 플라톤도 이미 분석한 바 있다(『향연』). 춤추는 싱그러운 육체들이 뮤즈 역할을 했기에 마사 그레이엄은 90대에도 창의적인 안무를 짜낼 수 있지 않았을까? 수단의 누바 지역 부족민들도 그 비슷한 역할을 했기에 레니 리펜슈탈이 70대에도 사진 작업을 할 수 있지 않았을까?

이자크 디네센과 조지아 오키프는 자기보다 훨씬 어린 연인을 곁에 두었고, 같은 예술가였던 그들에게서 노년의 상상력을 자극받았다. 오키프가 시력을 상실하면서 예술가 해밀턴이 그녀의 프로젝트가 되었다. 젊은 시인 토르킬 비외른비는 예순세 살의 디네센과 신비로운 문학의 협정으로 맺어졌고 그 협정은 그들의 영감을 부채질하고 상상력을 한껏 끌어올렸다. 저녁나절에는 으레 "포도주를 마시고, 서로에게 시를 인용해주고, 슈베르트를 연주하고, (…) 상상의 여행을 떠나고, 상상의 연인을 사귀었다." 몇 년 후, 디네센은 어느 날 저녁을 이 젊은 시인과 보내면서 이야기 한 편을 들려준다. "사람이 저지를 수 있는 가장 나쁜 죄"에 대한 이야기라고 할까. 오래전, 자기가 매독에 걸린 걸 알면서도 어느 사환 청년을 유혹했다는 그 이야기가 '순수한 창작'인지 있는 그대로의 사실인지는 모르지만, 노년에는 상상력이 아직 남아 있는 흥분의 이미지로 돌아온다는 것을 보여준다.[15]

관습적 지혜는 나잇살이나 먹었으면 통제할 수 없이 떠오르는 파렴치한 이미지들을 두려워해야 한다는 식으로 곧잘 말한다. 노인들은 오히려 그러한 성적 환상에도 이유가 있다는 말을 들을 필요가 있다. 그러한 환상이 에로티시즘을 정신과 상상력과 연결하는 까닭이다. 섹스와 영감을 연결하는 상상력[vis imaginativa]은 "전형적인 그리스적 발명품인 남근-새"에서 그 상징을 찾았다. 고전학자 에밀리 버뷔은 이 상징이 "기이한 영역을 여행하는 존재이고 일반적인 천사를 대체할 수도 있다"고 썼다.[16]

성적 환상이 관습의 말뚝 울타리를 뛰어넘을 수도 있다. 관습은 노인이, 특히 늙은 여성이 아직도 성욕을 느낀다는 사실을 못 봐준다. 뉴잉글랜드 사람이자 미국에서 가장 뛰어난 심리학자 중 한 사람인 윌리엄 제임스는 "인간 욕구의 환상적이고 불필요한 성격"에 대한 글을 썼다. 제임스는 이 "욕구"에 대해서 "욕구의 충족이 요원할 때조차 그로써 야기되는 불편함은 인생의 가장 좋은 길잡이가 되고 사람을 자기 능력을 상회하는 문제까지 이끌어줄 것이다. 그의 터무니없는 면을 쳐내고, 그를 냉철하게 만들라. 그러면 그를 원상태로 돌려놓게 될 것"[17]이라고 썼다.

쓰고, 그리고, 찰흙으로 빚고, 텔레비전 화면에 투영하는 온갖 종류의 이미지들은 관음증적인 반응을 불러온다. 이러한 반응은 잠재의식적인 것이므로 우리 의지로 회피하기가 어렵다. 이미지는 자극한다. 보는 사람은 자기도 모르게 끌려 들어가고, 그러다 한순간 수치와 두려움이라는 두 마리 수호 용이 나타나 우리를 '정상'이라는 이름의 관습 속으로 집어넣는다. 컬럼비아 대학교의 예술사학자 데이비드 프리드버그는 검열, 인습 타파, 그리고 상상에 대한 저항의 근간에 "흥분 공포

^{fear of arousal}"가 있다고 보았다. 개인적으로 떠올리는 이미지들에서 성욕과 갈망이 아니라 수치와 두려움을 느낀다면 이 두 마리 쌍둥이 괴물을 극복해야만 한다. 내가 왜 나의 기상천외한 상상 때문에 괴로워야 하는데? 결국 '그냥' 이미지 아닌가? 왜 내가 부끄러워해야 하나?

한 문화 안에서 조상 노릇을 하려면 그 문화의 수치와 두려움을 다소간 극복해야만 한다. 자기보다 어린 세대들에게 멘토 노릇을 하려면 그들의 강박을 이해하되 자신은 그 강박에서 자유로워야 한다.

어떤 자유는 성적 흥분에 갈등을 느끼더라도 그 책임이 전적으로 자기 것은 아님을 깨닫는 데서 온다. 갈등의 근원은 인간 본성보다 더 깊은 곳에 있다. 원형적인 근원, 신들의 갈등에서 왔다는 말이다. 디오니소스의 부름은 문명의 원만하고 일반적인 흐름을 교란한다. 지혜로운 문명의 감시자 아테나는 자기 땅에 디오니소스의 염소가 들어오는 것을 용납하지 않았다. "여자들의 주인" 디오니소스는 모든 성별, 모든 연령을 자신의 제례로 불러들였다. 여성은 가정의 의무를 버리고 산비탈까지 디오니소스를 따라가 미친 듯이 춤을 추면서 제례의 문을 열었다. 에우리피데스의 희곡 「바쿠스의 무녀들」에서 잿빛 머리의 '연장자' 두 사람은 "밤이고 낮이고" 디오니소스와 춤을 추기 위해 퇴장을 한다. 성욕이 뻗치던 청춘보다 몸 가누기 힘들고 성적 불능 상태이지만 환상은 충만한 노년이 더 디오니소스적이라는 생각을 받아들이기는 쉽지 않다.

노인들은 진정 탐험가일지도 모르겠다. 그들은 성 능력이 제한되어 있기 때문에 흥분을 두려워하거나 검열할 필요가 없다. 그들은 아직

발길이 닿지 않은 먼 곳까지 가도 괜찮다. 노년의 욕망이라는 부조리는 부끄러운 것이 아니라 외려 어리석음의 지혜에 속한다. 오직 노년만이 우스꽝스러운 성생활을 농담의 주제로 삼을 수 있다(양로원에서의 섹스, 나이 많은 남편과 젊은 아내의 섹스, 노부부의 섹스 테라피 등등 객적은 농담이 얼마나 많은지). 젊은이는 너무 열심히 애를 쓴다. 젊은이는 너무 몰두하고, 너무 곧이곧대로 밀어붙이고, 너무 사랑에 푹 빠진다.

성애는 위대한 사랑에서 큰 웃음으로 넘어간다. 디오니소스적인 연극의 기원에서부터 관객은 바보 같은 노년의 성을 지켜보았다. 그리스 비극의 막간에 삽입되었던 희극은 외설적 농담, 우스꽝스럽고 쭈글쭈글한 노인, 음탕한 사티로스 등을 으레 집어넣었다.

그리스 여성들의 엘레우시스 비교(祕敎) 입문은 변화, 나아가 해방을 이야기하는 것이 핵심이다. 곡물과 땅의 생산력을 관장하는 여신 데메테르는 베일을 쓰고 "웃음 없는 돌" 위에 앉아서 딸이 납치당한 일을 슬퍼하느라 여념이 없다. 어떤 힘으로도 이 여신을 절망에서 끌어내지 못한다. 그다음에 나이 든 여인 바우보[Baubo](배腹)가 나와서 외설적인 춤을 추고 여신에게 자기 성기를 보여준다.[18] 데메테르가 그 모습을 보고 웃음을 터뜨리면 땅의 생산력이 되살아나서 세상 모든 것이 평안해진다.[19]

다른 신화적 존재들도 등장한다. 특히 스파르타인들이 암볼로게라[ambologera](노년을 미뤄주는 여신)라고 불렀던 아프로디테가 그렇다. 코린토스의 아프로디테 신전은 엿보는 아프로디테에게 헌정된 것으로, 호색적인 관음증에조차 신화적 대응물이 있음을 암시한다.[20] 포르네이

아^{porneia}(음행)라는 이름으로도 통하는 아프로디테는 사막에 은둔하며 금욕 생활을 하는 나이 든 수도사들을 유혹했다.²¹ 우리는 금욕주의로 물러나거나 메마른 환상의 사막에서 살기 위해 수도사가 될 필요는 없다. 단지 노년에는 에로틱한 상상이 적절치 않다고 생각하고 단념하기만 해도 그 금욕주의자들의 무리에 끼는 것이다.

우리는 얼마나 갇혀 있는가! 우리 시대는 우리의 관능을 이해하기에 얼마나 부적합한가! 노년의 육욕이 정당화되기는 힘들다. 그것을 정당화하려면 상상의 눈으로 바라보아야 한다. 그런 관점 없이는, 성 불능을 곧이곧대로, 즉 신체적 의미로만 이해하게 되고 노인 의료 보험이 비아그라를 제공해주기만 바랄 것이다. 그러나 빌빌대고 성욕 없는 '상상'이 힘의 쇠약을 훨씬 더 잘 설명하는지도 모른다. 고대 생리학은 성 능력이 환상에 달렸다고 보고, 실데나필(비아그라의 주성분)의 신新생리학 역시 정신이 물질보다 우위에 있음을 이렇게 표현한다. "실데나필은 남성이 성적으로 흥분할 때에만 발기를 불러온다."²² 상상이 행위에 선행한다. 행위는 비아그라에 부수적으로만 의존한다.

노년의 정신이 성에 몰두하는 것은 범상치 않은 지혜의 일부다. 그 지혜는 이제 쾌락과 미덕을 별개로 보지 않는다. 상상의 자유에도 제한을 두지 않는다. 이것은 불굴의 의지가 아니라 상상력으로 강화된 성격을 보여준다. 그러한 성격의 힘은 욕정의 환상을 통제하는 것보다는 개인의 이해를 초월한 본성을 우주적 역학으로 이해하는 데 달려 있다.²³ 상상은 세계를 이미지로 그려내므로, 상상이 인간의 프시케를 관통할 때 상상의 기본적인 데이터는 이미지다. 융도 "프시케는 본질적으로 이미지로 구성되어 있다"고 했다. "이미지가 '곧' 프시케다." "프시케는 매일 현실을 만들어낸다. 내가 이 활동을 표현하기 위해 사용할 수 있는 유일한 단어는 '환상'이다."[24] 상상이 뇌의 창조물인지, 신이 그 사람의 창조성의 대응물로 준 것인지, 악마적이고 저열한 힘의 소산인지, 영혼의 심미적 욕구가 반영된 것인지는 철학적 선택에 달렸다. 이미지를 통제하거나 뿌리 뽑기보다는 잘 배치하는 쪽이 덕에 기여한다. 이미지를 정렬하는 것, 이미지를 공들여 만들어내고 표현하는 것은 언제나 신화의 기능이었고 예술의 영역이었다. 이것이 예술가들이 이 장에서 주도적인 역할을 하는 이유다.

14

무감각증

노인은 한낱 하찮은 것,
막대기에 씌워놓은 누더기……
-W. B. 예이츠

노인들의 무감각증은 지나치게 당연시되기 때문에 나이가 들수록 감
각의 정확성이 떨어지는 현상을 따로 짚고 넘어갈 필요가 있을 듯하다.
누구나 나이가 들면 청력이 떨어지고, 눈이 침침해지고, 세탁을 해야 하
는 의류나 음식에서 나는 냄새조차 잘 모르게 될 거라 짐작한다. 세상
을 떠날 때에도 어차피 느끼는 둥 마는 둥한 상태일 거라 짐작한다.

재차 말하건대, 몸에서 일어나는 일은 정신이 몸을 어떻게 생각하느
냐에 달려 있다. 우리가 감각의 정확성을 잃어가는 동안 예이츠가 말
하는 "환상적인 눈"은 더욱더 밝아진다. 산딸기 한 알에서 북부 지방의
여름 전체를 끌어내고, 맛있는 티케이크 한 조각에서 프랑스 대하소설
을 본다. 감각의 정확성은 남아 있지만, 이는 감각과 분리된다. 그 정확

성은 문학적 의미가 강해지고 문자 그대로의 의미는 적어진다. 이제 집에 오자마자 찬 우유를 우유갑째 꿀꺽꿀꺽 들이켜는 청소년의 감각은 우리에게서 달아났다. 이제는 아주 적은 양의 우유로도 그동안 쌓인 추억의 양동이를 쏟아내기에는 충분하다. 엎질러진 모든 우유, 마음의 입천장을 기쁘게 하는 친절의 우유. 내 잔은 차고 넘친다. 잔이 그만큼 작아졌기 때문에.

무감각증은 우리를 가르강튀아*와 그의 지독한 식욕에서 풀어줄 뿐 아니라 고통을 어릴 때만큼 생생하게 느끼지 않아도 된다는 이점을 안겨준다. 노년에는 진실을 캐기 위해 진행해야 할 절차가 많고 수술을 받아야 할 일도 많으니 얼마나 다행스러운가. 화상, 자상, 치과 치료도 덜 아프다. 비록 우리의 호들갑과 엄살은 심해질지라도 말이다. 노년의 프로이트는 마취 기술이 형편없던 시절에 턱뼈와 입천장 수술을 30번 넘게 받았지만 호들갑 떨지 않았다. 나는 프로이트의 평전이 그의 이론들보다 훨씬 더 노화를 이해하기에 도움에 된다고 본다.

여기서 밝히자면, 나는 나이가 들면 감각이 무뎌진다는 가설이 의심스럽다. 늙으면 정말로 감각의 정확성이 떨어지는가? 차 시음, 포도주 선별, 조향의 대가들은 물론, 위대한 요리사나 담배 전문가도 나이가 들어서야 전성기에 도달한다. 나이 든 교향악 지휘자, 위대한 화가, 바느질의 한 올 차이와 미묘한 색감의 차이를 따져 일을 마무리하는 패

---

* 가르강튀아(Gargantua): 프랑스의 작가 라블레가 지어 1534년에 간행된 풍자 소설 「가르강튀아와 팡타그뤼엘」의 주인공. 이 소설은 체력과 식욕, 지식욕이 뛰어난 거인 가르강튀아가 중세 말기의 봉건주의와 가톨릭교회를 흥미진진하게 풍자·비판한 작품이다.

션디자이너들, 이들은 모두 귀가 반쯤 안 들리고 눈은 있으나 마나 한 사람들인가? 그들은 오히려 젊을 때보다 '더' 예리하지 않은가?

섬세한 감각을 후각 수용체, 3차 신경 말단, 미뢰 등으로만 따질 수 있을까? 마치 정신이 정신을 판단하듯이, 마치 노년의 지각이 기계론적 심리학의 법칙을 뒤집고 감각에 선행하기라도 하듯이, 감식가들의 절묘함은 섬세하게 알아차리는 정묘체에 달려 있지 않은가? 전문가의 안목은 시력을 초월하고, 전문가의 귀는 둔해진 고막이 깨닫지 못하는 것을 깨닫지 않는가?

미각 연구에 따르면 "건강한 노인은 사실상 미각의 변화가 거의 없다. 미각이 둔해졌다고 느끼는 이유는 미뢰 자체의 변화보다는 기억력 감퇴와 맛에 대한 지각의 변화 때문이다."[1] 상상력이 기억과 지각에 영향을 미치기 때문에, 나이가 들어도 맛을 잘 느끼는 사람과 향미 증진제에 의존하는 일반 노인의 차이는 미뢰의 양이 아니라 상상력을 여전히 풋풋하게 싹틔울 수 있느냐에 달렸다.

또다시 헤라클레이토스로 돌아가보자. 그는 지하 세계의 영들은 냄새로 안다고 했다. 이 말은 일상 세계 '아래의' 프시케는 감각의 방식 자체가 다르다는 뜻이다. 그리고 헤라클레이토스는 또 이렇게 말했다. "만물이 연기가 된다면[즉, 사물의 물질성, 그리고 사물을 바라보는 물질적 방식이 사라진다면] 콧구멍으로 만물을 구분하게 될 것이다."

이 불가사의한 관찰은 주목할 가치가 있다. 헤라클레이토스의 사상은 이후의 심리학적 사유에 밑거름이 된다는 점에서 2,500여 년이 지난 지금도 생산적이기만 하다. 현대 심리학에서 헤라클레이토스가 한 말은 지하 세계가 영혼에게 [일상 세계와는] 다른 미학적 역량을 불어넣는다는 뜻으로 보인다. 그렇다면 신체적 제한이 늘어나는 노년에는 취향을 갈고닦아야 할 것이다. 늘그막에 무감각증이 심해지는 경우는 꽤 있다. 나는 무감각증을 심미안이 쇠퇴했다는 의미로 사용한다. 무성의한 옷차림, 격을 떨어뜨리는 색감 선택, 조잡한 느낌 등. 쇼핑몰과 패스트푸드 미학으로의 후퇴가 경기 침체, 심리적 우울, 혹은 정신을 멍하게 만드는 처방약 때문만은 아니다. 취향의 부재는 좀 더 심오한 영혼, 물리적 만족과는 별개로 자기 나름의 미학적 욕구가 있는 영혼을 등한시한 결과이기도 하다. 영혼은 아름다움을 보고 느끼지 못하면 쭈글쭈글해진다.

헤라클레이토스의 생각은 두 가지 지각 체계, 어쩌면 지각하는 두 몸을 함축한다. 하나는 나이가 들어가는 생리학적 체계다. 또 하나는 그 체계 안에 거하는 심리학적 체계다. 전자가 쇠퇴하는 동안에도 후자는 (직관적으로 사물의 냄새를 포착함으로써) 미세하게 조율된다. 노년에 세련된 미학이 가능한지 알고 싶다면 영혼의 취향과 감각에 대한 세련된 '사상'을 발견해야 할 것이다.

세계의 감각을 수용하는 물리적 신체가 느슨해져도 세계의 미추美醜를 지각하는 정묘체는 건재하다.

노년 연구의 석학 로버트 버틀러는 생애 막바지에 고양되는 미학에 대하여 시사하는 바가 많은 말을 남겼다. "인생에서 기본적인 것들(어린이, 식물, 자연, 사람과의 신체적·정서적 접촉, 색, 모양)은 사람들이 덜 중요한 것과 더 중요한 것을 구분하면서부터 더욱 의미심장해진다."[2] 중요성은 감각에서만, 혹은 단순성에서 나오지 않는다. 만약 그렇다면 우리는 미슐랭 별을 받은 요리사들의 절묘한 진미보다 달기만 한 아이들 사탕이나 짭짤하고 쫀득쫀득한 패스트푸드 피자를 더 좋아할 것이다. 화이트헤드는 '중요성'이 인간의 모든 욕구를 이해하는 으뜸 원리들 중 하나라고 보았다. 중요성은 가치들 안에서의 선택을 지배한다. "중요성은 무한이 유한 속에 내재함에서 비롯된다."[3] 육감이 나머지 오감을 이끌고 오감 속에 내재한다. 무한의 가치들이 오감으로 파악되는 세계를 끌어올리고 향상시킨다. 감식가들이 맛보고, 향을 맡고, 귀를 기울이면서 추구하는 것이 바로 이러한 초월이다. 나이가 들수록 가시적인 것과 비가시적인 것의 가치들이 흔들림 없이 깊이 들어오기에, 취향은 더욱 성장할 수 있다.

세상을 떠날 때가 다가오면서 중요성도 커진다면 노인들이 미학적 감수성의 감정사가 될 거라고 기대할 수도 있겠다. 모든 이가 죽음을 앞두고 마티스나 빌럼 더코닝 같을 수는 없다. 마티스는 노년에 몹시 쇠약해졌지만 놀랍도록 생산적이었고, 빌럼 더코닝은 알츠하이머를 앓았지만 그의 '정묘체'는 여전히 대단한 그림을 그려냈다. 하지만 노년의 미학적 감수성을 망각하고 퀴퀴한 냄새와 쪼그라든 몸과 장애만 감지한다면 이는 신체 학대의 죄를 범하는 셈이다. 다시 말해, 노인을 그의 신체적 사태로만 축소하는 학대를 저지르는 것이다. 노인을 그의 가장 좋은 모습으로 만나보면 어떨까?

일본의 시인과 승려는 죽음을 앞두고 지세이[辞世], 즉 생에 이별을 고하는 짤막한 시를 지었다. 아마도 이러한 시작[詩作]이 그들에게는 생의 마지막 행위였을 것이다. 1841년에 위대한 시인 다이바이[大梅]는 일흔 살에 세상을 떠나며 노래했다.

> 나의 칠십 평생—시들어가는
>
> 참억새와 그 주위에
>
> 만발한 붓꽃.

1923년에 예순다섯 살로 타계한 사루오[猿男]는 이렇게 썼다.

> 반쯤 먹은
>
> 당고 위에
>
> 벚꽃이 떨어지네.

다음의 두 시는 세이주[成住]라는 동명의 단가 시인 두 명이 지은 것이다. 1776년에 일흔다섯 살로 타계한 세이주의 시를 보자.

> 한순간조차
>
> 사물은 가만히 있지 않으니,

나무의 색이 증언하네.

1779년에 여든일곱 해의 생을 마감한 세이주는 다음과 같이 노래했다.

수맥이
논을
여러 가지 초록으로 물들이네.[4]

여기서 시인들은 "만발한 붓꽃", "여러 가지 초록", "나무의 색"을 음미하고 감상하는 증인 역할을 한다. 인생에서 근본적인 것들이 더 큰 의미를 갖게 되었다…….

나댜 카탈파노가 아흔네 살에 양로원에서 쓴 가을 시도 일본의 지세이를 닮았다.

네 잎은 소리가 달라.
나는 왜
이 계절에 잎들이
바스락거리는지 몰랐어.
적어도 잎들이
땅에 떨어지기는 했고
나는 그 소리를 들었고

몇 장을 땅에서 주웠지.[5]

혹은, 예이츠의 표현대로라면 다음과 같다.

노인은 한낱 하찮은 것,

막대기에 씌워놓은 누더기.

다만 영혼이 손뼉 치며 노래하지 않는다면,

썩어질 누더기를 위하여 더욱 소리 높여 노래하지 않는다면.[6]

중요한 것은 우리가 누더기와 쪼가리로 무엇을 하느냐다. 다이바이는 일흔 살에 붓꽃을 말하고, 나댜 카탈파노는 아흔네 살에 낙엽 떨어지는 소리를 듣는다. 사루오는 예순다섯 살에 아직 절반은 입에 넣지도 못한 맛있는 당고를 지그시 바라본다.

지각은 정신의 눈을 통하여 계속된다. 우리는 이제 눈으로 볼 수 없는 것을 다른 빛에 비추어 본다. 감각은 둔해지고, 정확성이 떨어지고, 일정하지 않을지도 모른다. 그러나 상상은 여전히, 아니 더욱 소리 높여 노래할 수 있다.

15
심부전증

판막 이상. 부정맥. 대동맥류. 협심증. 울혈성 심부전. 위협적인 고혈압. 쌓여가는 지방 플라크. 펌프가 낡아간다. 관이 막히고 뻣뻣해진다. 혈관 벽은 얇아지고 근육은 힘이 없어진다. 병원은 경고를 속삭이고 갑자기 위기가 닥칠 때마다 함께 싸운다. 바닥에 쓰러져 있던 할머니, 숨을 헐떡이며 경련하던 아버지, 그들의 심장 마비가 기억난다. 심장이 박동을 건너뛰기도 한다. 이게 소화 불량으로 인한 경련인가? 노년에 심부전은 늘 주위에서 어슬렁거린다.

급성 심부전이 빈번하게 일어나는 것은 좀 더 만성적인 심장의 문제를 반영하는 것일까? 노년의 심장 질환은 괴로운 심정과 관련이 있으려나? 어떤 심장이든 어디선가는 쓰라린 실패를 겪었을 것이다. 이 고통스러운 발작을 의학적으로 흉골 속의 혈액 주머니가 일으킨 이상으로만 본다면 심장의 풍부한 의미를 쪼그라뜨리는 셈이다. 심장에는 의학 영상 속의 심장 말고도, 더 많은 의미가 있다.

의학계에서 심장을 맨 먼저 언어적으로 설명한 사람은 17세기 영국의 의사 윌리엄 하비다. 그는 혈액 순환을 추적하고 혈액의 양을 계산했으며 의학에서 다루는 심장의 성격을 최초로 규명했다. 심장을 손으로 잡아본다고 치자. 하비는 이렇게 말한다.

> 심장은 활동 중일 때 좀 더 단단하게 느껴질 것이다. 팔의 상박 부분을 잡아보면 느낄 수 있듯이, 이 단단함은 긴장에서 비롯된다. 팔 근육은 (…) 손가락을 움직일 때 긴장되고 단단해진다. 심장도 활동하는 동안 (…) 곤두서고 단단해지며 크기는 작아진다.[1]

곤두서고, 단단하고, 작고, 긴장된 "모든 힘이 비롯되는 시원이자 토대"—근대의 심장과 그 공격력은 여기서 시작되었다. 몸 밖으로 추방되어 사람의 손 위에 올려진 심장은 측정과 조작의 대상이 된다. 심장 절개 수술, 심장 이식 수술도 필연적으로 하비의 글에서부터 나왔다고 봐야 한다. 이것이 우리가 마비될까 봐 두려워하는 심장, 계속 잘 뛰게 하려고 주의를 기울이는 심장, ("마음 편히 해", "진정해", "침착해" 같은 표현들에서 볼 수 있듯이) 우리가 혈기와 격정을 다스림으로써 오래오래 지키고 싶은 힘의 원천이다. 심하게 해도 좋은 것은 단 하나, 심장에 좋다는 운동뿐이다.

　은유가 사실을 결정할 수 있는가? 심장의학자 에밀 R. 몰러는 단순한 칼슘 축적으로는 설명할 수 없는, 심장 판막이 뼈처럼 자라는 현상을 발견했다. "여기에 세포 조직이 관련되어 있다는 점이 놀랍다. 기이한 일이다." 그는 "심장 판막이 스트레스를 받아 우리 몸 안을 이동하는 면역 세포를 끌어당기기 때문에" 이러한 현상이 나타나는 듯하다고 보았다.[2]

　경쟁 스트레스를 감당하기 위해 필요한 딱딱한 심장이 문자 그대로 일상 현실의 토대가 되다 보니 우리는 '심장'의 다른 관념들을 빠르게 잃어가고 있다. 하비의 심장에 대한 기술 이전에는 득세했고, 지금도 우리의 느낌과 언어에 영향을 미치는 관념들을 말이다. 성격을 논하면서 으레 용감하거나, 관대하거나, 신의가 있는 '가슴/마음heart'이라는 표현을 쓰지 않는가. 이 심장이 억압받는 이를 격려하고hearten, 마음이 담긴/푸짐한hearty 요리를 하며, 쾌활한hearty 웃음을 터뜨린다. 이 심장에는 옳다고 생각하는 일, 가족, 친구, 동지, 대의를 위하여 싸울 마음/의지heart가 있다.

　두 번째 심장은 더 친숙하다. 사랑을 품은 밸런타인의 심장. 우리는 심장을 쥐버리고, 심장이 터지도록 울며, 어떤 장면이나 노래, 어떤 유품이 떠오를 때마다 심장이 아프다.

　세 번째 심장은 그리스도교 초기의 저자들, 특히 저 위대한 성 아우구스티누스(354~430)가 가장 잘 묘사했을 것이다. 이것은 주관적 감정의 심장, 가장 깊은 내면, 그 사람의 진짜 성격이다. 이 심장은 '내 것',

아니 '나' 자체다. "내가 있는 곳, 내가 무엇이든 간에."[3] 아우구스티누스는 심장을 나의 내면$^{intima\ mea}$과 동일시하고 "자기 안의 살림집", "함께 쓰는 침대", 내밀함의 "벽장" 등으로 표현한다. 심장은 아주 깊은 곳에 있는 개인적인 것이기에 아우구스티누스를 이를 "심연"이라고 지칭하면서 이렇게 묻는다. 사람은 자기 자신이나 타인의 심장을 과연 알수 있는가? "누구의 심장을 들여다보는가? 무엇에 몰두하고, 내적으로무엇을 할 수 있고, 내적으로 무엇을 꾀하고 소망하는지를 (…) 누가 이해하겠는가?"[4]

그리스도교 저자들은 연민의 성심$^{Sacred\ Heart}$(그리스도의 심장)에 대해서도 성찰했다. 그들은 마음의 벽장을 세상의 고통을 향하여 열어놓는 훈련에 힘썼다. 성심은 연민의 신비가 깃든 심장이다. 성심이 말하는 사랑의 수련$^{discipline\ of\ love}$은 힌두교에서 말하는 마음의 길(박티 요가$^{Bhakti\ yoga}$: 신에 대한 충실한 헌신)과, 카발라 명상에서 말하는 양육하고 분별하는 마음의 지성(비나^{Binah})에 비교해볼 수 있다. 성심에 대한 고찰은사람을 개인의 주관적 감정 너머로 인도하고 성격을 관용, 연민, 자비로 확장한다.

가장 오래된 심장은 고대 이집트 신화에 나타나는 프타^{Ptah}의 심장이다. 프타는 그의 심장의 상상력으로 세계를 창조했다. 우리 주위의 모든 것, 우리 자신조차도 프타의 심장에서 나왔고 프타가 하는 말로 형상을 얻었다. 신약 성경에도 비슷한 진술("태초에 말씀이 있었고 이 말씀은 신과 함께 있었다.")이 있지만, 고대 이집트에서는 말이 심장에서 나오고 심장의 상상력을 표현한다고 보았다는 차이가 있다. 세계는 일단 상상되었고, 그다음에 언명되었다.

영향력 있는 이슬람 철학자 이븐 아라비(1165~1240)에 따르면 상상력, 즉 사물을 이미지로 보는 능력은 심장의 능력이다.[5] 우리의 상상에서 떠나지 않는 모든 존재들, 눈에 보이지 않는 천사와 다이몬, 우리와 함께 잠들고 꿈속에서 우리와 대화를 나누는 유령과 조상은 깨어 있는 심장에게만 생생한 현실로 다가올 수 있다. 심장이 깨어 있지 않다면 우리는 그것들을 지어낸 것, 투사, 환상으로 치부할 것이다.

상상하는 심장은 영혼, 심오함, 아름다움, 위엄, 사랑(그리고 성격과, '심장'이라는 관념 그 자체)처럼 정의하기 힘든 것들을 우리의 현실, 생의 본질 그 자체처럼 느끼게 한다. 이 심장이 없으면 우리 가슴속의 구멍에는 하비가 말하는 생명 유지 펌프밖에 남지 않는다.

이 모든 심장들이 일상 속에서 계속 번창한다. 우리는 여전히 진실한 신념을 고백할 때면 그 말이 아우구스티누스가 말하는 개인의 깊은 내면에서 직접 흘러나오는 것처럼 한 손을 가슴에 얹는 몸짓을 한다. 우리는 여전히 장미꽃과 함께 카드를 보낼 때 "온 마음을 다해^{with all my heart} 당신을 사랑합니다"라고 쓴다.

성격은 사랑·내면의 진실·명예의 심부전과 아름다움의 억제와 관련이 있다. 우리는 아름다움이 심장에 충격을 주고 채울 수 없는 갈망에 불을 붙일까 봐 아예 우리 생활 속으로 들이지 않으려는 경향이 있다. 이러한 나약함들은 심전도 검사에 나오지 않고 스트레스 검사로도 밝힐 수 없다. 노년에는 마치 실험실에서 발견에 몰두하듯, 살아오면서 용기가 꺾였던 때, 진심을 억눌렀던 때, 연민이 부족했던 때, 마음의 외침을 배신했던 때에 몰두할 수 있다. 심장병^{heart disease}과 마음의 불편^{heart unease}은 낱말 모양만 비슷한 게 아니라 실제로도 밀접한 관계에 있는지 모른다.

나는 "동맥이 막혔다는 건 정념이 차단됐다는 뜻이다", "심인성 부정맥은 비겁한 회피다"라는 식으로 단순하게 신체의 일을 정신의 일로 변환하고 싶은 게 아니다. 자기표현을 돕는 심리 치료가 심근 경색을 막을 수 있다는 말도 아니다. 그렇지만 성격은 핵심적인 본질에 주목할 것을 요구하는데, 그러자면 담배나 버터를 멀리하는 것과는 다른 종류의 절제가 필요하다. 가만히 앉아 생애 회상을 하는 것도 개를 데리고 산책을 나가는 것만큼이나 기력이 필요한 상상 연습, 성격의 중추를 곧게 펴는 훈련이다.

나는 취리히의 정신 병동에서 임상 실습을 할 때 만났던 어떤 여성을 잊을 수 없다. 그녀를 통해서 상상력이 삶에 본질적으로 필요하다는 것을 처음으로 배웠다. 그녀는 심장병 환자였다.

그 환자는 나이가 많고 쇠약한 상태여서 휠체어 생활을 했다. 그녀는 정신과 의사와 상담을 하면서 자신은 심장을 잃었기 때문에 이미 죽은 사람이라고 했다. 의사는 그녀에게 가슴에 손을 얹고 심장 박동을 느껴보라고 했다. 박동을 느낄 수 있다면 아직 가슴속에 심장이 있다는 뜻이다. 하지만 그녀는 "그건 진짜 내 심장이 아닙니다"라고 했다. 의사와 환자가 서로를 빤히 바라보았다. 우리 수련의들도 지켜보기만 했다. 그 이상은 아무 말도 오가지 않았다.

성격 관념이 신체의 다른 어느 기관보다 심장에 의존하고 있으니 심장 발작으로 쓰러질지 모른다는 두려움은 성격 발작에 굴복할지도 모른다는 두려움을 가리키는 게 아닐까. 어쩌면 심장이 굳어지는 이유는 삶의 스트레스에서 비롯된 소모만이 아니라 우리의 옹졸한 마음을 제대로 뉘우치지 못한 탓이 아닐까. 그리고 뉘우침이란 모름지기 노년에 속한 일이다.

젊은 사람들, 물살을 거슬러 헤엄치다가 중년이라는 흐름에 갇힌 자들은 종종 자기네들이 잘못한 일을 지나치게 걱정한다. 젊은 사람들은 앞을 보고 살아야 한다. 양심의 거리낌을 뒤로 하고, 이상을 향해 나아가야 한다. 그들은 자기 성찰의 치유를 과용할 위험이 있다. 젊어서부터 자기를 죄책감으로 몰아붙이면 교정 기관이 내면화되어 순응 일변도의 삶을 살게 된다. 젊은 날에는 실험적 자유를 잃게 되고, 중년에는 한층 더 무거운 책임감에 시달리게 된다. 게다가 젊음의 죄책감은 노년의 쓸쓸한 즐거움 중 하나인 뉘우침contrition을 앗아간다.

"contrition: 과오를 저지르거나 피해를 입히고서 마음이 괴로워하는 상태"라고 『옥스퍼드 영어사전』에 나와 있다. 고어에서 동사였던 'contrite'는 '타박상을 입히다. 부서뜨리다. 마멸시키다'라는 뜻이다. 자신의 과오 때문에 부서진 심장은 광범위한 관상 동맥 질환으로 인한 통증과는 다른 종류의 고통을 겪는다.

따끔한 양심의 가책, 신발 안에 들어온 돌 조각이 일으키는 가벼운 아픔도 마찬가지다. 내가 뻔뻔한 풋내기 청년 시절에 로마에서 만났던 나이 든 철학자 조지 산타야나는 영국에서 오래 살다가 스페인으로 돌아갔더니 종업원에게 팁을 줄 때 두 나라 동전이 참 헷갈리더라는 애기를 했다. 종업원은 그가 건넨 팁을 물끄러미 바라보았다. 산타야나는 그 친구가 참 뻔뻔하다고 생각하며 노려보았다. 뒤늦게 자기가 말도 안 되게 쩨쩨한 금액을 팁으로 주었다는 사실을 깨달았지만 이미 너무 늦어서 보상을 할 수도 없었다. "그거 아나? 그 일이 지금도 신경 쓰인다네." 여든이 훨씬 넘은 철학자는 말했다.

침대에 똑바로 누워 있거나 흐르는 물을 지그시 바라보고 있노라면 심장은 40년 전에 친구를 배신했던 일이라든가 사악한 누이, 태만한 딸, 빤질거리는 친구 노릇을 했던 일을 재연한다. 이제 배우자, 부모, 연인, 파트너에게 어떤 상처를 입혔는지 선명하게 보이고 확실하게 느낄 수 있다. 당신의 자기중심적인 요구와 망상적인 신념 때문에 힘들어했던 사람들이 보인다. 그 모든 상처 중에서도, 마음의 상상에 열정적으로 부응하지 못한 탓에 자기 자신에게 입힌 상처가 가장 쓰라리다. 뉘우침은 가차 없이 공격하여 심장의 실패들을 속속들이 드러낸다.

죄책감은 회고적이고 공소 시효가 없기 때문에 언제나 더 많은 잘못들을 들춰낼 수 있고, 우리가 한 일과 해야 했지만 하지 않은 일을 두고 두고 비난할 수 있다. 되돌리기에는 늦었다. 과거는 이미 지나갔다. 피해자는 이미 오래전에 떠나고 없고, 화해는 사정거리에서 벗어나 있다. 뉘우침이 과오를 상쇄하지는 않는다. 뉘우침이란 자기 안에서만 일어나는 행위, 과거에 대한 죄책감을 과거에 풀어놓는 행위, 유령들을 어르고 달래는 행위다. 뉘우침으로 달랠 수 있는 것은 과거가 아니라, 심장을 죄는 듯한 과거에 대한 죄책감이다.

어째서 나이 든 심장은 이토록 무거운 과업을 짊어져야 하는가? 과거를 편히 쉬게 하면 안 되나? 하지만 편히 쉴 수 없는 것은 성격이다.

내세에 대한 준비를 기술한 고대 이집트 문헌에는 심장과 깃털의 무게를 달아보는 저울의 이미지가 나온다. 뉘우침은 마음의 찌꺼기를 털어내어 심장을 가볍게 한다. 이집트인들은 과오와 과실이 심장을 무겁게 한다고 생각했던 것 같다. 해소되지 못한 죄책감은 자꾸 뒤를 돌아보게 하는데 떠날 사람이 바라봐야 할 방향은 그쪽이 아니다. 우리는 밤에 침대에서, 혹은 물가에서, 심장이 얼추 30억 번 뛰는 동안 쌓여온 찌꺼기들을 거른다.

뉘우침은 죽어버린 과거의 무게를 심장에서 들어 올려 자비의 가능성을 연다. "오, 나의 심장, 나의 어머니여. 나의 심장, 나의 어머니여! 지상에서 내 삶을 살았던 내 심장이여. 심판 때에 나를 가로막는 것이 하나도 없기를"이라고 『이집트 사자의 서』는 부르짖는다. 역사와 함께 각인된 여러분의 이미지가 바로 그 역사에서 해방된다. 여러분의 타고난 존재는 무해한 순수나 밍밍한 기억 상실이 아니라 상처 입고 흠결 많은 짜임새 그대로, 도저히 다른 사람일 수 없는 여러분 본연의 모습대로 복구된다. 그게 성격이다.

16
회 귀

감옥으로 가시오. 출발점을 통과하지 마시오.
200달러는 받을 수 없습니다.[*]

졸업 무도회와 그 신나는 격정은 진즉에 옛일이 되었다. 이제 빛바랜 졸업 앨범의 사진만 남았다. 그러나 우주선 엔터프라이즈호號를 타고서 순간 이동하듯 우리가 전혀 다른 풍경 속에 들어와 있는 것은 순식간이다. 고등학교의 풍경. 마음이 완전히 열렸던 시간으로 돌아가라는 부름이 있다. 그런 부름은 어찌나 강력한지 반백 년 전에 데이트에 실패한 남녀가 성공적인 재회를 하고, 심지어 결혼까지도 간다. 70대 홀아비와 과부 들도 다시 만나 그 시절 소년 소녀가 되지 않을 수 없다. 모두들 영혼의 한 조각쯤은 고등학교에 갇혀서 가석방 없는 종신형을

---

[*]   모노폴리 게임에 나오는 지시. 원래 이 게임에서는 출발점을 다시 통과할 때마다 200달러를 받는다.

사는가 보다. 그 이후로 아버지, 어머니, 시민, 납세자로서, 분석가의 긴 의자 위에 누워 있는 환자로서 얼마나 괜찮은 사람이냐에 상관없이 모두들 그렇다.

최근의 통계 조사는 미국에서 성인 남성의 3분의 1과 성인 여성의 4분의 1은 '영원히' 15~19세 시절에 머물고 싶어 한다는 결과를 보여주었다. 그야말로 고교 종신형이다.

고등학교? 영혼은 고등학교를 원하는 걸까, 아니면 15~19세로 대표되는 다른 무엇을 원하는 걸까? 그저 테스토스테론의 폭발과 몽정, 생애 첫 운전, 첫 경험, 데이트, 춤, 패거리, 친구들, 어른들 틈의 어린애들, 도전적인 모험, 나만의 음악, 우리의 노래면 되는 걸까? 영혼은 풋풋한 시절의 아름다움의 고뇌를 갈망한다. 고등학교는 그 고뇌를 대표할 뿐이다.

중년의 부모가 되었을 때 우리는 10대들의 지적이지 못한 아둔함과 허세 어린 정직을 놀라워했다. 우리는 그들이 버르장머리가 없다고 혀를 끌끌 찼지만 우리 자신의 고교 시절도 다르지 않았다. 그러나 노년에는 그 나날들이 한결 덜 냉소적인 자조, 나아가 그리운 애틋함으로 돌아오곤 한다. 열람실에서 통로 건너편 책상에 앉아 있던 다정하고 눈부신 소녀 앨리스가 보티첼리의 「봄」처럼 꿈속에 나타나고, 숨 막히게 잘생겼던 빌리는 그의 머리칼, 눈빛, 미소로 사람을 전율케 한다. 세월이 갈수록 그들은 요청하지 않은 환상에(그 후로는 점점 더 요청하게 되는 환상에) 빠져든다.

어째서 그들은 돌아오는가? 어째서 그들은 너무 늦어버린 때에 돌아와 우리를 부르는가? 실제로 노년에 '회귀'는 어떤 역할을 하는가? 옛 고향, 어린 시절 살았던 동네, 지난날의 연인들, 옛 스승들, 처음 태어난 아기들로의 회귀 말이다.

우리의 이러한 느낌은 영원 회귀의 신화를 표현한다. 위대한 신화 작가들은 비장소^nonplace나 유토피아(낙원, 천국, 에덴동산, 엘리시온 들판) 혹은 좀 더 모호하게 현실의 강 건너편이 있다고 말한다. 그곳은 현실의 죽음을 통해 시간의 흐름을 끝냄으로써 닿을 수 있는 곳을 말한다. 영혼은 신체의 노화를 지배하는 시간에서 풀려나와 다시 한번 유토피아의 순간을 발견하기를 고대한다. 시간이 짧아지고 현실이 희미해지는 노년에 영혼은 자기가 알아차린 저세상으로 돌아가기 시작한다고 신화들은 상상한다. 회귀는 매혹적이다. 다른 장소, 다른 시간을 언뜻 보는 일이 점차 잦아지고 그러한 일별―瞥은 더욱더 생생해진다.

이러한 회귀 욕망을 죽음 소망으로 폄하한다면, 퇴행적인 이상화나 현실에서 멀어진 태도, 감상적 향수, 쓸데없는 젊음 선망으로 정신 분석한다면 이 감정을 깎아내리는 것이다. 어떤 경우에도 이 감정은 여든 살 노인에게 당혹감을 안기기에 충분한데 말이다! 우리는 불가항력으로 사로잡힌다. 나이 든 심장이 온 마음으로 이 감정을 노래한다. 때로는 이 갈망이 처음에는 어느 한 문장으로, 혹은 옛 노래의 가사로, 마치 저세상에서 보낸 메시지처럼 다가온다.

앨리스와 빌리가 그렇듯, 메신저들은 주로 고등학교에서 튀어나와 우리에게 변치 않는 그 무엇을 상기시킨다. 그들은 영원의 회귀다. 비록 앨리스가 의뭉스럽고 억센 여자가 되었다 해도, 빌리가 마약상 소굴에서 약에 취해 살아도, 그들은 여전히 이상적인 이미지로서 눈부시게 빛나기 때문이다.

영원 회귀의 신화에 깔려 있는 근본적인 전제는, 시간이 순환적이라는 것이다. 지금 일어나는 일은 상세한 부분까지 똑같지는 않아도 기본적인 수준에서는 전에도 일어났고 나중에도 일어날 일이다. 이 순환적 반복은 우주의 영원한 시간을 반영한다. 안정적이고 신성한 패턴 혹은 원형적 힘이 세상의 변화하는 삶을 지배한다. 세상의 삶은 으레 이 신화적 패턴을 반복할 뿐 거기서 벗어나지 못한 채 세속의 시간 속에서 앞으로 나아간다. 우리는 새로운 것이 되돌아온 옛것이고, 그러므로 새것을 이해하려면 옛것을 알아야 한다는 사실을 알지 못한다.

신화학자들은 세속적 시간과 신성한 시간을 비교한다. 전자가 합리적 시간, 앞으로 나아가는 시간이라면 후자는 신화의 시간, 영원한 순환의 시간이다. 나는 내가 가장 좋아하는 철학자 플로티노스가 이 두 시간을 비교하는 방식이 마음에 든다. 플로티노스의 형이상학적 사색은 심리학과도 비슷한 데가 있다. 그는 "앞으로 나아가는 방향은 신체의 특징이 있다"고, "몸은 직선으로 향하는 경향이 있다"고 말했다.[1] 그러나 영혼은 원을 그리며 움직인다. 영혼은 "자기를 향하여 돈다. 영혼은 자기중심적 자각, 지적 작용, 자기 생을 살려는 움직임으로 만물에 다다르기 때문에 어떤 것도 이 운동의 바깥에 놓이지 않고 그 범위 내에 있다." 플로티노스는 이처럼 몸과 영혼이 서로 다른 종류의 운동을 하기 때문에 영혼은 몸의 전진을 '제한'한다고 말한다. 영혼의 제한 능력은 번잡한 삶 속에 끼어드는 미묘한 망설임의 순간들로 나타난다.

원과 직선의 대비라는 기하학적 은유에는 또 다른 아름다운 메시지가 암호화되어 있다. 삶이 영혼과 너무 괴리되지 않기를 원한다면 자신의 행동 노선이 영혼의 원에서 옆길로 빠지지 않도록 항상 신경 쓰고 조정해야 할 것이다. 영혼과 몸이 늘 맞닿아 있도록 끊임없이 애쓰는 사람은 온종일 키에서 손을 떼지 않고 이쪽저쪽으로 조금씩 항로를 수정하는 뱃사람과 흡사하다. 뱃사람은 자신이 언제라도 항로에서 조금씩 벗어날 수 있음을 인식하고 언제나 미세한 조정에 힘쓰는 자다.

온종일 항로를 바로잡기에 힘쓰는 것, 이것이 지혜의 시작이다. 이것은 일종의 수련修鍊, 자기가 현재 옳은 길로 가지 않고 그 길에서 살짝 벗어나 있지는 않은가를 살피는 가만한 집중이다. '철학philosophy(지혜에 대한 사랑)'이라는 단어 덕에 잘 알려진 그리스어 소피아sophia(지혜)는 원래 조타수의 수완 같은 실질적 기술을 뜻했다. 몸의 지혜는 몸과 영혼이 서로 어긋나려 할 때 그 둘을 가지런히 모으는 것이다.

플로티노스의 말대로 영혼이 순환운동을 하면서 자기 삶 속의 만물에 닿는다면 모든 순간, 모든 것이 심리학적 통찰을 던져준다. 영혼은 원을 그리며 언제나 똑같은 자신의 관심사(명예, 위엄, 용기, 품위, 가치)로 돌아온다. 만약 우리가 직진하는 행동에 너무 치중했다면 우리는 우리 자신보다 앞서 나가 있을 것이다. 그러면 우리는 이제 영혼의 중심 쟁점들 주위를 돌 수 없고, 그 때문에 이 중심 쟁점들로 돌아가고픈 욕망이 일어난다. 그래서 고등학교인 거다. 처음으로 아름다움이 충격으로 다가왔던 시절, 정의가 열정적인 관심사가 되었고, 명예가 실추될 위기를 겪었고, 용기가 요구되었던 시절……, 그리고 광기와 초월이 동시에 마음속에 그려지던 시절 말이다.

영원 회귀는 영원한 것으로 돌아간다는 의미이기도 하다. 여러 문화권의 다양한 신화들은 영혼의 첫 번째 집이 상상의 유토피아(비장소)라고 말한다. 그래서 우리는 비록 90년이 넘게 지상에 뿌리를 내리고 살지언정, 끊임없이 그곳으로 돌아가기를 갈망한다. 근원으로 돌아가는 것을 그리스어에서는 에피스트로페^{epistrophé}(전환, 비틀기, 급선회)라고 한다. 불모의 사건들에 근본적인 관념을 제공함으로써 그 상태를 벗어나게 하는 것, 우연한 사건들을 의미 있는 것으로 전환하는 것은 철학자의 소임이다.

이른바 비의^{秘義}의 철학자들처럼 나 역시 이 책에서 에피스트로페를 철저히 실행하는 중이다. 심리학자들은 늘 그렇게 한다. 우리는 무의미한 징후들을 프시케의 의미 있는 근원들로 돌려놓음으로써 심층적인 이유를 찾는다. 이 책은 나이듦에 대한 관습적인 생각들을 비틀고, 노년의 고역스러운 일들을 지성으로 파악 가능한 통찰로 전환하려 한다. 우리에게 일어나는 해프닝에게 집을 찾아주려고 애쓴다. 나이듦이라는 사태는 그 사태에 가치를 부여할 수 있는 영혼으로 돌려놓을 때 훨씬 더 이해할 만한 것이 된다. 징후는 어디에 속하는지 모를 때 가장 고통스러운 법이다.

정의할 수 없는 어딘가를 향한 욕망은 약간 소원해진 느낌, 뿌리가 없는 기분, 왠지 유배된 듯한 감정을 자아낸다. 이러한 감정을 심리학은 '외로움'과 '버림받음' 등으로 일컫는다. 노인들은 사람들과의 관계에 좀 더 참여해야 한다는 말을 많이 듣는다. 그러나 지상적인 것들과의 관계가 '지상적이지 않은' 갈망을 누그러뜨리지는 못한다. 이 갈망은 이승을 향한 것이 아니기에 어디서, 누구와, 무엇을 한다고 해서 충족되지는 않는다. 사실, 이 갈망은 곧잘 돌연히, 가족이나 친구 들과 함께 있는 자리에서, 심지어 연인의 품속에서도, 치밀어오른다.

이 감정은 유토피아를 향한 충동, 영혼의 회귀 욕구, 논리나 실용주의가 끼어들지 못하는 영역으로 돌아가고픈 향수병에 해당한다. 우리의 회의적 판단이나 취약한 골칫거리에도 불구하고 시원始原적 아름다움으로의 회귀는 끊임없이 우리의 심장을 부른다. 현대적인 이해 체계는 영혼의 실체를 공백으로 남겨두었으므로 우리는 이 에피스트로페가 무엇을 원하는지 머릿속에 그려볼 수가 없다. 그 전환의 지점을 어디서 찾아야 하는지, 그것이 전하는 바를 어떻게 받아들여야 하는지 모르는 것이다. 그곳에 대한 느낌이 남기고 간 거라고는 고등학교, 그리고 그 시절의 천사 같은 매혹(빌리와 앨리스)뿐이다. 시간이 존재하기 이전의 시원적 장소가 무구한 청소년기에 우리를 가둔다.

유토피아적 시·공간이 우리의 백일몽 속으로 자꾸만 들어오려는 양상은 영혼의 고향으로 떠나기 위한 준비일지 모른다. 과연 그런 장소가 있는지, 아니 영혼이 정말로 있기나 한지, 혹은 영혼의 근원지이자 종착지, 영혼의 집이 정말로 있는지는 아무도 모르거니와 증명할 방도도 없다. 그곳에 갔다가 돌아온 자, 우리에게 사실을 전하고 연구를 도울 증인이라면 나사로를 떠올릴 수 있겠다. 예수는 죽은 지 나흘이나 되어 이미 시신이 부패하기 시작한 나사로를 다시 살렸다. 그러나 나사로는 자기가 다녀온 곳에 대해서 아무 말도 하지 않았다.

우리에겐 신화들이 있다. 신화들은 오래된 영혼들에게 더욱더 오래된 이야기들의 자양분을 더해준다. 우리는 여기서 괴이한 이미지, 놀라운 암시를 얻는다. 그것들이 북돋우는 사색은 늙어가는 정신을 활발하게 자극한다. 그러한 사색에서 더 넘어가면 내세에 대해서 말할 수 있는 신학의 설교자, 혹은 에너지 변환, 환생, 업보, 태내의 삶, 전생, 채널링*으로 얻은 정보를 상정하는 형이상학자가 되는 셈이다. 모든 계시는 문자 그대로 받아들이면 위험하지만 기묘한 일화로서는 언제나 유효하고 아름답다. 심리학자는 그러한 설교자나 형이상학자보다 훨씬 더 소극적으로 물러나 있다. 냉소적인 회의주의자라서가 아니라, 답을 찾기 위해 이 지상을 벗어나지 않고 문제들과 함께 여기 지상에 머물기 위해서다. 우리는 여기 아닌 다른 곳을 증명하기 위해 그곳으로 갈 필요가 없다. 핵심은 증거가 아니라 욕망이다. 어쩌면 욕망이 '곧' 증거일지도 모른다.

빌리와 앨리스. 그들은 고대의 관점이나 신비주의적 관점에서 우리를 부르는 천사와 다름 없다. 물론, 그들의 출현에 우리는 애간장이 녹고 전율한다. 그들은 여전히 매혹적이다. 세월이 흘렀어도 그들은 나이를 먹지 않았다. 그리고 심리학적 설명 따위는 그들의 발아래 납작하게 추락하고 전혀 상대가 되지 않는다.

평범한 세속적 장소인 고등학교의 평범한 인간이 마음 깊은 곳에 이

---

*   채널링(channeling): 초심리학이나 오컬티즘에서 우주적 에너지나 보이지 않는 존재와의 합일을 통하여 메시지를 얻는 것. 샤먼, 영매, 무당, 신관(神官)의 활동도 여기에 해당한다고 볼 수 있다.

미지로 남고 자꾸만 돌아오는 양상이 우리 자신의 운명에 대해서도 뭔가 말해주는 바가 있는가? 여러분도 누군가의 마음속에서는 자꾸만 돌아오는 이미지일 수도 있는가? 앨리스와 빌리는 (여러분 자신의) 영혼 불멸을 시사하는지도 모른다. 여러분도 그들과 비슷해지고 있는가? 시간을 초월한, 흐려지지 않는 이미지가 되어가는가? 성가신 질환도 없고 현실감도 거의 없는 자, 어디에도 없는 자, 유토피아에 들어간 자가 되어가는가? 여러분의 본질은 그저 한 가닥으로 축소되고 결국은 타인의 드라마 속의 한 캐릭터가 된다. 빌리나 앨리스가 여러분의 드라마 속에서 그런 것처럼.

　프랑스 작가 앙드레 지드는 말년에 자기가 과연 현실로 존재하는가에 의문을 품었다. "어제 열차 안에서 문득 내가 정말로 아직도 살아 있는지 진심으로 궁금해졌다." 그는 또 이렇게 쓰기도 했다. "이제 내가 존재하지 않게 된 지도 꽤 오래됐다. 나는 그저 타인이 나라고 생각하는 누군가의 공간을 채우고 있을 뿐이다."[2] 지드는 세상의 현실에서 철수하는 과정(정신의학에서 말하는 이인증*)을 지각하는 동안 문학사의 한 인물, 소위 불멸의 작가로 언급되는 한 인물로서는 점점 더 큰 자리를 차지하게 되었다. 인간 지드에게서는 일종의 에피스트로페가 진행 중이었던 것이다. 지드라는 인간은 자신의 소명으로 돌아가고 있었다. 노인들이 오그라들고 증발하는 것처럼 보이는 이유가 여기 있을까? 우리는 이런 말을 하곤 한다. "마지막으로 봤을 때는 그 여자, 그냥 허깨

---

* 　이인증(離人症): 자신이 낯설게 느껴지거나 자신과 분리된 느낌을 경험하는 것으로 자기 지각에 이상이 생긴 상태.

비가 다 된 것 같더라." 인간 지드가 무대를 떠날 때 그의 자리를 채우고 계속 살아가는 것은 이미지 지드다. 이미지 지드는 그의 소설 속의 한 캐릭터처럼 상상의 집에 영원히 남는다. 캐릭터가 사람을 대체한다.

노인의 얼굴을 공경하며

『레위기』19장 32절

얼굴의 힘

Interlude

The Force of The Face

얼굴의 힘

그의 얼굴을 보고 그의 마음을 바로 알게 될 것이오.
–셰익스피어,「리처드 3세」

아기 얼굴/데스마스크. 아기가 태어나자마자 사람들은 물로 씻어주고 얼굴을 살펴보면서 성격의 단서를 찾는다. 아기는 아주 사나워 보이기도 하고, 지혜로운 노인 같기도 하고, 유순해 보이기도 하고, '여러분'의 집안 사람들과 많이 닮아 보인다. 그리고 생의 악다구니에서 벗어나 조용히 누워 있는 고인의 얼굴로 데스마스크를 뜨기도 한다. 거의 5,000년 전에 이집트에서 시작된 이러한 관습은 얼굴의 특징에서 성격의 본질을 포착하고자 한다.

심리학의 낯이 깎이다. 정체성, 자기, 인격, 자아, 주체를 다룬 11편의 권위 있는 문헌들을 아무리 들춰봐도 얼굴에 대해서는 일언반구가 없었다. 찾아보기에서 '성격'을 찾을 수 없었다.

이슈마엘이 퀴케그를 보다. 얼굴은 성격을 드러낼까, 아니면 외려 성격을 숨길까? 이슈마엘은 물기둥 여관에서 같은 방을 썼던 퀴케그와 친구가 되고, 결국 흰 고래 모비 딕을 잡으러 포경선에 함께 몸을 싣는다. 이슈마엘은 이 식인종 작살잡이 룸메이트를 처음 봤을 때 충격을 받았다.

맙소사! 그 모습이라니! 그 얼굴이라니! 검고 자줏빛이 도는 누리끼리한 색에, 크고 거무스름하고 네모난 것이 덕지덕지 붙어 있었다. (…) 머리카락이 한 올도, 아무튼 머리카락이라고 할 만한 것은 전혀 없이, 이마에만 짧게 꼰 털뭉치가 사마귀처럼 달려 있었다. 불그죽죽한 대머리는 흡사 곰팡이가 핀 두개골 같았다.[1]

나중에, 이슈마엘은 두려움이 가신 후 이 '야만인'을 다시 바라본다.

나는 자리를 잡고 그를 대단히 흥미롭게 지켜봤다. 야만인인데다 얼굴도 흉하게 일그러졌지만(아무튼 내 눈에는 그렇게 보였다) 그런데도 그의 인상에는 불쾌하다고 말할 수 없는 면이 있었다. 영혼은 감출 수 없는 법. 섬뜩한 문신 속에서도 순박하고 정직한 마음의 기운이 엿보였다. 크고 깊고 눈, 타는 듯 검고 대담한 눈에는 수천의 악귀와도 맞설 법한 기백이 보였다. 그런 데

다가 이 이교도는 어딘가 고결한 분위기를 풍겼는데, 난폭하고 사나운 행동마저도 그 느낌을 해치지는 않았다. (…) 그의 머리는 골상학적으로 탁월했다.[2]

이슈마엘은 상대의 문신, 괴상한 머리 모양, 피부색을 봤을 때 당장 문밖으로 도망가고 싶었다. 하지만 그는 얼굴로 시선을 돌리고 "대단히 흥미롭게" 다시 바라보았다. 문자 그대로 '다시-주목하기[re-gard]', '다시-보기[re-spect]'에 돌입한 것이다. 그는 "흉하게 일그러진 얼굴"을, 혹은 그 얼굴을 통해서 볼 수 있는 바를, 들여다보기 시작했다. 하지만 이 바라봄은 자리를 잡고 지켜보기 시작한 후에나 비로소 가능했다. 이슈마엘의 생각이 영혼에 미친 후에야, 그는 자기 눈에 보이는 이 얼굴에서 형상과 가치의 자취를 상상할 수 있었다. 이슈마엘은 이미 성격에 대한 '관념'이 있었기에 영혼, 마음, 깊이, 기백, 분위기를 볼 수 있었다. 멜빌은 이슈마엘이 퀴케그에게서 감지한 것을 이 단어들로 지칭했다. 성격을 볼 수 있으려면 성격에 대한 관념이 있어야 한다.

얼굴의 용기. "나이를 먹어도 주름 제거 시술은 받고 싶지 않아요. 그런 시술은 얼굴에서 삶을, 성격을 지워버리잖아요. 나는 용기를 내어 내가 만들어온 얼굴에 신의를 지키고 싶어요."[3] 메릴린 먼로가 한 말이다. 이런 것도 용기다. 자신의 주름 제거 시술을 상세하게 기술한 조이스 내시 박사는 또 다른 유의 용기를 보여주었다. "환자들 대부분은 성형 수술에 따르는 통증과 신체적 트라우마를 간과하는 경향이 있다.

또한 성형 수술 후에 발생하는 우울증에 대해서도 준비가 되어 있지 않다."[4]

트라우마? 성형 수술 직후의 극심한 고통은 시간이 지나면 사라지지만 장기적으로 남는 영향들이 있다. 가령, 내시는 귓불을 그 주위의 피부와 봉합했기 때문에 귀걸이를 착용하기가 힘들었다. 안경다리가 귀 뒤에 걸리지 않았고, 아래턱 피부는 늘 변색되어 있었다. 그리고 턱 아래와 두개골 위가 단단히 묶여 있는 느낌이 들었다.

우울증? "내가 본 것은 심란하기 그지없었다. 나처럼 보이지 않았고 나라는 느낌이 들지 않았다. 뭔가를 잃어버렸다. 슬픔이라고 할 만한 감정이 샘솟았다. (…) 미간 주름, 졸려 보이는 표정, 늘어진 뺨과 목이 사라져버렸다."

미국 미용성형협회는 성형 수술 상담자의 73%는 얼굴 성형에 관심을 둔다고 보고했다. 1996년에 얼굴에 어떤 식으로든 칼을 댄 사람은 50만 명이 넘었다. 여기서 미용 목적의 성형 수술과, 선천적 기형이나 사고로 인한 결손을 보완하여 사회생활에 도움을 주는 재건 성형 수술은 구분해야 할 것이다.

내시는 미용 목적의 성형 수술을 받고서 그 결과를 이렇게 요약했다. "거울에 비치는 내 얼굴은 나의 실제 나이를 착각하게 하고, 나의 내면적인 느낌을 더 잘 반영한다. 나는 받아들였다……. 나의 성형 수술을 영원히 떠올리게 할 그 모든 것들을 개선된 외모의 대가로 받아들였다."[5] 내시에게 "개선된 외모"란 자신의 내면과 더 잘 부합하는 외면, 그녀의 실제 나이처럼 보이지 않는 외면을 의미한다. 그렇다면 이전의 불일치는 외면의 잘못이었나, 아니면 겉으로 보이는 얼굴과 보조를 맞추지 못한 내면의 잘못이었나? 그녀는 성형 수술을 감행할 용기는 있었지만 철학자 에마뉘엘 레비나스가 말하는 "수동적 종합"으로써 나이듦이 얼굴에 형상을 부여하게 할 만한 용기는 없었다.[6] 그녀는 나이듦이 성취해가는 "주체의 조화"(롤랑 바르트의 표현)에 넘어가지 못했다. 그녀에게는 성형 수술의 인위적 왜곡이 미간 주름, 졸려 보이는 표정에 대한 개선이었다.[7]

생물학적 '크로노스chronos(시간)'와 정념의 '크로노스'라는 롤랑 바르트의 구분은 실로 유용하다. 가령, 렘브란트가 말년에 그린 자화상에서는 세월의 흐름보다는 정념의 흔적이 더 두드러진다. 얼굴에 나타난 이 흔적들, 캐릭터의 정념이 얼굴에 전해준 이것들을 메릴린 먼로는 용기를 내어 직시하고 싶었던 것이다. 먼로는 타고난 생물학적 얼굴이 아니라 "내가 만들어온 얼굴"이라고 했다. 전후 이탈리아의 위대한 영화배우 안나 마냐니도 무대 화장을 해주는 분장사에게 이렇게 말하곤 했다고 한다. "주름살 하나도 지우지 말아요. 전부 내가 값을 치르고 얻은 거예요."

내시의 "개선된 외모"는 그녀가 내면에서 느끼는 젊음뿐만 아니라 표준화된 외모 관념에 비추어서 얼굴을 개선된 신상품 취급한다. 성형 수술 이후의 이미지는 관습적 이미지에 더 부합한다. 그 이미지가 그녀의 성격의 이미지에도 더 잘 부합할까? 그녀는 자신의 유일무이함을 버렸나? 자신의 영혼을 팔았나?

성형 수술 이후의 우울증은 영혼이 얼굴의 변화를, 독특한 개인성의 상실을 어떻게 보는가를 이해하는 단초가 된다. 내시도 자신의 옛 얼굴을 잃어버린 슬픔을 언급한다. 또한 우울증은 그녀가 얻은 것이 무엇인지도 알려준다. 영혼을 실감할 때 우리는 언제나 슬픔을 느끼고 우리가 우리의 얼굴로 무엇을 하는지 깨닫는다.

"웃어요, 그게 당신이 해야 할 일이니까……." 윌리엄 제임스는 성격을 수립하려면 "단지 힘들다는 이유만으로 어떤 일을 해야 한다"고 했다.[8] 힘이 들면 얼굴에 힘이 들어간다. 미간에 깊은 주름이 잡히고, 눈살이 찌푸려지며, 입술이 오므라진다. 집중, 몰두, 노력. 제임스가 살던 시대에는 가족사진이나 단체 초상화에서 다들 극도로 무게를 잡았다. "얼굴에서 웃음기를 지워버리라"라는 말은 군인들에게만 해당하지 않았다. 그러다가 코닥사[ⁿ]가 등장하고 사진이 대중화되면서부터 웃는 표정이 대세가 되었다. 얼굴도 미소를 더 좋아한다. 인상을 쓰고 우거지상을 하려면 근육에 힘이 더 들어간다. 문화의 현재 모습도 사진상의 웃는 얼굴과 서서히 친숙해졌다. 주의력 결핍과 학습 장애가 증가하는 추세라면 저 노란 얼굴의 '스마일 마크'를 원인 중 하나로 바라보라. "즐거운 하루 보내세요!"라는 명령형 문장으로 공부를 열심히 하는 집중력에 시동이 걸리기란 참으로 어렵다.

표정은 미학적 현상. 얼굴이 미학적 현상이라고 보는 이유는 화장품이나 성형 수술 때문이 아니라 생물학적으로 원래 그렇기 때문이다. 안면 근육은 씹고, 키스하고, 냄새 맡고, 입김을 불고, 눈을 가늘게 뜨고 보고, 눈을 깜박거리고, 파리를 쫓느라 얼굴을 씰룩거릴 때 기능적으로 필요하기도 하지만 45개의 안면 근육 중 대부분은 오로지 감정 표현에만 쓰인다. 음식물을 입에 넣을 때, 적을 때릴 때, 자식을 양육할 때, 성행위를 할 때 그 근육들이 꼭 필요한 건 아니다. 복화술사는 안면 근육을 사용하지 않고도 말을 할 수 있다는 점을 보여준다. 호흡, 청취, 수면에도 안면 근육이 꼭 필요하지는 않다. 안면 근육 조직이 발달한 이유는 인간의 주요한 감정을 표현하기 위해서다. 그렇지만 더 큰 이유는 문명에 따른 섬세한 감정을 표현하기 위해서다. 가령. 눈썹을 치켜뜨고 멸시하는 표정이라든가 일그러진 조소, 눈을 동그랗게 뜨고 알랑거리기, 차가운 무관심, 미소, 조롱 등.

우리의 얼굴은 이러한 근육을 사용하여 그림을 그린다. 프시케는 영혼의 상태를 심미적으로 드러낸다. 성격적 특질이 파악 가능한 이미지가 된다. 그러나 각각의 표정은 성격에 따른 특징적 차이가 있다. 성격이 복합적일수록 표정은 개인적이다. "표정에는 평균이 없다. 표정은 모름지기 개인적인 것이다. 어떤 평균이 지배한다면 표정은 빛이 바랜다."[9]

우리가 오로지 다윈의 시각에서만 본다면 표정은 진화가 남긴 전前언어적 소통의 잔여물로 보아야 할 것이다. 두려움, 놀라움, 화 같은 '기본' 감정은 개인차가 가장 적고, 가장 평균적이며, 화이트헤드의 표현대로라면 "가장 덜 표현적인" 감정이다. 미학적 정확성에는 무수히 많은 얼굴이 요구된다. 이러한 생각은 영국의 철학자 T. E. 흄이 수립한 미학적 원칙에도 나타난다. "예술은 정확성에 대한 열렬한 욕망으로 정의될 수 있다."[10] 두려움, 놀라움, 화는 "우리 모두에게 공통적인 감정의 일부"만을 표현한다. "감정의 실질적인 개인성을 관찰할 수 있다면 언어에 만족하지 못할 것이다." 그리고 다원주의적 소급에도 만족하지 못할 것이다. 그러한 소급은 표정의 동물학적 배경을 알려주지만 프시케의 개인화된 표현성을 나타내기에 부족하다. 게다가 동물은 안면 근육을 동원해서 웃거나 울거나, 절정에 도달하거나 신비에 빠진 표정을 짓거나, 가학적 쾌감이나 피해망상적인 의심을 얼굴에 내보이지 않기 때문에 표정의 근원은 여전히 의문으로 남는다.

성격은 균열을 통해 스며든다. 그의 턱이 떨리고 눈물이 솟을까? 그가 눈을 피하거나 눈살을 찌푸릴까? 우리는 숨길 수 없는 표시들을 보려고 얼굴을 주시한다. 기업 권력의 빌딩 로비를 장식하거나 연례 보고서에 등장하는 초상들은 균열 없는 얼굴들을 보여준다. 아무것도 속으로 스며들지 않는다. 스며든 것이 없는 건가, 아무것도 드러나지 않는 얼굴이 기업 권력의 본질적인 성격을 드러내는 건가?

얼굴이 생기를 불어넣는다. 엄격한 그리스도교인들이 학교에서 핼러윈 변장을 금지하면서 주장하는 것처럼 핼러윈은 원래 이교도의 축제였다. 핼러윈의 이교성은 마녀가 아니라 호박에 얼굴 모양을 파고 안에서 불빛이 나오게 되어 있는 램프에 있다. 애니미즘. 인간 아닌 것의 성격. 채소 안의 영혼.

안면 손상. 사고, 화상, 전쟁에서 입은 부상, 혹은 뇌졸중의 후유증으로 남은 부분 마비는 얼굴을 근본적으로 달라 보이게 한다. 얼굴이 변하면 성격도 변하는가?

「철가면」과 「엘리펀트 맨」이라는 두 편의 소설은 성격의 자원이 사람들 눈에 보이지 않는 곳에 숨겨져 있음을 암시한다. 보이는 것이 다가 아니다. 이 소설 속의 주인공들은 얼굴이 감춰졌거나 굳어졌거나 심하게 망가졌지만 그들의 성격은 그로써 더욱 깊어지고 확고해진 것처럼 보인다. 얼굴과 성격이 상응해야만 하는 것은 아니다. 그렇다면 얼굴과 성격의 관계를 어떻게 상정해야 하나? 일치보다는 상호 작용의 관계로 보아야 할 것이다. 나이듦은 얼굴과 성격의 파트너십을 강화한다. 그리고 노년에 그 둘은 결혼한다.

보이지 않는 얼굴. 골상학의 실수는 보이지 않는 성격을 보이는 얼굴에서 포착하고 측정하려 했다는 것이다. 형성 원리로서의 형상과 실제로 눈에 보이는 모양으로서의 형상은 상호 관계가 있지만 일치하지는 않는다. 어떤 사람의 이미지의 본질적 실체가 천사 같다든가 다이몬 같다든가 하는 것은 단지 상상할 수만 있을 뿐 경험적이거나, 측정할 수 있거나, 눈으로 확인할 수 있는 게 아니다. 골상학의 시조 중 한 사람인 18세기 취리히의 J. K. 라바터조차도 자신의 원칙을 적용해서 성격을 읽어내려면 천부적인 상상력이 필요하다고 강조했다. 얼굴은 하나하나 전부 다르다. 얼굴의 개인성 때문만이 아니라 얼굴의 본질적인 비가시성 때문에 그럴 수밖에 없다.

노년에 직면하다. 나이가 아주 많아지면 우리의 정신은 이미지 사이에서 떠돌고, 아프고 불편한 몸은 타인들의 돌봄을 받든가 홀대를 당한다. 몸이 쪼그라들면서 우리는 얼굴이 된다. 발, 오금, 팔, 어깨는 맵시를 잃어가지만 얼굴은 특별함을, 나아가 아름다움마저도 얻는다. 벌거벗은 노인의 몸은 눈길 줄 만한 것이 못 되지만 노인의 얼굴은 오랫동안 관조할 만하다. 늘어진 피부, 거미줄처럼 얽히고설킨 핏줄이 몸에 있을 때에는 오로지 노년에 대해서만 말하지만 얼굴에 있을 때에는 합성 초상에 관여하여 의미 작용에 이바지하고 때로는 기품마저 더해준다. 얼굴은 생물학에서 예술로의 변태를 가시화한다.

정의定義. "얼굴은 결국 일관성 있는 정신이 하나의 이미지가 되는 장소다."[11] 무엇이 그 일관성으로 들어가는가? 문득문득 드러나는 것들의 연합. 조상 대대로 전하는 유전자의 힘, 개인적 정념의 역사, 운명의 시련, 지리와 기후, 다이몬의 의도와 사회적 준수까지도.

민낯. "특정한 표정보다 앞서고 모든 개별적 표정 밑에 깔려 있는 것은 (…) 보통 말하는 표정의 벌거벗음과 결여, 다시 말해 극단적인 드러냄, 무방비 상태, 상처받기 쉬움 그 자체, (…) 신비로운 버려짐이다."[12] "얼굴은 그 사람 안의 보이지 않는 것이 보이게 되고 우리와 교섭하게 되는 매개체다."[13]

지난 50년 동안 등장한 프랑스 사상가 중에서 가장 급진적이고 영적이며 심히 긍정적인 철학자 에마뉘엘 레비나스는 원형적 현상으로서 사람의 얼굴이 담고 있는 메시지는 그 온전한 취약성이라고 말한다. 그러므로 얼굴은 변장되고, 가려지고, 꾸며지고, 성형 수술을 통해서 변할 것이다. 그 반대로 죄수, 포로, 피해자라는 비참한 상황에서는 감출 수 있는 가능성을 박탈당하지만 말이다.

우리의 얼굴을 받아들이기가 불가능하리만치 힘든 이유가 바로 여기에 있다. 우리가 응시하는 것은 "상처받기 쉬움 그 자체"다. 얼굴 안에 우리의 버려짐이, 우리의 유배가 있다. 나이하고는 상관없다. 10대 청소년들도 얼굴을 뜯어고치고 싶어서 성형외과에 간다. 늙은이들이 다시 한번 갖고 싶어 안달하는 그 파릇파릇한 얼굴을! 청소년들은 유배에서 돌아오려고, 군중과 함께하는 한 사람이 되려고, 극단적인 드러냄의 조건을 끝내고 싶어서 그러는 것이다. 그들은 독특한 개성을 드러내기 시작한 얼굴을 고치고 싶어 한다.

10대 청소년들은 아직 모르지만 그 취약성, 그 벌거벗음이 얼굴의 가장 큰 매력이자 진정한 아름다움이다. 메릴린 먼로가 그 증거로, 그녀의 매력은 이목구비의 비율이 아니라 그녀의 얼굴에서 드러나는 신비로운 버려짐에 있다. 얼굴이 팽팽해지고 기쁨이 가득하며 결핍에서 벗어날지라도, 얼굴은 여전히 신비가 드러나는 면이다. 얼굴은 이미지로서 제시된 영혼, 너무나 상처받기 쉬운 영혼이다. 레비나스는 얼굴이 신성한 힘을 표현한다고 보았다.

바로 이 지점에서, 이 얼굴에서 윤리학이 시작되고 레비나스의 근본적 이타주의 철학이 시작된다. 윤리적 삶의 근원은 타인의 얼굴, 호응을 호소하는 얼굴이다. 우리는 이 얼굴에 본능적으로, 원형적으로 호응하고 책임감을 느낀다. 타인의 얼굴은 인정을 요구한다. 그 얼굴에 말을 걸지 않을 수 없고, 그 얼굴을 만나지 않을 수 없다. 얼굴은 자기 자신을 내어주고, 나 자신 밖으로 나오라고 나를 불러낸다. "얼굴이 나를 소환하는 방식을 통하여 타자는 나의 이웃이 된다"[14]고 레비나스는 말한다. 개인적인 내면의 자아("나는 생각한다, 고로 나는 존재한다.")에서 출발한 데카르트와는 정반대로, 레비나스는 타자의 얼굴에서 출발한다. "얼굴이 여는 원초적 담론의 첫 단어는 의무다."[15] 바로 여기서 정의·연민·부끄러움·정직의 윤리가 따라 나온다. "타자가 나를 마주할 때, 나는 홀로 성찰할 때보다 더 정직해지기 쉽다."[16]

타자의 얼굴은 나의 성격에게 요청한다. 레비나스는 사람의 성격이 얼굴에 나타난다고, 얼굴이 성격의 외면화라고 생각하기보다는 성격이 타자의 얼굴을 필요로 한다고 본다. 얼굴의 날카로운 도발은 우리에게서 가능한 윤리적 잠재성을 모조리 끌어낸다. 우리는 양심의 가책을 느끼면서 휠체어를 탄 자의 얼굴을 피하고 걸인의 얼굴을 피한다. 사형 집행을 할 때는 사형수의 얼굴을 가린다. 우리는 사회적으로 배척당하거나 위계 서열이 낮은 자들의 얼굴을 모르기 때문에 거리를 함께 지나가도 그들이 '보이지 않는다'. 레비나스의 사유는 윤리가 도덕적 설교로 주입될 수 없고, 스승들이 가르치고 훈련시킬 수 없으며, 우월한 대가들이 본보기를 만들 수도 없음을 뜻한다. 애초에 성격은 본질적으로 윤리적이므로 타인의 상처받기 쉬운 얼굴을 만나 외면화되기만 하면 된다. 일례로, 퀴케그의 얼굴은 이슈마엘의 선행을 불러왔다.

하느님의 얼굴. 성경의 하느님은 그의 얼굴에 임한다. 유대교의 기도는 「시편」과 「민수기」에 나오는 이 문장을 자주 반복한다. 유대교의 신년 예배는 "하느님이 그 얼굴을 네게 비추사 (…) 하느님이 그 얼굴을 네게로 향하여 드사"[17]라는 말씀을 인용한다. 하지만 유대교 전통은 하느님의 얼굴을 볼 수 없다고 흔히 말한다(모세는 예외였다). 나중에 그리스도교에서는 하느님의 얼굴이 자연에 비친다고 말하곤 했다. 그렇다면 덕과 힘의 조합으로는 하느님의 풍부하고 다면적인 성격을 밀라노의 화가 아르침볼도(1527~1593)의 꽃, 잎, 온갖 종류의 채소들로 이루어진 얼굴만큼 잘 나타내지 못할 것이다.

유대교 신비주의자들은 하느님이 그의 얼굴을 감추는 이유가 그 영광의 위력을 직접 접하는 피조물은 타 죽기 때문이라고 말한다. 하느님은 숨은 신 deus absconditus, 알 수 없는 분, 피조물에게 자리를 내어주기 위해 물러나 계신 분 tsim tsum 으로 남아야 한다. 그래서 신의 옥좌 옆에는 천사들의 으뜸이요, "신의 얼굴을 한 왕자 sar ha-panim"[18] 메타트론이 있다. 성경에서 말하는 대로 인간이 신의 형상대로 지어졌다면 신이 눈에 보이지 않듯 우리도 기본적으로는 눈에 보이지 않아야 할 것이다. '얼굴의 천사'가 하느님의 옥좌와 가장 가까이 있기 때문에 우리가 하느님과 닮은 이미지를 가장 가까이서 발견하는 지점도 얼굴이다. 그 천사가 얼굴에 힘을, 레비나스의 말대로라면 "듣고 싶어 하지 않는 이들을 설득하는 힘"[19]을 부여한다. 천사들은 고지告知하고, 보고하며, 메시지를 전한다. '천사 angel'라는 단어의 뿌리에 해당하는 그리스어 'aggelos(사자使者)'에는 이 의미가 고스란히 담겨 있다. 나의 얼굴은 나의 현존을 고

지하고, 나의 본성을 보고하며, 무엇보다도 바깥으로 향해 있음으로써 타인들에게 메시지를 전한다. 천사들은 나팔을 분다. 그들은 깨어날 것을 촉구한다. 얼굴도 그렇다. 얼굴은 호응을 요구한다. 신화들과 이런 유의 미드라시*들이 레비나스의 윤리적 형이상학의 배경에 깔려 있다.

햄릿이 거트루드에게 하는 대사. "가지 마십시오, 제가 거울을 보여드 릴 테니/어머니의 가장 깊은 속내를 들여다보시지요."

얼굴은 성격을 보여준다. 거울은 거짓말을 하지 않는다.

그렇지만 또 다른 관찰력이 뛰어난 시인 엘리엇은 얼굴이야말로 우리가 가식적으로 꾸밀 수 있고 실제로 그렇게 하는 곳이라고 말한다. "만나야 할 얼굴들을 만나기 위하여 자신의 얼굴을 준비할 시간."[20] 얼굴은 드러내는 동시에 감춘다. 어떤 효과를 노리고 얼굴의 드러냄을 통제할 수 있다면, 이것은 진정한 드러냄인가, 그저 조작에 지나지 않는가? 메릴린 먼로는 이렇게 말했다. "나는 얼굴로 내가 원하는 것은 뭐든지 하게 할 수 있어요."

'부족적'인 것이든 '문명화된' 것이든, 성대한 의식 전통(형식을 중시하는 아랍 사회, 18세기 프랑스, 중국 왕조 등)에서는 얼굴이 가장 깊은 속내를 드러내는 법이 없다. 얼굴은 아무 말도 하지 않아야 한다. 얼굴을 통제할 수 있는 사람은 침착하다. 자신의 가장 깊은 부분, 사악하고 짐승 같고 최소한 문명화되지 않은 부분을 예속시킬 수 있다는 뜻이니

---

*   미드라시(midrash): 구약 성경에 대한 고대 유대인의 주석. 율법을 상술하고 실례를 들어가면서 도덕적 교훈을 끌어낸다.

까. 신중함은 지배력을 나타낸다.[21] 의복과 장신구는 단지 패션, 매력을 돋보이게 하는 장식, 표현에 그치지 않는다. 가발, 분, 베일, 머리쓰개, 면도와 수염 손질, 미인점 등은 얼굴이 통제에서 벗어나지 않게끔, 가장 깊은 내면이 보이지 않게끔 돕는다. 특히, 하인들은 제복을 입는다. 남자 하인들은 말끔히 면도를 하고, 여자 하인들은 보닛을 쓴다. 변장 기술로서의 얼굴의 기술, 페르소나(타인의 눈에 비치는 모습)의 승리, 기표를 숨기는 의미 작용이다.

낭만주의는 인간의 내면을 해방시켰고 이러한 얼굴 스타일과 결별했다. 1960년대 히피들이 길고 헝클어진 머리칼, 아무렇게나 기른 수염, 아무것도 바르지 않은 입술과 뺨으로써 양복, 잘 정돈된 파마 머리, 군인처럼 강인한 턱으로 이루어진 세계와 대결했던 것처럼 말이다.

고전주의 대 낭만주의. 통제 대 표현. 그래서 인간의 내면은 어떻게 되었나?

잉마르 베리만의 영화에 잘 드러나 있듯이, 노르웨이 여배우 리브 울만의 얼굴에 투명하게 비치는 감정은 오로지 카메라를 위한 것이었다. 그 표정들은 '연기'였다. 그래도 그녀가 자신의 내면을 내보였다고 볼수 있나? 아니면 그녀는 '순전히' 캐릭터를 연기했을 뿐인가? 그렇다면 그녀도 메릴린 먼로처럼 얼굴을 도구로 사용한 게 아닌가? 그녀의 성격이 배우가 되라고 촉구한 게 아니라면 말이다. 게다가 얼굴로 소환되지 않는 내면이 있는 건가? 창녀도 가장 깊은 내면을 상징하는 특정 신체 부위, 말, 행위, 혹은 느낌을 절대 불가침으로 남겨둠으로써 순결을 지키듯이?

프루스트는 햄릿을 정정한다. "인간의 얼굴은 실로 저 동방의 신들의 얼굴을 닮았다. 모든 얼굴들이 서로 다른 면들에 놓여 있어서 그 얼굴들을 동시에 보기란 불가능하다"고 프루스트는 말한다. 얼굴은 오랜 시간을 두고, 빛이 변하는 가운데, 여러 장면을 통해서 바라보아야 한다. 얼굴이 '하나'인 사람은 아무도 없다. 거트루드의 가장 깊은 내면은 하나의 거울로만 잡아낼 수가 없다. 나이 든 얼굴은 "모든 얼굴들"의 합성판을 내보인다. 일곱 나이*가 지나가고 다시 지나가니, 가히 올과 올 사이를 읽어내야 할 직물이다. 심지어 아기의 얼굴조차도 그 다양성을 시사한다. 아직 실현되지 않았지만 가능성이 있는 기질이 순간적으로 표정에 나타나곤 한다.

스위프트는 햄릿에게 동의한다. 조너선 스위프트는 「자기를 아는 어려움에 대하여」라는 설교에서 자기 인식에 도달하려면 자기를 비추는 거울이 꼭 있어야 한다고 했다. "사람은 자기 얼굴을 아는 것 이상으로 자기 마음을 알 수 없다. 리플렉션^Reflection(자신을 비춰봄/깊이 생각함) 말고는 방법이 없다." 스위프트는 이 리플렉션이 타인들의 시선을 통해 가능하다고 보았다.

와일드는 스위프트와 햄릿에게 동의하지 않는다. "인간이 자기 자신으로서 말할 때만큼 솔직하지 못한 때는 없다. 그에게 [거울이 아니라] 가면

---

*   일곱 나이: 셰익스피어의 「뜻대로 하세요」에 나오는 표현으로 유아기, 아동기, 연애기, 군인기, 정의기, 노년기, 고령기를 가리킨다.

을 주라. 그러면 진실을 말할 테니."

괴테는 와일드 편을 든다. "너 자신을 알라고? 내가 나 자신을 안다면 도망쳐버릴걸?"

거울은 깨뜨려야 할 것

아침 일찍
찬물에 샤워를 하고
─무심코─
거울 앞에 선다.

얼마나 초라한 남자냐.
참깨를 뿌린 듯한 머리칼,
흰 수염, 깊은 주름,
─가련하구나, 늙은이!─
내가 아니다, 결코 내가 아니다.

이 대지 이 생명
바다에서는 고기 잡고
별과 함께 사막에서 잠들고
숲이 있으면 집을 짓고

낡고 그윽한 농법으로 경작을 하고
코요테와 소리 맞춰 노래하고
핵전쟁 그만두라 노래하고
피로를 모르는 나 지금 17세
씩씩하고 믿음직한 젊은이.

가만히 결가부좌를 한다.
이윽고 온갖 생각이 사라지고
지금 소리 하나 다가온다.

"이 생명 늙음을 모르고
이 대지 건강하려면,
거울은 깨뜨려야 할 것."[22]

거울아, 벽에 걸린 거울아. 거울이 주로 보여주는 것은 내면이 아니라 나이 들어가는 외면의 얼굴이다. 상점 진열창에서 언뜻 본 내 모습, 이상한 각도에서 거울에 비친 얼굴은 아마도 "심란하기 그지없는 노화의 첫 자각"[23]일 것이다. 프로이트도 이 심란한 인식을 경험했다. 그는 열차 여행을 하던 중에 웬 노인이 자기 객실로 들어오나 했다. 하지만 그 노인은 프로이트 자신이었다. 열차가 심하게 흔들리는 바람에 문이 확 열리자 그 뒤 거울에 자기 얼굴이 비쳤던 것이다. 그는 거울에 비친 자기 모습에 반감을 느꼈다. 바그너도 비슷했다. 그는 상점 진열창에 비친 자기 모습에 거부 반응을 일으켰다. "저 회색 머리를 한 내 꼴은 도저히 인정할 수가 없군!"**24**

왜 충격을 받는가? 단순히 나이가 들었다는 사태를 보지 않으려는 건가, 아니면 다른 것에 대한 거부인가? 얼굴 자체를 거부하는 건가? 갑자기 어머니 얼굴이 보여서? 아니, 하지만 나란 말이야! 어머니도 아니고, 언니도 아니고, 진짜 나라고, 맙소사! 프루스트는 말한다. "일정 나이를 넘어 자기 자신이 될수록 그 집안사람의 특징이 명백하게 드러난다." 자기 자신의 얼굴을 가짐 = 더욱더 개인화됨 = 자신의 혈통을 가짐. 문득 거울에 비친 모습에 충격을 받는 일은 어느 연령대에나 일어날 수 있다. "난 내가 저렇게 생긴 줄 몰랐어!" 나는 사진을 찢고, 그리 중요하지 않은 대화 동영상을 없앤다. 기록에 남는 이미지가 내가 '나'라고 느끼는 보이지 않는 이미지에 부합하고 그 이미지를 확증해주었으면 해서다. 그러므로 내가 못 참겠는 것은 나이의 흔적이 아니라 빼도 박도 못하게 드러나버린 나의 소중한 망상이다. 나는 내 얼굴에 내 성격이 드러날 줄 알았다. 나는 '나'의 보이지 않는 이미지가 정말로 거울 속에 있기를 바랐다. 거울은 너무 많은 것을 빼먹는다. 거울은 온전한 진실을 말할 수 없다. 고로, 거울은 늘 거짓말을 하는 셈이다.

온전한 진실. 거울은 무엇을 빼먹는가? 어째서 거울에 비친 이미지는 결코 옳을 수가 없는가? 예이츠는 이렇게 설명한다.

허영이 드러나지 않는

거울을 보고 또 보면서

나는 얼굴을 찾고 있네,

세상이 만들어지기 전의 내 얼굴을.[25]

우리는 아직 살아가고 있고 성격도 계속 형성되어가는 과정 중에 있으므로 성격 전체를 포용하는 원초적 이미지는 미완으로 남을 수밖에 없다. 온전한 성격은 절대로 보여줄 수 없다. 유일한 참된 이미지는 그때그때 나타나는 이미지다. 그러므로 우리는 "거울을 보고 또 보면서" 찾는 것이다.

얼굴 없는 캐릭터. 의도적으로 캐릭터의 얼굴 묘사를 넣지 않는 작가들이 많다. 독자는 캐릭터의 이름, 행위, 대화, 그리고 다른 인물들의 시각을 통해서 이런저런 단서를 모은다. 작가는 주인공의 좋은 안색, 악당의 반쯤 내리깐 눈과 뭉툭한 치아를 지루하게 묘사하지 않고도 얼마든지 소설의 진도를 뺄 수 있다. 이야기 속의 인물들은 상상을 통하여 캐릭터가 된다. 우리는 인물들을 눈에 보이는 모습으로 상상하지만 그들의 본질은 여전히 복합적이고 비가시적인 이미지다. 소설이 영화화될 때 가시적인 얼굴(배우의 얼굴)은 결코 상상했던 캐릭터와 딱 맞아떨어지지 않는다. 오드리 헵번이 「전쟁과 평화」에서 나타샤 역을 아무리 잘 소화했어도 우리가 극장에서 본 얼굴은 나타샤가 아니라 오드리 헵번이다. 문학적 허구는 완전히 액면 그대로 영상으로 옮겨지지 않는다. 세상이라는 무대에 등장하고 퇴장하는 우리 중 그 누구도, 캐릭터의 매혹에 꼭 필요하거니와 캐릭터를 상상하지 않을 수 없게 하는 이 비가시성을 위협하지 않고는 캐릭터를 눈에 보이게 만들 수 없다.

"얼굴은 사용되어야 한다." "얼굴은 미완의 것, 진행 중인 작업이다. (…) 얼굴은 완성된 이미지가 아니기 때문에 사용되어야 할 필요가 있다."[26] 시카고의 예술사학자 엘킨스가 한 말이다. 나이듦은 얼굴의 진행이다. 얼굴을 단지 신체의 또 한 부분으로만 생각한다면 얼굴도 다른 부분들과 마찬가지로 시들어가고 쭈그러들고 얼룩덜룩해지고 무너진다. 그러나 얼굴을 다른 의미가 있고 제 나름의 운명이 있는 현상으로 본다면, (특히 예순 살 이후에) 얼굴에서 일어나는 모든 것은 진행 중인 작업, 이미지 수립, 우리가 만나는 얼굴들과는 거의 관련이 없는 어떤 얼굴을 준비하는 일이 된다. 오히려, 기억을 향한 어떤 초상의 진행이 이루어진다고 할까.

"얼굴은 사용되어야 한다." 어떻게? 밖으로 나가 비바람을 맞고 무두질을 당하면서 세계에 적극적으로 참여하라는 말인가? 우리는 서로의 얼굴을 맞대고 전면전을 치러야 하는가? 얼굴을 사용하는 또 다른 방법은 나이를 먹는 것이다. 노화는 매일매일 우리의 얼굴을 사용하고, 성형 수술은 그러한 사용 흔적을 보수하려고 한다. 우리가 굳이 노력을 하지 않아도, 완전히 수동적으로, 고독한 수도사의 독방 안에서도, 무균실 안에서조차, 얼굴은 사용되고 있다. 레비나스는 "나이듦의 과정은 아마도 가장 완벽한 수동적 종합의 본보기일 것"[27]이라고 말한다. 얼굴은 (종종 당사자의 의지와 상관없이) 성격의 증인으로서 만들어지고 있다.

융과 프로이트. 융은 아동기, 성욕, 발달 등에 대한 프로이트의 이론을 수정한 데서 그치지 않았다. 그는 얼굴을 마주하는 분석으로 분석가의 힘을 상대화했다. 분석가의 위치를 긴 의자에 누운 환자의 뒤쪽에서 환자 맞은편으로 이동시킨 것이다. 환자와 분석가, 마주 놓인 두 개의 안락의자, 얼굴과 얼굴을 맞대는 만남. 감춤과 폭로는 서로를 바라보는 시선이 되었다. 무의식은 이제 무서우리만치 어려운 만남 속에 있다.

얼굴이 완성된 이미지가 아니라면 정신분석은 이 이미지를 완성할 기회, 자기 얼굴에 공을 들일 기회가 될지도 모른다. 환자는 분석이 발전시키는 성격의 변화를 방해하지 않는 얼굴을 드러내든가 구성하려고 한다. 그렇지만 프로이트적 얼굴은 마치 상담실의 벽난로 선반에 놓여 있는 프로이트 흉상처럼, 혹은 학위증과 함께 벽에 붙어 있는 프로이트의 사진처럼, 남자 정신분석가의 턱수염처럼, 완성된 이미지로 보인다. 분석가가 얼굴을 마주 보지 않는 프로이트의 방법대로 환자 뒤쪽에 위치할 때는 프로이트의 이미지, '신의 모방^{imitatio dei}'을 취하고, 인터내셔널 스타일* 건축물 비슷하게 어디서나 보편적으로 기능하고 어느 내담자에게나 써먹을 수 있는 분석을 한다.

융의 얼굴. 취리히 융 연구소 학생들이 이 학문 분과의 창시자와 대

---

*   인터내셔널 스타일(international style): 장식성보다는 기능성을, 지역성보다는 보편성을 중시하는 건축 양식.

화를 나누기 위해 융의 자택을 방문했다. 당시에 융은 80대 노인이었다. 누군가가 그림자에 대해서 아주 추상적인 질문을 했다. 그는 바로 대답을 했다. 융은 손을 뺨에 얹더니 "바로 여기 있지"라고 말했다. 그림자는 개념이나 이론이 아니다. 그림자는 커튼 뒤에 도사리고 있지 않다. 그것은 얼굴에 살아 있는 힘이다.

세계의 얼굴. "세계는 자기 얼굴의 주름을 발달시키기 위해 살아간다"[28]고 T. E. 흄이 말했다. 다시 한번 말하건대, '세계의' 얼굴이다. 인간만 얼굴이 있는 게 아니다. 우리가 얼굴을 모두 소유하고 있는 것은 아니다. 달 속의 사람, 구름 속의 얼굴들, 바위에 새겨진 옆얼굴, 나무 몸통에서 노려보는 눈, 당근이나 감자에서 문득 보이는 얼굴, ……. 건물들은 파사드와 표피를 뽐내고, 시내 거리에서 서로 얼굴을 마주한다. 고대 이집트인들은 하늘이 아주 큰 얼굴이고 해와 달이 눈이라고 상상했다. 아메리카 인디언 나바호족은 무엇인가가 우리를 항상 지켜보고 있다고 말한다.

"물건이 우리를 노려본다"고 더는 상상하지 않는다면 우리 주위의 사물은 이제 윤리적 도전을 유발하지도 않고 어떤 호소도 하지 않을 것이다. 사물들은 나-너 관계가 얻을 수 있는 대화의 파트너가 되지 못한다는 얘기다. 세계의 영혼이 얼굴을 잃는다면 우리는 이미지가 아니라 사물을 볼 것이다. 사물은 우리에게 소유와 사용을 요구할 뿐이니, 사물은 곧 소유물이 된다.

환경론자들은 세계의 잃어버린 얼굴을 언급하지 않는다. 그들이 적으로 삼는 수확인, 착취자, 개발자 들과 마찬가지로 세계를 자기 욕망대로 읽을 뿐이다. 지속 가능성, 보존, 복구는 고결한 계획이지만 여전히 인간이 책임자요, 세계는 우리가 우리 계획을 시행하는 무대에 불과하다. 환경주의는 이제 세계의 얼굴에 잡힌 주름을 읽을 필요가 있다. 세상의 부분들 하나하나에서 성격을 읽어내고 세계의 발달을 연구하면서 그 무방비함에 날카로운 충격을 받아보아야 한다.

주의를 기울인다는 것은, 느리게 행동한다는 것. 따라서 환경론 연구는 결론을 급하게 끌어내지 않는다. 세계의 주름을 신속하게 읽어낼 방법은 없다. 한 가닥 한 가닥이 초상화가나 풍경화가가 기울일 법한 치열한 주의력을 요하는 까닭이다. 그들은 주름을 읽고 주름 사이를 읽는다. 컨스터블, 세잔, 모네가 그토록 중요한 화가인 이유가 여기 있을까? 그들은 세계의 한 조각, 아주 작은 생태 지역의 얼굴에 긴 세월을 바쳤다. 예술사가들은 이 화가들을 인상파의 효시, 입체파의 효시로 보지만 나는 그들을 환경론적 회화의 시조로 본다. 그들은 모두 세계 얼굴의 가시적인 주름 속에서 비가시적인 이미지를 찾았던 성격파 화가였다.

미국에서 얼굴을 잃다. 얼굴에서 사회의 윤리가 시작된다면 얼굴의 노화를 성형 수술과 미용 시술로 억제하거나 바꿔버리고 얼굴에 축적된 성격을 변조하는 사회에서는 어떤 일이 일어날까? 노인다운 얼굴을 좀체 볼 수 없다면 어떤 윤리적 폐해가 일어날까? 혹은, 사람들에게 제시하는 얼굴이 털을 뽑고, 주름을 지우고, 카메라의 힘으로 그럴싸하게 만든 것이라면? 개선을 가하지 않은 노년의 얼굴이 측은하리만치 형편 없어 보인다면?

사회를 위하여 미용 목적의 주름 제거 수술을 금지해야 할까? 그러한 수술은 인류에 대한 범죄일까? 가시적 이미지에 대해서 하는 일은 사회에 영향을 미친다. 당신의 얼굴은 당신 아닌 모두에게 '타자'다. 얼굴이 그 본질적인 취약성을 드러내지 않는다면 돌봄의 바탕, 정직에 대한 요구, 사회적 결속의 기초가 되는 호응에 대한 촉구가 모조리 그 기원을 잃고 만다.

미국의 윤리적 위기를 논하면서 그 바탕을 논한 적은 없었다. 그러나 윤리 실추의 이유를 들자면 1960년대의 사회 해방 운동보다 나이 들어가는 미국의 얼굴을 은폐하려고만 하는 태도가 더 문제다. 흔히들 사회 해방 운동이 가족의 가치를 훼손하고 미국의 도덕적 중추를 망가뜨려 작금의 '도착적인' 상태에 이르게 했다고 말한다. 노인 세대는 고고한 도덕에 입각해 남들의 허물을 들추기보다는 자기 얼굴의 단층선을 드러내는 편이 나을 것이다.

노인들이 사회를 위해서 할 수 있는 일은 손으로 하는 일이다. 그들은 도울 수 있고, 내어줄 수 있고, 가르칠 수 있다. 그 일은 또한 발로 하는 일이다. 거리 행진에 나가고, 투표를 하러 가고, 자기 지역의 공청회나 회의에 참석하는 식으로 말이다. 그래도 노인들의 가장 주된 소임은 그들의 얼굴에, 담대히 얼굴을 드러내는 용기에 있다.

우리는 강렬한 영혼 하면 바로 떠올릴 수 있는 이미지가 거의 없다. 이 사람이다 하고 가리킬 만한 얼굴, 공동체의 정신적 지주로 삼을 만

하면서도 우리 눈으로 볼 수 있는 조상은 거의 없다. 텔레비전에서 누구를 보고 영혼에 감명을 받는단 말인가? 우리가 캐릭터를 보려면 누군가는 링컨을 연기해야만 한다! 나이 든 얼굴에 담긴 캐릭터의 힘으로 나라를 정상 궤도로 돌려놓을 수 있는 공인들이 누가 있는가? 그런 어른들이 없다면 우리 주위에는 성가신 잔소리꾼과 히스테리 환자 같은 종교인밖에 없을 것이다. 그런 인간들의 얼굴은 그들의 입에서 나오는 덕스럽고 좋은 말과 딴판이다. 족장, 샤먼, 어르신, 랍비, 두목, 총독, 스님, 주교, 그 밖에도 기강 있는 학문의 옛 스승들은 얼굴에서 드러나는 캐릭터의 현존으로써 공동체의 존경을 받았다. 그들 전부가 그랬다는 말도 아니고, 언제나 그랬다는 말도 아니다. 하지만 적어도 그들은 노인의 얼굴이 집단에 속한 것이라는 관념을 구현했다. 로마에서 새로 등극한 카이사르는 군대의 신임을 얻기 위해 행군도 함께 하고 자주 모습을 보였다. 몇몇 언행과 카메라에 노출되는 기회만으로는 성격을 능히 알지 못한다. 장기적으로 봐야 하고, 자주 봐야 한다. 서로를 간파하기 위해 서로를 바라봐야 한다. 물론, 잘못 판단하거나 잘못된 감을 좇을 수도 있다. 하지만 그러한 시행착오가 얼굴을 공적인 것으로 삼는 것이 시민의 의무라는 생각을 부정하지는 못한다. 오직 신만이 그의 얼굴을 감출 수 있다.

"이제 금방 밤이 되네. 금세 어두워질 거야." 고프가 말했다.

"그럼 우리 모두 집에 가야지." 해킷 씨가 말했다.

—사뮈엘 베케트, 『와트』

제3부

떠나버림/남음
Left

17

'떠나감'에서
'떠나버림 / 남음'으로

'떠나감'을 '죽어감'으로 바꾸고 '준비'를 '나이듦'으로 바꾼다 치자. 그러고 나면 우리가 생애 말년에 감당할 것은 떠나기 위한 준비라고 말할 수 있을 것이다. 이것이 '떠나감'에서 '떠나버림/남음'으로 넘어가는 가장 단순한 방법이다. 우리는 준비할 것이 많기에 행동은 느려지고 속으로 이것저것을 곱씹는다. 영혼이 천천히 세상에 오고 유년기라는 긴 시간을 들여 적응에 힘썼으니 떠날 때도 천천히 짐을 싸고 자리를 뜰 수 있도록 노년기를 할애함이 마땅하다.

나는 이런 사고방식이 그렇게 도움이 되지는 않는다고 본다. 지나치게 단순한 사고방식이 노년의 복잡다단한 인간사를 기만하기 때문이요, 단순함에는 위험이 따르기 때문이다. 그 위험은 세 가지로 요약될 수 있다. 첫째, 떠나감에 대한 생각을 모두 죽음에 대한 생각으로 돌리면 삶에 대해서는 생각하고 말고 할 것이 없어진다. 둘째, 우리의 호기심이 지금의 생에 대한 모험보다 다음의 생(내세, 환생, 천국과 지옥, 죽음의 강 건너편에서 온다고 하는 신호들)이라는 형이상학적 문제에 쏠릴 우려가 있다. 셋째, '나'가 떠나고 난 후에 무엇이 남는가를 생각하지 못할 우려가 있다.

우리는 이쪽에 머물면서 '떠나버림/남음'의 뜻을 지닌 단어 'left'를 좀 더 자세히 들여다보자. 'left'는 'leave'의 과거 분사로서 'has left' 아니면 'is left' 형태로 사용된다. 'has left'의 의미는 '이제 여기 없다, 가버렸다'이고 후자 'is left'의 의미는 '여전히 여기 있다, 남아 있다'이다. 우리는 가버린 동시에 여전히 남을 수 있는가?

일단, 몸은 남고 영혼은 떠난다고 말할 수 있겠다. 반대로, 몸은 분해되지만 영혼은 불멸의 것으로 남는다고 말할 수도 있겠다. 몸과 영혼을 동시에 포착하기는 쉽지 않다. 고대부터 우리 문화에는 몸과 영혼을 분리하는 단층선이 있었기 때문이다. 몸은 재가 되어 유골함에 남고 영혼은 영원한 왕국으로 떠나는가? 아니면, 일단 떠나면 아무것도 남지 않는가? '남는 것'에 대해서는 늘 논란이 있었다. 시신의 처분, 재산 문제가 결부되어 있으니까. '떠난 것'에 대해서도 말은 많았다. 어디로 떠났다는 건가? 지금 그것은 어디에 있는데? 이승의 삶 말고 또 다른 삶이 과연 있는지? 그럼, 여러분은 돌아올 수 있는가? 돌아올 건가?

'left'의 이 두 가지 의미를 연결할 수 있는가? 가버림과 남음을 동시에 상상할 수 있는가?

나는 영혼과 신체의 단순한 이원론을 버리고 이미지들로 통합된 단일한 캐릭터를 상상하자고 제안한다. 그러한 이미지들은 구체적인 모습이 있고 구체적인 힘처럼 작용한다. 그것들은 상상의 소리를 내고, 우리의 꿈속에 들어온다. 이미지들의 힘은 그 기원이 된 실존 인물이 죽고 난 후에도 수년 동안 우리의 습관이나 취향, 의사 결정에 지속적으로 영향을 미칠 수 있다. 캐릭터는 신체와 영혼을 지니고 살아 움직이며 그중 어느 한쪽으로 환원될 수 없고, 심지어 그 두 요소를 다 고려하더라도 그게 전부라고 말할 수 없다. 캐릭터는 별개의 구성이므로 무덤 속의 육신도 아니요, 신학적 목적지로 향하는 영혼도 아니다.

가령, 여러분의 어머니(먼저 간 남편, 연인, 선생님, 각별한 친구, 혹은 아주 잘 알지는 못하는 사람이어도 괜찮다)는 이미 떠났어도 캐릭터의 힘으로서는 여전히 남아 있다. 사람들의 이미지는 그들이 죽고 난 후에도 남을뿐더러 때때로 더 큰 힘을 떨치게 되기도 한다.

이 이미지들은 단순한 기억, 순전히 주관적인 '당신의 것'이 아니다. 이미지들은 놀랍도록 자율적이다. 여러분이 선택에 골몰할 때 초대하지도 않은 이미지가 불쑥 찾아와 조언, 반대 의견, 비판을 속삭이고 간 적은 없는가. 이미지들은 영감을 준다. 그것들의 유혹은 열렬하다. 이미지들은 우리를 오래전에 포기했다고 믿었던 생각에 다시 붙잡아놓는다. 벽장이나 서랍 속의 하찮은 물건들을 버리지 못하는 이유는 그 물건이 캐릭터의 유물처럼 우리에게 작용하고 캐릭터의 끈질긴 힘이 스며들어 있는 것처럼 느껴지기 때문이다. "그냥 버릴 수가 없어요!" 그리고 결국 버리게 되더라도, 아주 거창하게, 무슨 의식 치르듯 그 일을 하게 된다.

그저 기억을 더듬어보기만 해도 캐릭터의 온전함을 거의 의심하지 않을 것이다. 예를 들어 여러분의 아버지라는 캐릭터는 계속 새롭게 드러나는 점이 있고 여러분은 아버지에 대해서, 아버지로부터, 계속 배울 것이 생긴다. 아버지는 문득문득 떠오르고 여러분의 몽상 속에 찾아든다. 여러분은 나이를 먹을수록 아버지를 닮아갈 것이고, 아버지가 더 가깝게 느껴질 것이다. 거울 속에서 얼핏 본 모습, 식당에서 먹은 음식, 옛날 영화 속의 농담 한마디, 담뱃불을 붙일 때의 특징을 불현듯 알아차릴 것이다. 우리가 꼼꼼히 관찰할수록 이미지들은 더 많은 것을 드러내며 사망 기사에 수정을 가하고, 인상을 미묘하게 바꿔놓고, 여전히 뭔가를 가르친다.

우리는 떠나기 한참 전부터 우리의 복합성을 하나의 '캐릭터'로 압축하는 이미지들의 뭉텅이로 구성된다. 캐릭터는 상상적 생명력으로서 타자들에게 영향을 미친다. 우리는 타인들이 지각하는 이미지를 모르기 때문에 우리 자신의 캐릭터가 미치는 영향도 잘 모른다. 이 캐릭터의 이미지들이 타인의 꿈과 생각 속에 들어가 반응을 촉발하고, 감정을 깨우고, 의문을 불러일으킨다. 마치 뭔가를 촉구하듯이 말이다.

그러므로 여러분이 떠난 후에 남는 것은 캐릭터, 결국 성격이다. 이 겹쳐진 이미지가 처음부터 여러분의 잠재력과 한계를 형성해왔다. 노년은 이 성격을 더욱더 선명하게 규정한다. 언제나 똑같은 이야기와 성애적 환상, 잠 못 이루는 밤과 기억의 방들을 오가는 탐색이 우리만의 독특한 성격을 우리에게 강요하기 때문이다. 늘 의자에 앉아 있거나 벤치를 지키는 우리, 운신의 폭이 좁아지고 기력도 믿을 만하지 않은 우리는 점점 이미지로 환원된다. 우리는 "여전히 생생한 이미지들이 낳는 이미지들"[1]이 되었다.

    남겨진다는 것. 이 가능성이 친밀한 결합, 특히 부부로 만나 가장 가까운 동지가 된 관계에는 늘 도사리고 있다. 자기만 남는다, 남겨진다, 상대가 먼저 간다, 자기가 혼자가 된다는 상상은 결혼의 첫 순간부터 들어와 있다. 혼인 서약에 나타나는 '병', '버림', '죽음', '떠나다' 같은 단어들만 봐도 그렇다. 결합이 있으면 분리, 기만, 버림, 이혼의 가능성이 있다. 서로 거리가 벌어지기 한참 전부터, 남겨짐이라는 원형적 조건이 우리를 괴롭힐 수도 있다. 불안은 버림받을지도 모른다는 어린 시절의 공포에서 비롯되는 것만은 아니다. 남겨짐은 결혼에 처음부터 내재하고 함께 사는 세월이 길어질수록 더욱 두려워지는, 완전히 성인의 조건이다.

    결혼의 여신인 헤라의 신화와 이 여신에 대한 숭배는 이러한 비참함과 직결되어 있다. 헤라는 달이 상현달, 보름달, 하현달로 변하는 동안 그에 걸맞은 세 가지 모습을 지닌다. (스팀팔로스에서는) 달의 모양에 따라서 헤라 숭배 의식을 산, 도시, 저지대 늪지로 장소를 옮겨 가며 치렀

다. 또한 의식을 치르는 장소에 걸맞게 어린 신부, 원숙한 아내, 과부로 여신의 얼굴을 구분했다.[2]

은유적으로 저지대 늪지와 흐려지는 달빛에 해당하는 하현달 상은 남겨짐을 직접적으로 시사한다. 헤라의 다른 이름들 중 하나인 '케라'[3], 그리고 이 이름과 어원이 같은 단어들에는 '과부', '홀아비', '버려진 자', '유족', '떠나감/버림', '고독하게 살기', '유배', 나아가 '욕구', '가난' 같은 의미들이 담겨 있다. 지금은 '노숙자'나 '넝마주이 할머니' 같은 뜻도 추가할 수 있지 않을까. 이 환상들은 노년에 집중적으로 투사되지만, 사실 연령에 상관없이 찾아올 수 있다.

결혼이 노숙자에게 진정한 쉼터를 제공하지는 않는다. 결혼은 허술하기 짝이 없는 성채다. 헤라가 결혼의 여신이라면 '케라'도 결혼의 시작부터 함께하는 셈이기 때문이다. 그래서 우리는 결혼의 주위에 담을 치고 건실한 가정을 만들려고 애를 쓴다. 공동의 물건으로 집을 그득그득 채우려 애쓴다. 물리적 주택과 세간살이는 우리가 '케라'를 집 밖 거리에, 현실이 아니라 위협적인 가능성으로만 잡아두는 방식을 나타낸다. 헤라는 원래 집을 좋아했다. 집과 가정은 그녀의 영역이다. 집을 지으면 안전에 대한 희망이 생기고, 집을 나가면 가정의 일과에서 느끼는 구속과 유대가 깨진다는 위압적인 두려움을 느낀다. 우리가 있던 자리에 가만히 있을 수만 있다면, 우리는 함께 머물 수 있고 결코 홀로 남겨지지 않을 것이다.

그러나 헤라가 있는 곳에는 '케라'도 있다. 암소 같은 눈망울의 유순한 신부는 결혼의 얼 속에서 결코 죽지 않고, 살림을 휘어잡고 지배하며 대접받아야만 하는 아내도 그 안에 있으며, 영원히 홀로 남겨졌기에 늘 궁핍한 여인도 엄연히 그 안에 있다. 여신 하나가 이 세 조건을 떼려야 뗄 수 없이 갖추고 있으므로 헤라라는 인물 속에는 이 세 가지 잠재성이 모두 다 있다. 홀로 남겨질지 모른다는 환상은 달이 꽉 찼을 때도 부부 사이에 파고들 수 있다. 결혼식 날에는 싱그럽게 미소 짓는 젊은 헤베(헤라의 청춘, 헤라의 딸)만 보이겠지만 우리는 '케라'와 결혼하는 것이다.

'left'에는 다른 의미도 있다. 이 'left'는 죽음의 형이상학과 무관하지만 나이듦과 성격을 이해하는 단초가 된다. 나는 정치적 좌파[left], 오른쪽이 아니라 왼쪽 얘기를 하는 것이다. 프랑스어에서 '왼쪽'에 해당하는 단어는 'gauche'인데 여기에는 '서투른'이라는 뜻이 있다. 이탈리아어의 'sinistra'에는 '기이한'이라는 뜻이 있다. 스페인어 'izquierdo'에는 '삐뚤어진'이라는 뜻이 있다. 고대 영어에서 'left'와 어원이 같은 단어에는 '질병', '마비' 등이 있다. 독일어에서는 '연약한', '무가치한' 같은 단어를 찾을 수 있고 중세 영어에서는 '불구의', '결함 있는', '어설픈' 등이 보인다.

우익, 이른바 솔직한 사고방식의 애국 정치인이 좌익을 못 보아 넘기더라도 당연시해야 한다. 정치적 우파가 좌파를 미심쩍게 여기는 수준에 그치지 않고 지독한 편협성을 드러내며 '극우'로 치닫는 모습도 흔히 볼 수 있다(교육자들이 왼손잡이는 아동의 성격 발달에 악영향을 끼치기 때문에 반드시 교정해야 한다고 주장한 것도 그리 오래전 일은 아니다).

노년은 우리가 곧잘 남겨지고^{left out} 뒤에 남게 되는^{left behind} 까닭에 좀 더 왼쪽^{left}으로 기울곤 하는 시기다. 약하고, 결함이 있고, 어설픈 이 몸뚱이는 이미 좌경화되고 있다. 이 정신도 삐뚤어진 길을 따라가 반골적인 생각이나 감정과 기이하게 조우하곤 한다. 나는 어느새 억압받는 자, 약자, 주변인의 길동무가 되어 있다.

노년에는 사람이 더 엄격해진다고들 한다. 스크루지는 구두쇠의 전형이 되었다. 늙은 마녀는 아이들을 잡아먹는다. 늙은 왕은 병석에서 죽어가고 왕국은 도탄에 빠진다. 지난 100년 동안 풍자만화는 독점 기업인, 제국주의자, 월 스트리트의 배불뚝이 자본가, 거들먹거리는 고위 성직자, 골프복 차림의 군 장성을 노인의 모습으로 그렸다. 여론 조사도 노년의 우경화를 확인해준다. 실제로 나이 많은 유권자들은 도덕적으로 엄격하고, 인색하며, 자비심이라고는 없는 보수파에 표를 던지는 경향이 있다. 그래서 우리는 그렇다고 믿게 된다.

그러나 심장에는 자기만의 늙어가는 방식에서 비롯된 자기만의 계획이 있다. 정치적 우파라고 해도 개인들은 왼쪽으로 기우는 경향이 있다. 우리는 자비, 감미료, 찬사를 찾는다. 감사한 마음에 학교 등의 기관에 기부금을 내놓고, 가난, 무지, 아픔으로 인한 고통을 덜어주기 위해 자선 단체에 기부를 한다. 노년의 가장 중요한 주제는 받은 것을 돌려주는 것, 우리가 얼마나 도움을 많이 받고 여기까지 올 수 있었는가를 돌아보고 감사하는 것이다. 우리는 친절에 반응하고 역사적 성지, 오래된 동물, 자연 경관을 보존하는 협회에 가입한다. 우리는 대의를 옹호하기 위해서 언론 기관에 편지를 보내고 시위에 가담한다. 괴테는 "재능은 고독 속에서 발달하고 성격은 생의 흐름 속에서 발달한다"고 했다. 우리는 개인적으로는 허물어지고 있지만 개선에 대한 진보적인 시각을 가지고 있다. 장애인, 퇴역 군인, 학습 부진아, 상습범—이들이 바로 우리다. 우리는 무기력을 떨치고 미술관에 가서 우리를 거의 울게 만드는 그림을 감상하고, 위대한 음악 속에 우리의 편견을 녹인다. 교회에 노인이 많은 주된 이유는 죽을 날이 가까워서이겠지만 기도, 고요함, 아름다움도 그 이유가 아닐까? 우리는 호통을 치고 소동을 일으키기도 하지만, 고맙다고 미소를 짓고 병든 친구에게 전화를 걸고 작은 새들에게 먹이를 주기도 한다.

나는 노인의 진정한 계획은 좌파의 계획이라고 생각한다. 공정성에 더 힘쓰고 자기 이익을 덜 챙길 것, 개발보다는 복원에 힘쓸 것. 처방을 내리기보다는 사회의 돌봄에 힘쓸 것, 자연에서 뭘 뽑아낼 생각만 하지 않고 복구하려고 애쓸 것, 노인 의료 보험 제도에 대한 논쟁을 줄이고 진심 어린 간호에 힘쓸 것. 대중교통 수단을 늘리고 사적인 거주지는 줄일 것. 학교가 지루한 감옥이 되지 않고 어린아이들을 잘 가르칠 수 있도록 공교육에 투자할 것. 사용자 친화적인 전자 제품보다는 사람과 더 친하게 지낼 것. 총이 아니라 평화를.

연금술사들의 목표 중 하나는 '영약靈藥', 세상의 모든 병을 치료하고 오래오래 살게 하는 만병통치약을 만드는 것이었다. 이 신비로운 물질에는 여러 이름이 있었는데, 그 이름 중 하나가 철학자의 돌lapis philosophorum이다.

연금술사가 돌을 '연화softening'하라고 권하면 우리는 귀를 기울이게 된다. 그의 설명이 바위처럼 단단한 캐릭터가 되는 것이 오래 버티는 길이라는 우리의 견고한 사고 습관을 거스르고 우리의 믿음에 부딪히기 때문이다.

15세기 말의 연금술사 조지 리플리 경은 이렇게 썼다.

> 이 돌들은 (…) 설탕을 보관할 때처럼 따뜻한 곳이나 최소한 건조한 곳에 두어야 한다. 그 이유는 돌들이 너무 부드럽고 기름기가 많아서 습한 곳에서는 녹아버리기 쉽기 때문이다.[4]

리플리는 마지막에 남는 것에 대해서 일반적이지 않은 관념을 도입했다. 남는 것은 감미롭고 부드러운 것, 기름처럼 진정시키는 것이다. 다른 대목에는 "왁스 같고" 펴 늘리기 좋은 것으로 묘사되어 있기도 하다.

이러한 특성들은 노인들에 대한 관습적인 묘사에서 자동으로 튀어나오곤 한다. "노인의 부드러운 손길." "참으로 다정한 노부인!" "난 바보 같은 일에도 흐물흐물 녹아서 눈물을 쏟아낸다니까." "내가 그 손자한테는 특히 약하다니까." "그 사람, 이제 정말 약삭빨라서 네가 어떻게 밀어붙이든 끄떡없어." "그 여자 아주 물렁해졌어. 이제 예전처럼 독한 데가 없어." 거칠고, 날카롭고, 무정한 사람도 나이 들면 너그러워지고, 온건해지고, 느슨해진다.

19세기 프랑스 정신의학은 노화의 특성이 '뇌의 연화'에서 비롯된다고 주장했다. 이 개념은 미국 의학뿐만 아니라 대중적인 치매 개념에도 영향을 미쳤다. 당시의 병리학자들은 시신의 해골 안에 부드러운 뇌가 있다고 보았지만 지금은 쪼그라든 뇌가 있다고 본다. 이러한 병적 측면들은 노년의 정신에 대한 두 가지 불안을 나타낸다. 빈틈없는 실증적 이성의 시대에 연화는 광기나 죽음을 뜻했다. 장대하고 거창한 확장의 시대에는 작은 것이 두렵다. 그리고 시대를 막론하고 우리가 끌어낼 수 있는 교훈은 이것이다. 즉 노년의 신체에서 발견되는 사실을 미리 예측하지는 못하더라도 상상을 통해 준비하는 경우가 많다.

코네티컷 출신의 시인 월리스 스티븐스는 노년에 이르러 "침대, 의자, 움직이는 수녀들밖에 없는" 로마의 한 수도원에서 생애 말년을 보냈던 조지 산타야나를 생각했다. 스티븐스는 이렇게 노래한다. "날아간 현수막이 얼마나 쉽게 날개가 되는지…/(…)/신문팔이 소년이 투덜거리는 소리가/또 다른 속삭임이 되네/약 냄새, 방향제 냄새." 철학자는 "두 세계에" 존재하고 두 세계 사이의 문지방은 흐물흐물해진다. "천국의 문지방에서 거리의 사람들은/천국의 사람들이 되고/(…)/두 개의 평행선은 하나가 되네."[5]

작가들의 노년에 관심을 두었던 문학평론가 캐슬린 우드워드는 스티븐스의 성찰을 다시 짚어본다. 그녀는 떠나가는 자에서 떠난 자로의 이행을 '실체 변화'*라고 한다. 이 과정은 삼차원에서 이차원으로 옮겨 가기, 살아 있는 존재에서 그림자 실체 혹은 이미지로서의 존재가 되는 것이다. 단지 이미지일 뿐이지만 완전한 이미지, 그리고 이미지로서는 완성된 것이 되리라.

리플리는 철학자의 돌을 '돌들'이라는 복수형으로 말한다. 하나의 최종 결과, 만들어지고 이루어진 하나의 물건이 아니라 작은 무더기 취급을 하는 것이다. 어떤 '나'가 반응할지, 어떤 '나'가 능숙한지, 오늘 내가 원하는 것을 내일의 '나'도 과연 원할지는 모른다. 이러한 상태를 붕괴disintegration라고 볼 수도 있지만 성격이 복합적인 본성을 충만하게 드러내는 것으로 볼 수도 있다.

노년의 다원적 성격은 나이듦에 대한 설명의 다면성을 이해하는 데 도움이 된다. 어떻게 달랑 한 가지 이론으로 이 많은 돌들을 설명하겠는가? 어떤 이는 신속한 신진대사 때문에, 어떤 이는 세포 분열이 멈춰서, 어떤 이는 텔로미어가 너무 길든가 너무 짧든가 균형이 잡혀 있지 않아서 늙어버렸다. 어떤 이는 어릴 적의 트라우마를 끝내 극복하지 못하고 있고, 어떤 이는 무슨 대가를 치르더라도 반드시 감당해야 할 의무가 있어서 거기에 매달려 산다. 혹자는 아직 신께서 부르지 않았다는 이유로 산다. 자신의 별자리에 마지막 위기가 아직 닥치지 않았다고, 아직은 운명의 여신이 그들의 실을 자르지 않았다고 하는 사람들도 있다. 때로는 통계학(지리, 경제, 직업, 습관 등)을 이유로 자신은 아직

---

* 　　　실체 변화(transubstantiation): 종교적 맥락에서는 성변화(聖變化, 특히 빵과 포도주가 그리스도의 몸과 피로 변하는 것)라고 한다.

떠나지 않았다고 하는 사람들도 있다. 나는 각각의 돌이 어떻게 지금과 같은 돌이 되었고 왜 지속되어왔는지에 대해 저마다의 사연을 가지고 있음을 상상할 수 있다. 하나의 사연이 모든 돌에 들어맞을 수는 없다. 왜 우리 자신을 통일된 노화의 사연, 혹은 캐릭터의 사연에 가두어야 한단 말인가?

우리의 특성들은 서로 잘 어우러지지 않는다. 인간 본성은 부드러운 아말감이 아니다. 여덟 명의 증조부모가 한 식탁에 둘러앉았다고 생각해보자. 그들이 공통의 언어를 찾거나 모두 똑같이 좋아하는 음식을 찾을 수 있으리라 보는가? 마지막에 남는 것은 건너갈 수 없는 간극들이다. 노년의 우리는 구멍이 숭숭 뚫린 존재들이다. 우리는 틈이 많다.

틈? 아니, 그보다는 사람이 일정 나이에 이르면 성격에 따개비들이 다닥다닥 붙는다고 할까. 늙은이들을 두고 "다가갈 수 없는" 사람이라는 식으로 말할 때가 얼마나 많은가. 노인에 대한 우리의 관념이 접근을 막는다. 우리는 노인들의 외모, 냄새, 특이한 체질적 버릇을 색안경을 쓰고 본다. 그렇지만 거북의 등딱지가 두꺼워지고 거칠어지는 이유는 그 속의 말랑말랑한 알맹이, 온화한 자부심, 유연한 의지를 보호하기 위함이라고 생각하자. 노인들이 강퍅해지는 이유는 그들의 부드러움 때문이라고 생각하자.

그래서 완성된 영혼이 부드럽고 잘 휘어진다는 리플리의 설명은 '자연스럽지 않아' 보인다. 연금술사들의 목표가 그렇듯 자연에 반하는 일 opus contra naturam 이라고 할까. 자연 속의 돌은 힘주어 누른다고 해서 모양이 쭈그러지지 않는다. 그러나 밀랍 같은 돌이라면 뜨거운 손에 잡히면 부드러워지고 자국을 내기도 쉬울 것이다. 그리고 자국을 지우기도 또 그만큼 쉽다. 단단하게 굳은 점토판이나 돌에 새겨진 원칙들과는 달리, 철학자의 돌은 온도와 상황에 따라 잘 변한다. 촉촉한 부드러움이 이 돌의 귀한 특성이다.

마지막에 남는 것은 단순한 자연의 한 부분이 아니라 영혼과 자연의 특별한 혼합물, 심리적으로 민감한 동시에 자연적으로 다른 것으로서 존재하지 않으려는 경향이 있는 것이다. 우리는 우리와는 좀 다른 것을 받아들일 수 있고 그것에 감동할 수 있으나 그럼에도 우리의 타고난 본성에 어김없이 충실할 수 있다.

부드러운 성격은 신체적 시험들을 거치면서 형성된다. 그러한 시험들이 명백한 자연적 쇠퇴에 영혼의 특성들을 가져다준다. 세상일에 빠삭하고, 냉철하고, 눈이 예리한 것은 오래 못 간다. 이러한 특성들은 모두가 기대하는 배짱을 드러내기 때문에 성격의 유일무이성을 확인해주지 않는다. 나이 들면서 낯짝이 두껍고 찔러도 피 한 방울 안 나올 것 같은 영감탱이, 늙다리, 잔소리쟁이 할망구가 되는 것은 쉽다. 나긋하고 다정한 노인이 되는 것은 그보다 더 어렵다.

성격은 나이듦이라는 실험실에서 정련된다. 처음부터 그럴듯한 것이 나오지는 않는다. 하루하루는 이 혼합 비율을 너무 뻣뻣하지도 않고 너무 매가리 없지도 않게, 너무 달지도 않고 너무 텁텁하지도 않게 맞춰나갈 기회를 준다. 이러한 기회 덕분에 나이 든 캐릭터는 거친 정신의 부드러움으로 축복을 베풀 수 있게 된다.

전설적인 철학자 데모크리토스의 말년을 아는가. 그는 109세에 날마다 식단에서 식재료를 하나씩 빼는 방법으로 삶의 즐거움들을 조금씩 단념하기 시작했다고 한다. 마지막에 가서는 꿀단지 하나만 남았다. 철학자는 그 달콤하고 향긋한 향기를 들이마시고는 그대로 숨을 거두었다.

18
철학이 살펴본 성격학

성격 관념은 20세기에 죽었다. 이 관념을 소생시키기란 쉽지 않을 것이다. 그 이전부터 생명력을 잃어왔고 20세기에 들어서는 철학이나 과학의 고매한 사유와 아예 무관한 것처럼 되어버렸다. 자연을 지배하는 법칙도, 인간 정신의 기초가 되는 원리도 성격 관념을 요청하지 않는다. 이 관념은 도덕 신학, 사회 윤리, 개인 심리학, 아동 양육 쪽으로 밀려나버렸다.

성격 관념이 있던 자리에 온갖 대체물들이 나타났다. 의지, 개인, 주체, 인격, 자아 등등. 이 대체물들은 모두 성격 없는 하나의 주관적 행위자를 지칭한다. 우리는 이 '객관적 관찰자'가 우리 의식의 중심에 있다고 믿는다. 성격의 대체물들은 속 빈 강정이다. 과거의 성격 관념이 풍부하고 알아보기 쉬운 특질들, 오만 가지 특성들로 제시된 데 반해 이것들은 의도적으로 추상적이다. 이제 의식의 핵심에 성격이 포함되지 않으니 탐욕, 질시, 경쟁심, 산만함, 꼼꼼함 같은 특질들은 딴 데를 찾아봐야 했다. 20세기에 이 특질들은 오만 가지 증후군에 결부된 콤플렉스들, 혹은 별개로 떠도는 징후들로서 무의식적인 것이 되었다. 그리고 좀 더 최근에는 유전자에 갖다 붙여졌다.

이처럼 성격이 꼭대기에서 바닥으로 추락했고 중심에서 주변으로 이동했음을 감안하면 이 관념이 정신분석학을 경유하여 철학으로 돌아온 것이 이해가 간다. 성격 장애와 성격 분석은 결코 의식의 본성과 분리해서 다루어지지 않았다. 자아는 속 빈 강정일지라도 혼자는 아니다. 자아는 언제나 성격적 특질들로 가득 차 있고 성격의 역학에 좌우된다.

노먼 메일러는 이런 지적을 했다. "자아는 20세기의 거창한 낱말이다." 그는 단지 자기를 중요시하고 한껏 부풀리는 허영을 지적했던 게 아니다. 그는 이 시기 역사의 토대에 숨겨져 있는 공허함, 즉 객관적 관찰자를 들추었다. 이 성격 없는 추상은 법인을 설립하고, 인터내셔널 스타일 건축물을 세우고, 공식 보고서의 언어를 쓴다. 자아는 과학적 연구 방법을 시행하고, 사람보다 시스템을 선호하며, 이미지보다 숫자를 좋아한다. 자아는 교육 프로그램을 정하고 검사 표준을 마련한다. 자아는 법, 과학, 의학, 상업의 실행을 성격이라는 실행자로부터 분리한다. 또한, 진단명과 약품 명칭에 오르내리는 이름들을 조합하거나 금융·제도·무기 분야의 약어^{略語}를 만드는 것도 좋아한다. 바로 이 성격

없는 추상이 소련의 굴라크^{Gulag}(강제 노동 수용소)와 나치의 유대인 수용소를 가능케 했다. 지난 세기에 하나의 죽음이 너무 많은 죽음을 불러온 경우를 들어보자면, 단연 성격의 죽음을 꼽아야 할 것이다.

여기, 부검을 요하는 시신이 있다. 하지만 사망 원인을 하나만 잡아내기란 매우 힘들다. 물론 쇼펜하우어와 니체가 힘으로서의 '의지'라는 추상을 강조한 것도 중요한 원인 중 하나다. 또 다른 원인은 정신분석학이 순전히 기능적인 행위 주체로 보았던 '자아' 개념일 것이다. 여기서 말하는 자아는 요구가 많은 본능의 반골 좌파와 전해 내려오는 규칙에 순응하는 도덕군자 우파 사이에서 타협을 도모하는 최고경영자^{CEO}나 정치가 비슷하다. 성격의 또 다른 사망 원인은 캐릭터들의 창조자 헨리 제임스다. 그는 디킨스, 톨스토이, 오스틴 같은 이전 시대의 소설가들과 달리 철저히 자기 작품 밖에 머물렀다. 그는 단지 맴도는 의식의 중심, 사례를 있는 그대로 드러내는 객관적 관찰자다.

이 모든 이유들 뒤에는, 여전히 서양 철학 속에 숨어 있는 가장 중요한 이유가 있다. 그게 바로 칸트의 '초월적 통각'* 이다(칸트의 주장대로라면 맛은 포도주에 있는 게 아니라 포도주를 마시는 자의 통각에 있다). 우

---

*　　　초월적 통각(統覺): 칸트의 초월적 관념론에서 객관적·보편적인 인식을 성립시키는 의식의 존재 양상. 개인적인 경험 의식에 앞서 그것을 가능하게 하는 초월적 통각을 가리키며 여기서 '통각'이란 '경험이나 인식을 자기의 의식 속으로 종합하고 통일하는 작용'이라는 뜻이다.

리에게 남은 것은 순수 의식의 얼굴 없는 기능주의다. "치아도 없고, 눈도 없고, 미각도 없고, 아무것도 없다."

모든 현상에 우선하고 그 무엇에도 결부되지 않는 의식 관념은 과학의 객관적 관찰자, 문학의 객관적 화자, 그리고 의식의 압축인 심리적 자아에게 철학적 토대를 제공한 셈이다. 이 근사한 추상적 행위자가 바로 세계를 관찰하고 세계에 대하여 행동하는 주체다. 주체는 잠재적으로 다른 어느 곳의 어느 주체하고든 호환이 가능하다(초월적 주체에게는 시·공간이 없다). 진정한 의식은 어떤 종류의 특징적 성격도 없는 순수 의식이다.

순수는 빈곤이다. 의식이 순수한 것이 되면서 성격에 대한 지각은 빈약해졌다. 성격이 지배했던 르네상스 시대에는 라블레, 보카치오, 셰익스피어, 그 외 여러 작가가 불꽃 같은 언어로 사람들을 묘사했다. 지금은 일상적인 관찰에서도 우리의 무관심이 드러난다. 사람들의 성격이 더는 우리의 관심을 끌지 못한다. 사람들의 '행위'가 그들의 존재, 그들의 모든 것이라는 식이다. 우리는 사람을 기능으로만 바라보고 그렇게 취급한다. 사람에게 흔히 쓰는 '흥미롭다', '깊이 있다', '창의적이다', '굉장하다', '매력적이다', '강인하다', '대단하다' 같은 표현들을 보면서 무엇을 느끼는가? 사람을 '괴짜', '별난 사람', '헛똑똑이', '가난뱅이', '쌍년', '멍청이', '쌍놈'이라고 부르는 경우는 또 어떠한가? 이러한 관습적 언어들은 성격의 정확한 이미지와 거리가 멀다. 인간의 중심에 의식이라는 속 빈 강정을 갖다 놓은 추상들의 난장판 속에서 성격은 기필코 다시 태어나야 한다.

관념으로서나 행동으로서나 성격이 희박해진 작금의 상황은 인식론, 즉 앎의 방법에 대한 연구에서 비롯되었다. 앎을 구하는 자의 성격이 앎과 무관하다면, 혹은 그의 성격이 참된 앎을 저해할 수도 있다면, 성격은 철학의 범위에 속하지 않을 것이다. 그렇다면 앎과 앎을 얻는 방법은 앎을 구하는 자의 성격, 그리고 성격 관념에 반드시 포함되는 가치의 문제들에 방해받지 않고 진행될 수 있다. 그 결과가 바로 가치도 없고 가치관도 없는 지식, 듣기 좋게 말하면 '객관성'이다.

철학이 지식의 가치와 성격의 상관관계를 무시하면 도덕이 쇠락하고, 도덕의 부활은 철학적 교정에 달려 있다. 도덕이 무너졌다고 불평하는 의로운 우파는 '가정家庭'이 원인이자 회복의 실마리라고 생각한다. 그들은 부검을 좀 더 치밀하게 실시해야 한다. 그들이 제대로 부검을 한다면 오히려 철학을 개탄하고 가정의 책임과 죄는 조금 너그럽게 바라볼 것이다.

인식론의 과오는 간단히 말해 이렇다. 철학은 '저 바깥에 있는' 세상을 알고자 '이 안에 있는' 인식 주체를 설정했다. 세계를 결국 시간, 공간, 운동의 성격 없는 추상으로 바라봄으로써 인식하는 자는 초월적이고 객관적인 자, 다시 말해 성격적 특질들이 깎여나간 자가 된다. 세계를 아는 방법은 정화된 것이어야만 했다. 그렇지 않다면 우리 인간의 관찰은 너무 인간적인 것, 개인적 주관에 제한받는 것이 된다. 그러한 관찰은 그저 일화적이고, 믿을 수 없고, 참이라고 볼 수 없다. 진리를 아는 이상적 인간은 정화된 의식을 비추는 공허한 거울이어야만 했다.

어떤 사상가들은 '의식'을 완전히 폐기했다. 그들은 의식을 기계 안의 유령이라고 일컫는다. 그리고 의식과 뇌의 관계는 풀 수 없는 문제, 혹은 잘못된 문제의식에서 나온 문제라고 주장한다. 의식이 특성들로 더럽혀지지 않은 완전한 추상인 한, 그들의 말이 옳다. 의식을 자기 자신을 자각하는 에너지로 정의하는 것은 사정을 더욱 악화시킨다. 그런 정의는 하나의 추상적 개념(의식)을 정의하면서 다른 추상적 개념 세 개(자기, 자각, 에너지)를 끌어들이는 격이다.

성격이 없고 색, 맛, 소리 같은 감각도 없는 세계를 해체하려면 세계가 다채로운 특성들로 분해되는 것을 허용해야 한다. 세계를 있는 그대로, 추상화하지 않고, 현상들이 가득한 보고寶庫로서 바라보라는 뜻이다. 실제로 자연은 진공을 질색한다. 특성들로써 정의되고 특성들로서 지각되는 세계는 관찰자에게도 똑같은 풍부함을 요구한다. 자기와 같은 것은 알 수가 있다. 세계가 뒤죽박죽의 다수성이라면 의식의 정의는 20세기 프랑스 철학자 앙리 베르그송이 제안한 "질적 다양성"을 따라야 하지 않을까.

그렇다면 인식하는 자는 특질과 역량의 다발, 똑같이 귀중한 여러 잠재력 중에서 그때그때 하나만 추출하는 능력이 된다. 이제 그의 가장 깊은 본성, 즉 성격을 하나의 핵심으로 규정할 수 없다. 또한 이 본성은 여러 성격적 특질들의 상호 작용으로 여겨질 것이다. 의식은 이제 깊은 것 주위를 맴돌며 사물을 각기 그 종류별로 관찰하는 선명한 빛으로 생각될 수 없다. 오히려 우리의 의식이 세계의 성격에 응답함에 따라 그 빛은 굴절되고, 오르락내리락하고, 여러 성격적 특질들을 반영하는 변화를 띨 것이다. 우리는 의식을 세계만큼 다채로운 것, 대우주에 대한 소우주로 여길 것이다. 외부와 마찬가지로 내부도 그러하다고 말이다.

우리는 우리 자신을 초월적 유일신의 이미지로 만들어진 존재보다는 세계의 다양한 이미지들처럼 만들어진 존재로 생각하리라.

나이가 들수록 세계의 성격이 우리에게 임한다. "세계의 경이는 그치지 않는다." 만년의 의식은 세계의 약동하는 다양성과 상응하느라 흐릿해졌다가 활활 타오르다가, 왔다가 갔다가 한다. 태양은 결코 한 자리에 머물지 않고 햇빛은 만물에게 고르게 떨어지지 않는다. 진정한 통찰은 거울을 통해서 보는 것처럼 어렴풋하게 사물들의 경이로운 차이를, 그 하나하나가 성격의 선線대로 독특한 그림자가 드리워져 있음을 보는 것이다.

성격이 '철학적으로' 돌아온다면 어떤 일이 일어날까? 일단, 우리의 말하기는 보이는 그대로의 우리 자신과 세계에 대해서 말하면서 근본적인 변화를 맞이할 것이다. 성격적 특질들은 묘사를 요하고, 얼굴은 개별적이며, 현상은 이미지를 제시한다. 언어는 좀 더 묘사적이고 이미지를 풍부하게 끌어들이는 방향으로 이에 부응할 것이다.

의식이 늘 특질들로 설명되기 때문에 무의식도 그렇게 설명된다. 무의식은 이제 무례하고 바보 같은 짓의 일반화된 방어막, 순진함의 또 다른 가면으로 통하지 않고 특질들로써 설명될 것이다. 무지하고, 깜박

깜박하고, 잔인하고, 자의적이고, 화를 잘 내고, 부주의하고, 바보 같고, 밑도 끝도 없다고 말할지언정 '의식이 없다'고 하지는 않을 것이다.

우리는 인간의 추상적 구성 요소인 '의지^{will}'를 말하거나 동사형$^{to\ will}$에 힘을 주기보다는 행동의 양상을 말할 것이다. 예를 들어 의도적으로, 기꺼이, 혹은 마지못해, 주저하면서, 고의적으로, 공격적으로 행동한다고 말이다. '생각하다'도 다양한 숙고의 양태들(생각하지 않음, 생각하지 못함, 마음에 둠, 깊이 생각함 등)로 대체될 것이다. 사유는 절대로 홀로 다니지 않는다. 사유에는 반드시 '음울한', '명쾌한', '예리한', '복잡한', '엄정한', '포괄적인', '빛나는', '혼란스러운', '논리적인', '치밀한' 같은 형용사가 함께 올 것이다. 순수 사유조차도 특질을 설명하는 말이 더 붙을 것이다.

우리는 토착 원주민이나 어린아이처럼 정신 활동에도 이름을 붙일 것이다. 사람과 장소, 신과 자연의 힘조차도 결코 단순한 추상으로 취급하지 않고 항상 서술 형용사, 부사, 전치사를 활용한 조합으로 제시할 것이다. 이를테면 앉은 황소, 모자 속의 고양이, 아름다운 엉덩이의 아프로디테, 하얗게 펼쳐지면서 물가로 내려가는 곳(아파치족 지명)이라는 식으로.

우리는 추상이 우리 정신을 차지하기 전에 볼 수 있었던 것을 다시 보게 될 것이다. 삶으로서의 생은 순전히 특질들로써 이루어진 것이라는 것을 말이다. 형용사와 부사가 세계에 대한 지각이나 우리의 행동에서 실제로 위력을 떨칠 것이다. 우리의 말은 다시 세계와 상응할 것이다. 이제 세계에는 특징 없는 구름, 나무, 쥐가 없다. 모든 구름에는 저마다의 모양이 있고, 멈춰 있거나 움직이며, 다른 구름과 그 아래 땅과의 관계 속에 위치할 것이다. 나무마다 종류와 특징이 있고, 쥐도 저마다 독특한 행동 방식이 있다. 세계를 창조한 상상력에 호응하려면 언어의 상상력은 분발해야 할 것이다. 인류학자 키스 바소는 다음과 같이 간명하게 말한다.

> 사유는 '그림'의 형태로 일어난다. (…) 말하기는 이러한 이미지들을 청중의 일원들에게 '묘사'하고 '전달'하는 언어 사용을 포함한다. 청중은 화자의 말을 '들으면서', 또 '이해하면서' 그들 자신의 정신에서 그 이미지들을 본다. 아파치족은 사유가 자기 자신에게 그림을 그려 보이고 개인적으로 그 그림들에 주의를 기울이는 것이라고 보았다. (…) 아파치족의 청자들은 늘 그렇게 발화된 이미지들에 (…) 그들 자신이 만들어낸 이미지들을 '덧붙였을' 것이다. 이러한 과정은 부분적으로 완성된 돌담에 돌 하나를 더 얹거나 집의 기초를 닦으면서 벽돌들을 겹쳐 쌓는 것과 비슷하다.[1]

언어를 결정하는 추상적 정의들과는 달리, 이미지를 특징으로 하는 대화는 바소의 말마따나 "완성을 목표로 하는 계획들, 상상력을 발휘하자는 초대"[2]에 더 가깝다. 상상력을 발휘하는 것은 적대적 의견을 제시하기보다는 뭔가 도움이 되려는 자세로 대화를 계속해보자고 초대하는 것이기도 하다. 대화를 하면서 이미지를 만들어내는 것이 정보

전달보다는 훨씬 즐거운 일이다.

느릿느릿 에둘러 가는 편이 정보의 정확성 면에서 더 나을지도 모른다. 이미지 위주의 소통이 장기적으로는 추상보다 더 경제적이다. 추상은 언제나 별도의 특정화를 요구한다. "그녀는 좋은 엄마다." "그녀는 열심히 일하는 사람이다", "그녀는 충직한 친구이다" 같은 표현은 지나치게 일반적이기 때문에 뚜렷한 정보를 전하기 어렵다. 프랑스 인류학자 뤼시앵 레비브륄은 "대부분의 북아메리카 인디언 언어는 우리네 언어가 이미 이해한 것으로 여기거나 굳이 표현하지 않는 구체적인 세부 사항을 표현하려고 한다는 점이 무엇보다 두드러진다"고 썼다. 그가 든 예는 다음과 같다.

> 퐁카족은 사람이 토끼를 죽였다는 말을 "사람, 그, 하나, 생물, 서 있는, 토끼에게 고의로 화살을 쏘아 죽인, 그, 하나, 동물, 앉아 있는the man, he, one, animate, standing, purposely killed by shooting an arrow the rabbit, he, the one, animal, sitting"이라고 한다. '죽이다'라는 동사의 형태를 변형하여 사람, 수, 유형(생물/무생물), 또 다른 유형(서 있는/누워 있는/앉아 있는), 격을 나타내기 때문이다. 동사의 형태만 보아도 살생이라는 행동이 우연히 이루어졌는지 혹은 의도적으로 이루어졌는지, 발사체를 날려 보냈는지, (…) 발사체를 개입시켰다면 활과 화살을 썼는지 총을 썼는지 알 수 있다.[3]

여기에는 특질들로써 기술되지 않은 부분이 전혀 없다.

의식이 추상적으로 정의되는 이 시대의 문화는 이런 식으로 말하는 사람을 경멸한다. 50년부터 그런 사람은 '원시인' 취급했다. 이상심리학은 아직도 이렇게 묘사적이고 특징을 중시하는 말하기에 우원증*, 구체주의^{concretism}라는 딱지를 붙인다. 확실히 소통은 느려진다. 여러분이 주소와 번지수를 불러주지 않고 자기 집과 동네를 묘사함으로써 사는 곳 이야기를 하려고 하면 더 많은 시간을 할애해야만 한다. 링컨, 메이플, 메인처럼 여기저기서 흔히 볼 수 있는 거리 이름, 특색 없는 숫자로 이루어진 번지수라고 해도 소통의 신속함은 그 편이 낫다. 우리는 "그래서 본론이 뭔데?", "상세한 부분은 빼고 말해봐.", "핵심이 뭐야."라면서 대화 상대를 재촉한다. 특질을 주저리주저리 말하기 좋아하는 아이들을 추상으로 이끌고 이 단계를 지능의 척도처럼 여긴다. 그러는 동안, 있는 그대로의 세계와 이 세계 속에서 작용하는 우리 성격의 복합성(토끼를 쏘는 방식에서도 여실히 드러나는 복합성)을 놓치고 있는데도 말이다.

철학적 결말? 토끼 사냥 이야기 속에서 의식과 성격은 합쳐진다. 사냥꾼, 토끼, 장비, 자세, 의도는 한순간으로, 하나의 이미지로 압축된다. 토끼가 어떻게 순간적으로 멈춰 섰는지, 사냥꾼은 어떤 자세를 잡았는지, 화살이 어떻게 날아가고 토끼가 어떻게 쓰러졌는지 등과 같이 이미지의 특질을 묘사하는 것은 의식의 상세함이다.

---

* 우원증(迂遠症): 대화의 주제와 무관하거나 거리가 먼 사건을 상세하게 끌어들이는 것을 특징으로 하는 정신 증상.

19
미덕의 성격, 혹은 교화된 성격

과학과 철학의 고고한 전당에서 쫓겨난 성격 연구가 도덕주의자들의 차지가 되면서 성격 관념도 그들의 영향을 많이 받았다. 온갖 다양한 성격을 선 아니면 악으로 분류하게 된 것이다. 성격이라는 주제도 쇠락했다. 한때는 성숙한 사유를 할애할 만한 가치가 있는 주제였지만 이제 착한 아이들에게 들려주는 단순한 훈계 사안이 되었다.

원래는 도덕의 제약에 맞추라고 성격에게 강요를 하는 법이 없었다. 최초의 '성격학자'들은 이미지로 말했다. 그들은 오늘날의 소설가나 유머 작가처럼 허구적 인물을 지어내고 예리한 안목과 재치 있는 말로 삶을 관찰했다. 아리스토텔레스의 후계자인 레스보스의 테오프라스토스(기원전 371~287년 추정)는 이 주제를 다룬 최초의 책 『성격론』에서 캐스팅 전문 회사에서 뽑아 온 것 같은 상상의 인물들을 쭉 열거한다. 알량한 자존심, 불평불만, 아첨, 수다, 눈치 없음, 겁, 아둔함, 뒷말하기. 그 종류가 서른 가지나 된다. 여기에는 단점뿐만 아니라 성실함, 멋, 정직, 관대함 등의 미덕도 묘사되어 있다. 테오프라스토스의 스케치는 아이들을 도덕적으로 잘 길러내기 위한 지침보다는 세상 물정과 인생사의 길잡이로서, 혹은 상투적 희극의 인물 연기에 더 도움이 된다. 테오프라스토스는 비열한 것이 나쁘다고는 절대 말하지 않는다. 그는 비열함을 보이는 그대로 묘사하는 선에서 만족한다.

그는 친구들을 연회에 초대해놓고 빵조차도 충분히 내놓지 않는다. 자기 집에 머무는 낯선 이에게 돈을 꾼다. 자기가 고기를 썰면서 고기 써는 사람은 다른 사람 두 배를 먹어야 한다고 말한다. 포도주를 팔면서는 자기 친구들에게 물 탄 포도주를 판다.

불결함에 대해서도 마찬가지다.

식탁에서 코를 풀고, 함께 제물을 바치면서 손톱을 물어뜯고, 말하면서 침을 흘리며 (…) 사람 얼굴에 대고 트림을 한다. 그는 아내와 침대에 들어가면서도 손을 씻지 않고 신발을 벗지 않을 것이다.

플루타르코스나 수에토니우스 같은 고전 작가들은 걸출한 인물들의 삶을 연구하고 그들의 장점과 단점을 주시했다. 하지만 그리스도교 시대에는 성격이 도덕을 가르치는 도구가 되었다. 성경에 등장하는 이들은 본보기적 인물이 되었다. 충직한 추종자 룻, 순종하는 가부장 아브라함, 형제 아론, 마르타, 베드로, 유다, ……. 성인들은 모방할 만한 이미지, 혹은 그 성인으로 인격화된 덕을 구하는 기도의 이미지를 제시했다. 르네상스 시대에 마키아벨리, 피코 델라미란돌라, 그 외에도 성격을 연구한 다른 이들은 고전적 양식으로 회귀했다. 그들은 도덕보다 심리학에 더 열정을 쏟았다. 천국에 가려면 어떻게 해야 하는가보다는 지상에서 어떻게 살고 있느냐를 더 주시했던 것이다.

빅토리아 시대에는 철저하게 성격으로 도덕을 가르쳤다. 이익과 손해, 명성과 실패가 우리 시대 척도의 양극단이라면 빅토리아 시대에는 미덕과 악덕이 바로 그 양극단이었다. 그들은 이 척도를 성격에 들이대어 성격을 미덕과 악덕으로 갈라놓았고 성격을 '선한 싸움'을 해야만 하는 격전지로 만들었다. 미국의 '남북전쟁'은 자립적인 개신교의 미덕을 군대의 가치관으로 강화함으로써 국내 갈등을 부채질했다. 성격은 도덕주의자들의 영토였고, 의지는 체격이 좋고 남자다운 사내들을 글로 묘사했다. 프랜시스 파크먼, 올리버 웬들 홈스 주니어, 에머슨, 마지막으로 정치적 연단에서 엄정한 성격 관념을 표명했던 개혁가 시어도어 루스벨트가 그랬다.

에머슨은 도덕에 대한 네 단락으로 「성격」이라는 에세이를 시작하는데 그중 세 단락은 첫 문장이 똑같다. "의지가 인간을 구성한다." 이

점에서 에머슨은 빅토리아 시대의 가장 영향력 있는 철학자 존 스튜어트 밀과 그리 다르지 않다. 밀은 이렇게 썼다. "성격은 완전히 빚어진[의도적으로 조정된] 의지다." 이 의지는 어떻게 빚어지는가? 윌리엄 제임스는 『교사들에게 전하는 말』(1899)에서 습관을 통해 그렇게 될 수 있다고 설명한다. "꼭 필요하지는 않은 연습을 매일 조금씩 해서, 노력을 기울이는 능력이 살아 숨 쉬게 하라."[1] "우리가 할 수 있는 유용한 행동을 가급적 많이, 가급적 일찍, 자동적이고 습관적인 것으로 만들어야 한다."[2]

이러한 노선은 '20세기로 넘어올 무렵의' 저작들에서 성격 교육의 자료를 자주 끌어다 썼던 윌리엄 베넷에게서도 볼 수 있다. 아이들은 "반복 연습을 통하여 (…) 좋은 습관을" 개발해야 하고, 미덕은 "아이들이 이 지식을 타고나는 것이 아니므로" 주입되어야만 한다.[3]

도덕주의의 훈계는 어린 세대를 겨냥한다. 윌리엄 제임스는 "가급적 일찍"이라고 했다. 도덕적으로 설명된 성격은 노년에는 해당 사항이 없다. 노년에는 몸이 순응하는 습관을 깨뜨리고 성격이 균열을 통하여 나오기 때문이다. 도덕적으로 설명된 성격은 나이듦에 대해서 할 말이 없고, 나이듦도 젊은이가 잘못된 길을 가서는 안 된다는 훈계 말고 다른 얘기를 하고 싶어 한다. 낯선 해안으로 떠나는 나이 든 탐험가들에게 빅토리아 시대의 덕망 넘치는 진부한 얘기보다 더 무용지물인 것이 있을까.

성격을 도덕적으로 설명하는 것이 과거의 일만은 아니다. '성격 문제'라는 표현은 사람들을 구분하게 하는 정체성의 특수한 표시라는 '성격'의 기본 의미보다 종교계와 점잔 빼는 정치인들이 매도하는 습관들을 가리킨다. 미국에서 '성격'은 여전히 빅토리아 시대의 미덕들을 의미한다. 미뢰가 아니라 중추(기개), 영혼이 아니라 주먹(의지)이다. 욕망이 지배하는 하반신에는 성격의 자리가 없다.

성격에 있어서 미국의 우선순위(호기심보다는 판단을 우선시한다)를 따르다 보니 우리는 지금도 어떤 현상에 관심을 기울이기도 전에 좋고 나쁨을 말하고 본다. 이 때문에 우리의 순수는 더 깊이 참여하지 못하게 된다. 우리는 꿈도 좋고 나쁨을 따지고, 이 여자아이는 착한데 저 남자 아이는 나쁘다고 한다. 더 말할 필요가 있을까. 미국의 모든 집 현관에는 청교도의 검은 모자가 걸려 있다. 칭찬이나 비난은 성격의 도덕적 관념을 공고히 하고, 판단은 우리 성격의 우쭐거리는 도덕성을 더욱 분명하게 한다.

성격에는 더 나은 피난처가 있었다. 군사 학교, 종교계, 고아원 바깥에 아주 오래된 피난처가 있었으니 그건 바로 점성술이다. 지금도 이 피난처에서 성격은 아주 번창한다. 점성술의 대중적 생명력은 처세에 성격의 심리학이 필요하다는 것을 잘 보여준다.

점성술은 특질들의 언어를 제안한다. 점성술은 유사 과학적인 숫자 놀음에 사로잡힐 수도 있고, 일이나 애정의 성공을 원하고 문제에는 휘말리고 싶어 하지 않는 실용적 자아의 수준으로 내려갈 수도 있다. 그렇지만 점성술에는 개인의 영혼이 원형적 힘을 알아보게 하는 성격적 특질들을 하늘만큼 넉넉하게 제시한다는 중요한 장점이 있다. 점성술의 신화적 상상은 습관적 경향들을 더 심오한 필연들과 연결해준다. 점성술은 성격을 이미지로 말한다.

여러분의 패턴에 원소로서의 물이 많이 보이고 물고기자리가 우세하게 나타난다면 여러분의 성격은 갈등 해소와 담백하지만 깊이 있는 친밀감을 지향할 수도 있겠다. 여러분은 환경의 아주 작은 변화에도 민감하고 밤에 꾼 꿈에서 잘 깨지 못할 수도 있겠다. 여러분은 끊임없이 변동하는 양가적 감정을 좋아하기 때문에 어느 한쪽으로 돌이킬 수 없는 결정을 내리지 않을지도 모른다. 여러분은 물 밑의 보이지 않는 흐름 속에서도 잘 자랄 수 있기 때문에 크나큰 폭풍과 사람을 빨아들이는 파도를 즐길지도 모르겠다.

이런 얘기에는 도덕적 충고나 비난이 끼어들지 않는다. 점성술에서의 패턴은 여러분이 술꾼, 간호사, 할 일을 자꾸만 미루는 사람, 낭만적인 바이올리니스트, 괴로워하는 마조히스트, 직관적인 미술품 거래상, 촉이 좋은 탐정이 될 거라고 예언하는 게 아니다. 도덕적 개선 계획은 없다. 점성술은 단지 은유적 통찰을 제시하여 성격을 좀 더 현명하게 살아내게 한다. 점성술의 성격 읽기는 정묘한 심상주의적 언어를 구사한다. 반면, 성격에 대한 도덕적 설명에는 '선'과 '악' 이외의 것이 별로 필요하지 않다.

생물학은 성격의 도덕적 설명에 또 다른 길을 열어준다. 오늘날 과학은 계시 종교나 전통이 수 세기 동안 가르쳐왔던 영원한 진리를 상정하기보다는, 도덕적 감정의 유전학을 연구한다. 빼어난 생물학자 E. O. 윌슨은 도덕성의 신비를 실증적으로 공격할 것을 제안한다. 그는 윤리적 행동의 유전 가능성을 측정하고 그러한 행동의 유전자를 밝혀내야 한다고 말한다.

"왜 도덕적 감정이 먼저 존재하는가?"라는 좀 더 원론적인 질문에 월슨은 이렇게 답한다. "선사 시대라는 기나긴 시간 동안 그러한 감정이 생존과 재생산 성공에 이바지했기 때문이라고 추정된다."[4]

도덕의 가치는 유용성에 있다. 이러한 월슨의 입장은 공리주의자의 입장이다. 이러한 윤리학은 공감, 관대함, 우정, 그 밖의 미덕들이 진화에 도움이 되는 것으로 추정되기에 좋은 것이라고 말해야 할 것이다. 이 문제를 살펴보기에 유리한 다른 관점에서 보자면, 성격 특질들은 영혼이 자기의 삶을 위해 필요로 하는 것이다. 영혼은 가치, 이상, 도덕적 딜레마 없이는 만족스러운 삶을 얻지 못한다. 도덕적 미덕이 어쨌든 유용하다면 그러한 미덕은 개인의 성격에 유용한 것이다. 그러나 지금이든 수백만 년 전이든 간에 미덕의 가치는 유용성이 아니라 미덕이 실행되는 양식에 있다.

이 책에서 성격에 접근하는 방식은 얼마나 다른가! 우리는 성격의 심리학을 심화하고, 도덕적 미덕보다는 개인적 기벽으로 정의되는 성격을 찾으면서 성격을 종교와 과학 양쪽 모두에서 해방하려고 노력하고 있다. 이러한 특질들은 종교적 강령에 들어맞지 않을 때가 많고 유전자의 생존에도 별 도움이 안 되지만 상상력이 풍부한 풍요로운 삶을 촉진할 것이다.

나는 성격을 특질들로써 나타나는 이미지로서 강조한다는 점에서, 테오프라스토스에서부터 르네상스의 글쓰기·회화·상징에서의 성격 묘사로 이어지는 고전적 전통의 연장선상에 있다. 도덕적 미덕들은 그저 이 묘사의 일부만을, 그리고 성격의 내용에서 일부만을 보충한다.

양으로 보나 힘으로 보나 그 어떤 내용보다 상상적 지성의 내용이 크다. 예전에는 명민함이나 선견지명이라고 부르기도 했던 이 지성은 일종의 통찰력, 자기 삶 속에서 작동하는 이미지들을 직관적으로 알아차리는 감각이다. 이 이미지들이 그의 실제 진리다. 교리나 원리로서의 '진리'가 아니라 본능으로서의 진리인 것이다. 성격은 기초적인 본능처럼 작용하므로 우리가 하는 몸짓, 우리가 하는 말을 날카롭게 강조하고 스타일을 확실히 표 나게 한다. 성격은 상상하는 힘이고, 성격의 표시를 추적하려면 상상적 지성이 필요하다.

경로에서 아주 멀리 벗어나거나 자신의 경계 범위를 넘어가지 못하게 하고 자신의 본성에 대하여 진실하지 않은 세계들로 뛰어들지 못하게 하는 직관적 느낌들이 있다. 이 본능적 감각은 모든 종種, 어쩌면 만물의 비슷비슷한 제한적 반응들과 비슷하다. 우리를 형상에 대하여 진실하게 하는 것이 바로 이 반응들이다. 인간들은 각자 본연의 존재로 오래갈 수 있다. 어쩌면 우리의 기벽이 우리의 가장 오래가는 자산일지도 모르지만, 여기에 진짜가 아닌 것을 극소량이라도 더할라치면 밑에서 떠받치는 본능의 붕괴와 신들의 분노를 초래하고 말 것이다. 선천적 이미지의 제한적 효과가 그런 헛바람, 침입, 고전 시대의 세계가 인간의 가장 큰 과오로 보았던 교만을 막아준다. 이런 식으로 성격은 우리를 인도하는 힘 역할을 한다.

본능의 제한은 의식의 차분하고 조그마한 목소리를 통하여, 억제의 징후로서, 혹은 의무, 인내, 법을 지키는 정직성으로 여겨지는 도덕 원칙으로서 나타난다. 이 제한은 생애 초기부터 나타나며 아주 어린아이의 입에서 확고하고 단호한 최초의 "안 돼!" 소리를 끌어낸다.

여기서 우리는 성격이 언제나 특성으로 설명된다는 점을 기억해야 한다. 성격은 특질, 이미지, 특성으로 이루어져 있다. 성격은 그 정의상 어떤 것을 여타의 것들과 다른 것으로 인식할 수 있도록 구별해주는 표시를 가리킨다. 각 성격은 그 독특한 특성들에 의해 유지된다. 성격은 반드시 그 자신의 자격 조건에 의해 제한을 받는다. '나쁜' 캐릭터는 완전히 텅 빈 캐릭터, 구별되는 성격적 특질이 전혀 없는 인물, 특성 없는 공백을 가리킬 수도 있다. 죄악이 유일한 특성인 사람은 비록 도덕성은 없겠지만 성격은 없지 않을 것이다.

따라서 성격이 있는 사람이 반드시 도덕적으로 모범이 되는 것은 아니다. 또한 오만 가지 부끄러운 죄가 나쁜 캐릭터를 규정하지도 않는다. 나쁜 캐릭터는 통찰력 없이 사건들 사이를 떠다니며 뻣뻣한 미덕들에 매달리지만 자기 자신의 이미지에는 뿌리를 내리지 못하고 자기의 독특함을 눈치채지도 못한 사람이다. 나쁜 캐릭터는 그냥 자기가 누구인지 상상하지 않는 자, 쉽게 말해 순진해빠진 사람이다. 그 사람이 신의 없고, 뻔뻔하고, 무책임하고, 믿을 만하지 않고, 방종하다는 결점은 모두 첫 번째 결점에서 따라 나온 것이다. 순진함을 이끌고 지배하는 것은 무지와 부정否定뿐이기 때문이다.

나는 여기서 소크라테스에서부터 유래하는 전통을 따른다. 소크라테스는 무지, 특히 영혼에 대한 무지를 악한 것으로 보고 계몽에 힘쓰는 것이 인간의 으뜸가는 소명이라고 했다. 이 전통은 '좋은' 성격이 심리학적 교육을 필요로 한다고 강조하는데, 그 교육은 순진함을 추방하는 것과 다르지 않다. 이것은 그림자 속에서의 작업이다. 소크라테스와 프로이트는 같은 동굴 속에서 일했다.

그들과 나의 다른 점은, 그들의 통찰 방식은 분석적이었지만 내 방식은 상상적이라는 점이다. 여러분은 여러분 자신을 '알지' 못한다. 여러분은 여러분 자신을 발견한다. 언뜻 보고, 특징적인 반응과 선호를 인식할 뿐이다. 기분이 오르락내리락해도 자신의 일관된 이미지는 알 수 있다. 자기 얼굴을 찾으려면, 여러분 자신을 깨울 타인들이 필요하다. 자기 인식은 삶이라는 극 중에서 나타났다가 사라졌다가 하는 통찰이다.

성격에 대해서 차별적 지성을 갖추려면 일생이 걸리기 때문에 성격 교육은 어린 시절에 완성될 수가 없다. 좋은 습관도 처음에나 좋지, 어느 순간이 되면 성격의 본능적 전진을 방해하는 녹슨 사슬로 변한다. 어릴 때도 도덕적 훈련을 받고 성격에 대해 배우겠지만 오직 성숙한 상상력만이 그 학습을 확고히 다져줄 수 있다. 어릴 때든 나이가 많이 들어서든, 수치심, 죄의식, 낮은 자존감은 순진함을 조금씩 먹어치우기 때문에 성격 형성에 필요하다.

엘리엇은 수치심을 "노년에 마련된 선물" 중 하나라고 하지 않았던가. 그는 수치심을 이렇게 묘사한다.

그대가 했던 모든 일, 그대의 모든 모습을

다시 재연하는 찢어질 듯한 고통,

뒤늦게 밝혀진 동기에 대한 수치심,

그때는 미덕을 실천하려고 했던 일이지만

잘하지 못했거나 남들에게 해를 끼쳤던 일들에 대한 자각.[5]

어려서는 순진함이 부정으로 자기를 감추는 반면, 노년에는 자기기만이라는 가면을 쓴다. 얼굴이 벌게지고 몸을 비틀게 되는 수치심은 성격이 본능적으로 순진함을 혐오한다는 사실을 확인해준다.

우리는 본능 관리를 그럴듯한 단어들로 표현한다. "나한테 그건 품위가 떨어지는 일이야." "그건 자존심의 문제지." "나도 자부심이 있는데 그런 일은 못 해." 우리는 유혹적인 제안을 고상한 말로 거절하지만 사실 우리를 저지하는 것은 한계를 넘어가고, 우리의 본능을 배반하고, 신들에게 버림받는다는 두려움이다.

성격을 계속해서 의지의 기능으로 생각한다면, 성격의 자리를 본능을 따르는 영혼에서 찾지 않는다면, 마치 해군 신병 훈련소에서처럼 더 잘하라, 더 노력하라, 라고 우리 자신을 닦달하기만 하고 프시케의 기본적인 진리 중 하나를 모를 것이다. 나무가 클수록 그림자도 크다는 진리 말이다. 좋은 습관을 갈고 닦아도 넘어질 때는 넘어지는 법이다.

❖

여기서 도덕적 실수가 발생한다. 윤리학은 죄를 예방하고 유혹에 대한 면역력을 키우기 위해 성격에 집어넣을 수 있는 것이 아니다. 그런 식으로 착안된 도덕은 단지 굳은 의지로 사서 습관이 되게 연습하는 상품 보따리에 지나지 않는다. 습관들을 습관화해도 성격의 고약한 특질들을 없앨 수는 없다. 불쾌한 특질의 제거는 어느 정도까지만 가능하며, 어느 정도까지만 지속된다. 나중에는 억압된 것이 복수하러 돌아온다.

이 보편적 교훈을 알려준 것은 프로이트만이 아니다. 세계사와 문학은 도덕 관념의 부재나 부도덕에는 지속력이 있음을 가르쳐준다. 사드 후작과 도스토옙스키에서부터 싱클레어 루이스, 셔우드 앤더슨을 거쳐 텔레비전 시리즈 「페이튼 플레이스」, 「댈러스」에 이르기까지, 우리에게 주어지는 메시지는 공통적이다. 그림자가 그 어떤 '미덕의 책'보다 영혼을 잘 안다는 것이 바로 그 메시지다. 윌리엄 베넷이 꼽은 열 가지 미덕은 지난 세기의 강인한 정신의 소유자들이 쓴 것처럼 보인다. 보들레르, 마르크스, 니체, 프로이트, 그리고 그 모든 미덕에게 안녕을 고한 제1차 세계대전이 영혼의 지하 창고를 다시 열어젖히기 전에 말이다. 19세기 식으로 착안된 성격은 역사에 의해 상처를 입지 않는다. 그러한 성격에는 독실한 척하는 냄새가 진동한다. 그것이 진작시키는 것은 퇴행적이고, 억압적이며, 감상적이고, 근본적으로 생각이 틀려먹은 것이다. 그러한 성격의 좋은 의도가 히틀러 이후 도덕의 분열적 딜레마를 마련한 셈이기 때문이다.

윤리는 미덕 혹은 악덕이 아니라 각 캐릭터의 특수성으로서, 기벽으로서 성격에서 드러난다. 모든 성격에는 그에 걸맞은 가치들, 특질들이 있다. 그리고 사용하기에 부적절한 가치나 특질에는 지속력이 있다. 카인은 아벨보다 오래 살았고, 하이드 씨는 지킬 박사만큼 오래 버텼다. 선과 악을 모두 포용하는 성격은 선악을 뛰어넘는다. 성격의 온전한 상태란 한데 결합된 부분들의 패턴일 뿐이다. 설령 이 패턴이 지킬과 하이드처럼 긴장 국면에 있고 표리부동할지라도 말이다.

성격을 도덕에 비추어 생각하면 성격을 보지 못하고 도덕만 보게 된다. 어떤 10대 청소년이 금발이고, 집에서 살고, 소년원에 다녀온 적이 없으면 그 이상은 보지 않는다. 히틀러가 국가에 대한 이상을 품고, 의정서를 제정하고, 조약을 체결했기 때문에 당대의 다른 지도자들은 그 이상은 보지 않았다. 마이클 밀컨, 이반 보스키, J. 에드거 후버, 에드윈 미즈*는 지략과 자기 수양이 필요한 중책을 맡은 사람들이었다. 그들의 성격은 어느 선 이상 탐색되지 않았다. 하이드 씨가 드러나기 전까지는 말이다. 미덕의 책들로써 지킬 박사들을 조장하는 사회는 사실 하이드 씨들을 키우고 있을지도 모른다.

내가 말하는 '성격의 힘'에는 교정되지 않는 비정상성, 고칠 수도 없고 숨길 수도 없고 받아들일 수도 없는 그 특질들의 끈질김도 일부 포

함된다. 결심, 치료, 회심, 노년의 진심 어린 회개—그 어떤 것도, 기도조차도 이 끈질김을 이기지 못한다. 우리는 성격이 실은 의지력으로 제압할 수 없고 은총도 미치지 못하는 힘이라는 것을 깨달을 뿐이다. 성격이 지닌 결점의 힘이 온갖 덕으로 넘쳐나는 책들을 비웃는다. 계몽에 힘쓰는 그런 책들의 노력은 바람 속의 촛불이다.

우리는 아이들이 알아야 할 것보다는 우리 노인들이 아는 것에 초점을 맞추어 성격이라는 사안 전체를 다시 생각할 수 있다. 나는 내가 통제할 수 없는 것에 의해 강요당하고 구속당한다. 성격은 내가 모든 일을 나만의 독특한 방식으로 모든 일에 부딪히게끔 강요한다. 내가 남들과는 다르게끔 강요한다. 나는 인생을 특이하게 산다. 나 말고는 아무도 이렇게 살지 않고, 이게 바로 나의 용기, 나의 품위, 나의 온전함, 나의 도덕성, 나의 몰락이다.

20

이미지화된 성격

'이미지' 관념은 이 책 전반을 관통한다. 나는 사람들이 이미지들로 형성되고 나이가 점점 들면서 이미지들로 변해간다고 주장했다. 노인들에 대한 기억은 사실의 침전물이기도 하지만 또 그만큼 상상의 산물이기도 하다. 우리는 지드가 쓴 글에서 그렇게 이미지로 변해가는 과정을 보았다. 우리는 융이 자연, "식물, 동물, 구름"의 이미지로 통합되어 갔지만 그의 이미지가 그를 아는 이들의 상상 속에 남는 것도 보았다. 차를 몰고 떠난 여자가 남긴 지속적인 이미지도 또 다른 예이다. 우리가 얼굴에 대해서 발견한 모든 것은 성격과 이미지는 떼려야 뗄 수 없다는 논지에 더욱 힘을 실어준다.

우리가 사람들의 성격에 대해서 기억하는 이미지가 사실의 침전물이자 상상의 산물일지라도 이 말이 그러한 이미지가 순전히 개인적 환상이라는 말은 아니며, 상상이 저마다 개인적으로 두개골 속에 가지고 있는 기능이라는 말도 아니다. 나는 상상은 순전히 정신적 능력이라고만 생각하지 않는다.

이런 면에서 나는 상상력을 머리에서 끄집어내어 우주로 가져갔던 낭만주의자들을 좇는다. 블레이크는 "예수, 그분은 상상력"이라고 외쳤다. 그는 우리가 지각하고 받아들이는 이미지들을 만들어내는 세계영혼^{anima mundi}의 우주적 창의력을 이렇게 말했던 것이다. 이미지는 몽상, 꿈, 선명하게 번득이는 통찰, 그리고 조심스러운 사유의 오랜 몸부림 속에 찾아온다. 이미지는 우리의 상상력이 상응하는 세계의 상상력에서 온다. 흄이나 칸트 같은 회의주의자, 합리주의자 들도 세계에 대한 우리의 이해가 그러한 상상력에 달려 있다고 말한다. "상상력이 없으면 우리는 어떤 지식도 가질 수 없을 테지만 [그 사실을] 거의 의식하지 못한다"고 칸트는 말했다.

의식이 시각視覺과 동일시되었기 때문에 '이미지를 보는 것'은 시각적 경험을 가리키는 표현이 되었다. 그래서 이미지 하면 시각적 표상을 생각하게 됐고 이미지를 의미의 제시, 혹은 현존이라고 생각하기가 힘들어졌다. 우리는 느낌은 느끼고, 감각은 감각하고, 생각은 생각하듯이 이미지^{image}는 상상한다^{imagine}. 이미지를 '문자 그대로' 눈으로 보아야 할 필요는 없다. 우리는 시 속의 이미지나, 소설 속의 캐릭터, 심지어 그림 속의 이미지를 문자 그대로 눈으로 보지는 않는다. 우리는 상상력으로 이미지를 '보고' 성격도 바로 이런 방법으로 본다. 어떤 사람의 현존을 느낄 때와도 비슷하게.

상상력으로 보는 훈련에는 대학의 심리학 교육 과정, 혹은 소위 비정상적이라는 기벽들을 진단 매뉴얼로 접근하는 것만큼 나쁜 것이 없다. 성격 연구는 심리학과 커리큘럼에 들어 있지도 않다. 적절한 연구 방법들은 오히려 영화, 연극, 문학, 전기傳記, 정치학, 전쟁사, 미술사 등 다른 학과들에서 사용된다. 그리고 법정에서는 여전히 성격 증인*들에게 진술을 요구하기 때문에 법학에서도 그런 연구 방법들이 사용된다고 하겠다. 상상력을 증진하려면 상상의 실행을 고무하는 곳으로 가야만 한다.

상상은 능력 그 이상으로서 사랑, 질서, 아름다움, 정의, 시간 같은 위대한 원형적 원리들 중 하나다. 우리는 이 원리들이 우리 안에 흐르는 것을 느끼고, 심지어 우리가 그 원리들의 통제권을 쥔 것 같은 기분을 느낀다. 그러나 이 원리들은 우리를 초월해 있고, 결코 우리 손안에 있지 않다. 아름다움이나 사랑이나 질서를 세계에 넣는 건 우리가 아니다. 우리는 세계 안에서 그런 원리들을 찾고 훨씬 더 큰 힘의 미미한 통신원으로서 응답할 뿐이다.

상상도 마찬가지다. 상상은 가능성들을 끝없이 생산하고, 우리의 상상하는 능력은 이러한 가능성을 받아들이고 공들여 작업하는 것이다. 우리는 질서의 자그마한 인간적 버전을 만들고, 시간을 분배하고, 아름다운 것들을 구성하며, 정의를 법으로 정하고, 사랑을 행동으로 보여준

---

* 　　　성격 증인: 법정에서 원고 또는 피고의 성격·인품 등에 관하여 증언하는 사람.

다. 그러면서도 우리는 정의와 아름다움과 사랑을 그에 상응하는 인간적 제도들에 절대로 완전히 담아낼 수 없다는 것을 안다. 상상이라고 해서 다르겠는가? 사랑을 명령할 수 없고 행운이나 영감이 따르지 않으면 아름다움을 만들어낼 수 없듯이, 상상도 우리 마음대로 부릴 수 없다. 환상은 영靈 같다. 환상은 자기가 가고 싶은 곳으로 간다. 환상이 우리 근처에 와서 우리가 파악할 수 있을 때까지 머문다면 우리가 운이 좋은 거다.

우리는 세계의 중요한 일부분이다. 우리 몸은 세계의 탄소, 산소, 염분이 있는 물을 공유하고 우리는 이미지로서 세계의 상상에 참여한다. 원소는 CO_2, H_2O 같은 숫자와 약어로 표시되지만 대단히 풍부한 이미지를 담고 있다. 프랑스 물리학자이자 화학자이자 상상의 철학자로 통하는 가스통 바슐라르는 여러 저서를 통하여 원소로 이루어진 자연에 대한 사유에 이미지가 어떤 역할을 하는지 보여주었다. 칸트의 말마따나 비록 "우리는 [그 사실을] 거의 의식하지 못하지만" 말이다.

우리 몸은 해부학적인 구조인 동시에 상상적인 구조다. 마지막에 남는 것은 신체의 뼈와 성격의 선線이다. 그 선은 이미지를 형성하는 것, 혹은 이미지가 형성해놓은 것이다. 우리는 엄청난 환희와 고통을 자아낼 수 있는 구체화된 시詩 같다. 이 상상적 몸은 춤과 조각의 몸이고 연설, 음악, 글쓰기의 리듬을 밀고나간다.

우리의 모든 숨결은 우주에서 얻은 것이다. 우리는 우주의 공기를 들이마시고, 우주의 숨결로 말하며, 우주의 프네우마는 우리의 영감이다. 우주를 뜻하는 단어 'cosmos'는 미학으로 형성된 세계를 가리킨다.

'cosmetics(화장품)'라는 단어도 그리스어 'kosmos'에서 나왔는데 원래 'kosmos'는 아름답게 꾸며진 여성의 의복, 구색을 갖추고 조화롭게 배치되는 모든 것, 나아가 적절함, 점잖음, 명예 같은 윤리적 의미까지 포함했다. 미학적 상상은 우주를 아는 근본 방법이고, 미학의 언어야말로 세계를 나타내기에 가장 잘 맞는 방식이다.

성격적 특징은 이미지로서 지속된다. 나의 고조할아버지는 크고 오래된 식당 주방에서 동틀 무렵 헝클어진 머리에 잠옷과 슬리퍼 바람으로 남은 음식을 살피는 모습으로 내게 남아 있다. 도둑맞은 물건은 없는지, 공연한 낭비는 없었는지. 고조할머니는 주걱턱, 기민한 눈동자, 사람을 꿰뚫어 보는 시선으로 남아 있다. 그분은 노망이 나셨을지는 몰라도 재치는 잃지 않았고, 균형을 잃었을지는 몰라도 추진력은 잃지 않았다. 그런 특질들은 독립 변수가 되어 왔다 갔다 한다. 나이가 들수록 그런 것들이 불현듯 이미지로 떠오른다. 사람의 개인성은 자꾸 변하는 만화경이 된다. 우리 모두 저마다 좀 더 독특해지고 불안정해지고 복합적이 된다. "나이가 많아질수록 개인들 간의 다양성도 증가한다"[1]는 연구 결과를 봐도 그렇다.

또 다른 노년 연구자도 "노년 단계의 사유는 복합적"[2]이라는 결론을 내렸다. 노년의 사유는 상상적이기 때문에(은유적이고, 다층적이며, 암시적이기 때문에) 복잡하다. 이 사유는 젊음의 명석함, 중년의 신중한 실용성과는 종류가 다른 지성을 품고 있다. 로버트 블라이의 문장을 빌려서 말하자면 "이미지는 지성의 한 형식이다."

나는 노년의 사유가 복합적인 데에는 어떤 의도가 있음을 상상할 수 있다. 반드시 필요한 새로운 지성이 형성되는 중이라서 그런 것이다. 신화에서 영혼은 사후에 지하 세계로 건너가서 이미지로서 계속 존재하게 된다. 이 지하 세계의 왕 하데스를 소크라테스는 가장 빼어난 지성을 지닌 자로 묘사한다(『크라틸로스』). 소크라테스는 지하 세계로 건너간 영혼이 결코 돌아오지 않는 이유가 여기 있다고 설명한다. 영혼의 가장 큰 욕망인, 이미지로만 이루어진 세계에서 끝없이 철학하기가 하데스와 더불어 지내면서 충족되기 때문이다.

사람의 성격이 복합적인 이미지들이라면 나는 상대를 알기 위해 상대를 상상하고 그 사람의 이미지들을 흡수해야 한다. 나는 상대와의 연결을 유지하기 위해서 관계의 진행이나 상대에 대한 내 느낌이 아니라 상대에 대한 나의 상상에 계속 관심을 기울이고 있어야 한다. 상상을 통한 연결은 아주 특별한 친밀성을 낳는다. 타인의 성격을 상상하는 데 집중하면 애정이 따라온다. 적대 관계에 있는 장군들, 감시자와 인질, 정신분석가와 환자 사이가 그렇듯이 말이다.

서로 사랑하라는 권고는 사람들의 연결에 유익하겠지만 관계가 계속 살아 숨 쉬려면 사랑만으로는 안 된다. 상상이 없으면 사랑은 감상, 의무, 권태에 빠진다. 관계가 실패하는 이유는 더는 사랑하지 않아서가 아니라 그 전에 이미 상상하기를 그만두었기 때문이다.

21

조부모 세대의 양육

좋은 부모가 되는 법은 뭘까? 그 지침은 자기 계발서 서가에서 쉽게 찾을 수 있다. 하지만 '조祖, grand' 부모로서의 양육은 또 뭔가? 부모 역할에서 더 큰 역할로 어떻게 옮겨 갈 수 있을까?

이 질문에 대답하려면 이 책의 서두에 제기된 질문으로 돌아가야 한다. "우리는 왜 이리 오래 사는가? 특히 여성들은 자식을 낳을 수 없게 된 후에도 어째서 50년이나 더 사는가?" 이기적 유전자 이론은 "유전자의 유일한 활동과 목적인*은 유전자 재생산 조건을 만드는 것"[1]이라

---

*　　목적인(目的因): 아리스토텔레스가 말한 운동의 네 가지 원인 가운데 하나. 목적이 있음으로써 그것을 실현하기 위한 운동이 일어나므로 목적을 운동의 원인으로 보았다.

고 말하므로 닭보다 달걀이 먼저라고 보는 셈이다. 달걀이 새로운 달걀을 생산하려고 닭을 이용한다는 얘기다. 그럼, 이 이론은 알, 즉 생식의 가능성이 없으면 우리는 없어져도 되지 않나? 늙고 억센 새들이 오래 사는 이유는 어떻게 설명할 건가?

할머니들의 지구력은 생존 가능한 알(난자)의 보급과 출산보다는 인간이라는 종의 번식에 더 중요하다. 모스크바 할머니들이 탱크 앞으로 달려가 군대를 돌연 멈추게 했던 것처럼 '할머니 가설'이 강압적인 유전자 환원주의를 저지할 수 있을까?

나이 든 여성들은 문화를 증진하고 항상 어린이를 돌보거나 임신부·수유부의 일손을 덜어줌으로써 인간이라는 종이 영속되도록 도왔다. 그들은 비록 자신은 임신과 출산이 불가능해도 돌봄을 통해 영아 사망률을 낮추었다. 시어도어 로샤크는 '할머니 가설'을 제시하면서 "할머니들은 인간에게 지구를 지배하는 동물의 권한을 주었다"[2]고 썼다. 할머니들은 또한 문화적 지식을 전달한다.

우리는 난자는 없지만 밈^{meme}으로 꽉 차 있는 나이 든 여성들을 상상할 수 있을 것이다. '밈'이란 유전자의 문화적 등가물이다. 유전자가 그렇듯, 밈도 전달자에 대하여 독립적이다. 밈은 문화의 이런저런 요소들을 다음 세대로 전달한다. 대니얼 데닛은 밈을 이렇게 설명한다. 밈은 "그림, 책, 말" 같은 문화적 가공물 속에 *기억할 만한 독특한 유닛으로 형성되는 복합적 사유*(이탤릭체는 원문의 강조)다. "밈의 존재를 좌우하는 것은 어떤 매체 안에서의 물리적 구현이다."[3] 조부모들이 그러한 구현, 그러한 매체가 아닐까?

할아버지 할머니는 의례와 전통을 유지하고, 태고의 이야기들을 비축해놓고, 어린이들을 가르치고, 공동체를 수호하는 조상의 얼에 대한 기억을 보살핀다. 그들은 꿈에 귀 기울이고, 우리가 처음 접한 단어가 무슨 뜻인지 가르쳐준다. 그들은 제물낚시를 할 줄 알고, 낚싯바늘에 미끼를 꿸 줄 알고, 고기가 제일 잘 잡히는 곳을 안다. 그들은 이상한 물건들에 둘러싸여 살면서 그런 물건들을 애지중지하고 잊을 수 없는 냄새를 풍긴다. 그들은 남은 시간이 얼마 없지만 여유 시간은 참 많다.

영혼을 서서히 인간에 깃들게 하는 복잡다단하고 정묘한 과정(직접 해보고 얻는 자연과 세상사의 지식, 꿈 지식, 기술, 태도, 취향, 예전에, 아주 오래전에 일어난 일에 대한 지식)은 실용적이지 않은 목적에도 자신을 바칠 수 있는 연장자들의 지성을 요구한다. 그들이 사냥과 채집, 출산과 양육에 힘쓰던 날들은 지나갔지만 그 못지않게 중요한 의무, 문화의 의무가 아직 남아 있기에 그들의 나날은 계속된다.

나는 로샤크의 할머니 가설에 딱 하나만 덧붙이고 싶다. 조부모로서의 양육은 어린아이들의 성격에 주의를 기울이고 그 아이들의 더 큰 가능성을 탐색하는 노인의 성격에서 시작된다. 조부모는 힘들고 의무로 점철된 일과를 감당해야 하는 부모보다 더 넓은 시각을 가질 수 있다. 노인은 시력은 떨어질지 모르지만 아이의 정서에 가깝다는 이유에서도 더 선명하게 볼 수가 있다. 여러 원주민 사회에서 조부모 세대와 손자 세대는 중간의 부모 세대를 뛰어넘어 한결 더 유익하고 정감 있는 관계를 맺곤 한다. 그 이유는 이 두 세대 모두 다소 주변화되어 있기도 하고 어린 몽상가와 나이 많은 괴짜가 한편을 먹고 중간 세대를 공동의 적으로 삼기 때문이다.

'뒤쪽으로' 문화적 교양이 거의 없는 조부모가 '앞쪽으로' 문화를 전달할 수는 없다. 그는 나이를 먹으면서 스스로 자기 소유물을 털어낼 수 있지만 지식과 역사 보따리를 내려놓을 수는 없을 것이다. 이 지식과 역사는 책이나 스크린에서 발견할 수 없다. 이 지식과 역사는 사람으로 체현되어 요즘의 말이 아닌 말, 이제는 촌스러워 보이는 스타일로 제시되며 숨김없는 얼굴들에 나타난다. 나이 많은 사람들은 살아 있는 밈, 로샤크의 표현을 빌리자면 "고등 진화를 가능케 하는"[4] 문화 유전의 유닛이다.

조부모들에게는 더 큰 생각이, 특히 그들이 진화에서 담당하는 역할에 대한 생각이 필요하다. 이타주의는 노인들에게 삶의 의욕을 불어넣을 수 있는 더 큰 양육을 지지한다. "고등 진화"는 세계 전체를 인간의 품위에 의해 암묵적으로 유지되는 유기체로 상상할 수 있다.

타인들의 멘토가 되고 문명의 미래를 조성하는 성숙한 사람이 단순하기 짝이 없는 유전학주의에 매달릴 것 같은가. 그런 사람이 우리 모두가 유전자에 의해 좌우되고 유전자를 보존하기 위해 이타적인 행동을 한다고 믿겠는가. 이 이론은 관대함을 깎아내린다. 관대함이란 우리 종의 유전자 풀을 간접적으로 증진하는 것이라고 생각하면서 말이다. 또한 이 이론은 자연 보호와 역사 보전을 포함하여 타인들의 안녕을 바라는 우리의 마음을 깎아내린다. 자기희생조차도 이기적 유전자가 자기 자신의 생존을 위하여 꾀하는 조작으로 본다. 사이코패스도 이런 식으로 생각한다. 나의 연로한 정신이 생각하기에, 이기적 유전자가 진화를 촉진하기는 하지만 그런 이론은 사이코패스의 이기적 개인주의에 권위 있는 근거를 제공하거니와, 그 이론 자체가 사이코패스다운 발상이다.

조부모들은 남은 시간이 많지 않기 때문에 대개 이 세계를, 이 세계의 아름다움을 즐긴다. 그러나 그들은 이미 한 발을 다른 세계에 담그고 있다. 그들은 아이에게서 천사를 보고 천사의 부름을 듣는다. 그들은 아이를 보면서 어린 시절 이후의 그 아이를 상상한다. 설령 이러한 통찰이 까다롭고 독선적으로 변하더라도 천사, 부름, 성격, 아이를 장난감에서 하늘로 끌어올리는 운명의 실재를 긍정한다는 점에서 통찰 이면의 '생각'은 소중하다. 영감도 조부모로서의 양육에 속한다.

걱정은 이 양육에 속하지 않는다. 우리가 할 수 있는 가장 나쁜 것이 걱정이다. 걱정은 잘못을 꾸짖거나 성공을 닦달하는 것보다 더 교묘하게 독성이 있다. 걱정은 아이의 일생을 불확실하게 만들 뿐이다. '할머니 가설' 이면에는 신화적인 할머니 키벨레, 가이아, 레아, 이시스, 누트 같은 이 지구와 온 세상을 지키는 여신들이 있다. 키벨레 찬가는 이 여신을 "존재하는 모든 것의 어머니"라고 부른다. 가이아는 "만물의 토대", "가장 오래된 신"[5]이다. 누트는 천공의 여신으로서 온 세상 위로 팔을 벌리고 있다. 레아는 디오니소스의 할머니다. 갈가리 찢어진 디오니소스의 몸을 조각조각 모아서 다시 소생시킨 이가 바로 이 할머니다. 예수의 할머니 성 안나는 천국의 여왕인 성모 마리아보다 웃어른이고, 문을 상징으로 삼는다. 할머니 자신은 두문불출할지언정 세계는 할머니를 통하여 안전하게 펼쳐진다. 비록 맹목적이지는 않지만 말이다. 레아 찬가는 이 여신을 "기만적인 구원자"라고 부른다. 그녀는 사물의 어두운 면을 잘 알기 때문에 그런 면을 막아줄 수 있는 것이다.

신화적인 할머니들은 기초를 닦아준다. 그들은 담대하게 첫걸음을 뗄 수 있도록 발판을 마련해준다. 그들이 주는 것은 영원하고, 파괴될 수 없으며, 절대적이다. 조부모의 양육은 아이에게 피해망상 예방 접종과도 비슷하다. 노부인들이 길을 건너거나 낯선 사람과 허물없이 얘기를 나누는 바로 그 태도가 젊은 사람들에게 걱정하지 말고 앞으로 나아가라는 시범이고 자신감의 표현이다. 이 태도는 동물의 믿음, 세상에 대한 본능적 의존과 비슷하다. 하늘은 무너지지 않을 것이고, 발아래 땅도 꺼지지 않을 것이다. 이 태도는 당신이 투자한 만큼 아이가 거둬들여야 한다는 소망보다 알아서 제 길을 잘 찾아가리라는 믿음을 보여준다. 조부모의 양육은 이렇게 말한다. "그래, 넌 여기 속해 있단다. 세상에 네가 설 자리, 잘 지낼 수 있는 자리는 늘 있을 거야. 걱정하지 말렴, 그렇지만 바보처럼 굴지도 말렴."

노인을 무시하면 인류의 진화와 발전에 지장이 있다. 인간의 성격이 인간 자신의 약탈적 광란으로부터 문명을 보호할 수 있다는 것을 깨달을 때까지 우리 노인들이 이 일을 할 것이다. 나는 로샤크의 생각을 나의 언어로 옮겨보았다. 이는 같은 세대의 노인 두 명이 노인 옹호론을 펼치는 게 아니라 유전공학, 과열된 자본주의, 기술 관료주의 정부, 구원론적 근본주의가 지닌 파괴력과 편협한 상상력으로부터 문명의 가치를 옹호하는 것이다. 구원 설파에 급급한 근본주의는 아름다운 이 세상을 건너뛰고 내세로 가려 한다. 우리 노인들이 떠났을 때 남는 것은 세상의 아름다움, 젊은 세대가 물려받을 자산이다. 우리는 떠나기 전에 인간과 지구의 공조 협약에서 우리가 차지하는 역할을 유지할 필요가 있다. 우리가 받은 것을 돌려주고, 우리가 사라진 후에도 그러한 공조가 지속될 수 있도록.

22
꾸지람하는 노인

    조부모의 양육에서 역할 하나가 시대에 뒤떨어진 것이 되어버렸기 때문에 내가 군이 콕 집어 말해야 할 것 같다. 나이 든 사람이 학생 종아리를 자로 때리거나, (거짓말을 했거나 나쁜 말을 썼다는 이유로) 여자아이 입을 비누로 닦는 식의 훈육은 그저 비참한 기억이 되었다.

    음, 전부 다 그렇지는 않았다. 몇 년 전에 그리스로 소규모 단체 여행을 갔을 때 그런 인물이 나타났다. 일행의 대다수는 미국인이었고 유럽인이 소수 있었다. 히스테릭하게 자주 웃음을 터뜨리는 40대 여자가 한 사람 있었다. 그녀는 우리 일행은 물론 외부인에게도 미소를 지었고 길이 험한 곳, 수다를 삼가야 하는 곳, 성소^{聖所} 등을 막론하고 아무 데서나 말을 걸었다. 그녀는 자신의 이름은 '데비'라고 했다.

일행 중에서 가장 나이가 많았던 프랑스어권 스위스 여성은 데비를 자주 꾸짖었고, 가끔은 다른 사람들이 있는 데서도 주의를 주었다. 그녀의 요지는 데비가 너무 어린애처럼 철없이 웃는다는 것이었다. 게다가 이제 어엿한 어른이니 데비가 아니라 성경에서 따온 정식 이름 '데버라'를 써야 한다고 했다.

이 꾸짖기 좋아하는 늙은 여자(그녀를 '라파르주 부인'이라고 하자)는 장 칼뱅의 도시 출신으로서 이 종교 개혁가의 이름으로 검열관 노릇을 하고 있는 듯했다. 라파르주 부인은 자기 원칙에 엄격했고, 인간관계에 냉담했으며, 질책에서 적의가 느껴지는 사람이었다. 그녀는 자기가 가르쳐야 한다고 생각한 바가 있었다. 40대 여성은 소녀가 아니다. 40대 여성은 잘 생각하고서 말해야 한다. 40대 여성은 언제 사람들과의 관계를 챙겨야 하는지, 누구에게 웃어 보여야 하는지, 어떻게 감정을 자제해야 하는지 알아야 한다. 아무에게나 베푸는 친절은 친절이 아니라 그냥 생각이 없는 거다.

내가 보기에는 다른 교훈들도 있었다. 그중 하나는 그녀의 개입 자체가 하나의 교훈이었다. 나이 많은 사람은 중요한 가치들을 옹호하기 위해 공격적인 태도를 취할 위험이 있다. 어떤 미국인들은 미처 감지하지도 못하는 가치들을 말이다. 그들은 오로지 문화 충돌만을 보았다. 스위스인은 청교도적이라는 둥, 프랑스인은 못됐다는 둥. 유럽인들은 기본적으로 잘난 체하는 속물들이라는 둥, ……

그리스에 가 있어도 이 미국인들은 더 오래된 문화 충돌, 다양한 방식으로 역사 속에서 반복되었던 문화 충돌은 보지 못했다. 라파르주 부인의 예의에 대한 감은 단순히 경우에 맞는 예의범절을 따지는 것보다 심오한 그 무엇에서 나왔다. 이건 아테네인 대 야만인(변방인)의 문제였다. 꾸지람하는 노인의 이면에는 문명인다움을 지키려 하는 문명이 있었다. 라파르주 부인은 문명의 어머니 아테나 여신의 잘못된 것을 바로잡으려는 정신에 끌렸을 것이다. 우리가 이 왜소한 노부인의 꾸지람에 경외심을 품은 것은 당연했다. 아테나는 파괴적인 힘을 지닌 여신 아닌가. 데비가 움츠러든 것도 전혀 놀랍지 않았다.

나는 또 다른 교훈도 얻었다. 라파르주 부인은 자기가 짜증이 나서 그 감정대로 한 것이다. 그녀는 아무 말 없이 꾹 참으면서 그 무리에 적응할 수도 있었다. 내가 나이가 많아서 그래, 속이 더부룩해서 그래, 피곤해서 그래 등등, 뭔가 이유를 들어 짜증을 자기 탓으로 돌릴 수도 있었다. 그런데 그녀는 되레 짜증을 개인적이고 사소한 것에서 문화적이고 중요한 것으로 올려놓았다. 그녀는 단순히 예의나 사회 행동의 윤리에 이의를 제기한 게 아니었다. 늘 관심을 끌고 싶어 하는 데비의 나르시시즘에 이의를 제기한 것도 아니었다. 데비는 올리브나무 숲에 대형 카세트를 가져와 조악한 음악을 쩌렁쩌렁 튼 것과 다름없었다. 라파르주 부인은 노인으로서의 입장을 견지했고 그 입장의 일부는 미학적 판단이었다. 적합성, 적절성, 섬세함 같은 미학적 고려는 시행^{詩行}의 리듬을 깨지 않는 적당한 시어를 찾을 때만큼이나 행동 처신에서도 중요하다.

꾸지람은 시적인 행위다. '꾸지람'을 뜻하는 단어 'scold'는 '시'를 뜻하는 스칸디나비아어 'Skald'에서 왔다. 초기에 'scold'는 칼뱅주의자는커녕 오히려 좀 상스럽고 시끄럽고 싸움닭 같은 여자를 지칭했다. 꾸중하는 시인은 사회를 비판한다. 예레미야의 예언이 그랬듯, 나이 많은 여자의 꾸중은 경고로 점철되어 있다. 카산드라가 그랬듯, 그녀는 이해받지 못하면서도 꾸중을 한다. 미친년, 싸움닭 같은 소리나 들으면서 말이다. 그녀는 공동체의 화합을 깨뜨리기 때문에 트집 잡기 좋아한다, 제 입장을 끝까지 관철하려 한다는 평판을 듣는다. 대등하고 화목하게 지낸답시고 그 무리가 데비의 행동거지에 암묵적으로 동조했기 때문에 라파르주 부인은 무리를 불편하게 하는 별난 사람으로서 꾸지람을 할 수밖에 없었다. 그녀는 전형적인 old scold(꾸중하는 노인)가 되었다.

시인의 임무 중 하나는 공동체를 정신 차리게 하되 이 일을 도덕적 꾸지람과 거의 구분되지 않는 미학적 수단을 이용하여 해내는 것이다. 저주, 신성 모독, 외설을 금지하는 것을 법도로 삼는 집안이 있다면 욕설을 내뱉고 신을 모독하는 말을 한 그 집안 아이는 부도덕에 대한 벌을 받을 것이다. 그러나 아이가 상황에 맞지 않는 말을 한다면, 지각없고 무례하고 제멋대로인 행동을 한다면, 그건 부도덕의 문제가 아니라 미학의 문제다. 라파르주 부인은 미학적으로 불쾌감을 느꼈다. 데비는 취향이 고약했다.

데비가 해를 끼친 것도 아닌데 창피를 주었으니 라파르주 부인의 취향이 고약한 것은 아닐까? 노부인은 데비의 땋은 머리, 헐렁한 옷, 시도 때도 없는 군것질, 그 밖의 별난 구석은 지적하지 않았다. 문제는 나이였다. 성격의 본질적인 요소로서의 나이 말이다. 나이에 대해서 진짜가 아닌 것은 성격에 대해서도 진짜가 아니다. 라파르주 부인이 보기에 데비는 '본질적으로' 부적절했고 우주와 조화를 이루지 못했다. 제 나이 답게 행동하지 않는 것, 제 나이대로 '존재'하지 않는 것은 참으로 근본 적인 잘못이기에 이러한 잘못을 저지르면 이로 말미암아 모든 것이 잘 못된다.

나중에 그 일을 돌이켜 보고 세 번째 교훈, 권위에 대한 교훈을 얻었다. 평소 조용하고 자기주장이 별로 없던 나이 많은 여자, 체력도 변변치 않던(관광에 보조를 맞추는 것도 버거워하던) 여자가 무엇에서 권위를 얻었기에 그처럼 맹렬하게 꾸지람을 할 수 있었을까? 그녀는 확실히 소수파였고 지지 기반도 없었다. 그러나 그녀는 권위를 얻었다. 그녀에게 권위를 불어넣은 것이 칼뱅인지 아테나인지 문명 그 자체인지는 모르지만 말이다. 어쩌면 그 권위의 원천은 단지 그녀의 나이였는지도 모른다. 그녀의 나이가 가슴으로 느끼는 감정의 지성을 그녀에게 보여주었을까? 가슴을 후려치는 이 불쾌감이야말로 성격을 보여주라는 부름이라고 가르쳐주었을까? 그녀는 자기 판단에 깃든 감정을 부정하지 않았고, 그 작은 집단의 사람들이 모두 그녀가 틀렸다고 생각할지도 모를 위험을 회피하지 않았다.

모두가 그녀가 틀렸다고 생각하지는 않았다. 그 일이 있고 며칠 후에 젊은 부부 한 쌍이 나에게 그 노부인의 꾸지람이 아주 인상적이었다고 털어놓았다. 데비는 그들의 여행을 망치고 있었다. 저녁에 둘이서 오붓하게 대화를 나누려고 하면 데비가 끼어들어 그리스 대신 가십을 두고 입방아나 찧게 되기 일쑤였다나. 라파르주 부인이 그들처럼 몰래 흉을 보지 않고 공개적으로 꾸중을 했기 때문에 집단 전체가 제대로 돌아갈 수 있었다. 그들은 노부인의 배짱에 감탄했다. 그녀는 정말 좋은 일을 해준 셈이었다.

데비가 봤을 때 라파르주 부인은 무정한 사람이었다. 게다가 내가 지금 권위라고 보는 것을, 그때 함께 여행 중이던 미국인 심리학자들은 세대 간의 권력 투쟁이라고 했다. 그들은 그 상황을 두 인물이 둘 다 정당한 견해를 띠고 집단이 누구 스타일대로 갈 것인지 경쟁하는 것이라고 생각했다. 꾸지람의 내용은 그들에게 그리 중요하지 않았다. 문제는 집단의 역학이고, 데비가 그렇게 무너진 것은 그녀의 자존감이 낮아서라고 했다. 그녀는 자기 자신을 지지하지 못했다.

이 책을 쓰면서 그 일을 다시 생각해보고는 그때 데비가 직관적으로 알았던 것을 나도 이해하게 됐다. 노부인의 성격이 데비의 인격^{personality}을 이겼던 것이다.

나는 데비가 그 일을 잊지 않았을 거라 상상한다. 꾸중하는 노인이 자기가 받아야 할 상급을 받으러 이 세상을 떠난 후에도 그 기억은 오랫동안 남을 것이다. 나는 데비가 자기가 배운 바를 넘겨주게 될 거라 상상한다. 데비도 갑작스럽게 누군가를 훈계할지도 모른다. 다들 소중한 가치라는 명목으로 우리를 혼냈던 연극 지도사, 음악 교사, 매장 감독관, 나이 많은 삼촌이 기억날 것이다. 반드시 알고, 옹호하고, 전해야 할 가치들이라지만 우리에게 그런 말은 지루했고 경멸과 조소를 자아냈다. 꾸중은 전통의 도구다. 꾸중도 조부모 세대의 양육이다.

조부모 세대의 양육은 제 핏줄 키우기보다 더 광범위한 양육을 의미한다. 라파르주 부인처럼 행동할 기회는 어디에나 있다. 문명은 언제나 위태위태하다. 야만인들은 늘 문 앞에 와 있거나, 관복을 입고 높은 자리에 앉아 있다.

23
성격의 미덕

성격에는 나이듦에 가치와 의미를 부여하는 것 외에도 다른 미덕들이 있다. 여기서 그 미덕들을 간략하게 나열함으로써 성격 관념을 파악할 수 있겠다.

1 성격 관념은 차이라는 원형적 개념에 달려 있다. 성격의 가장 간단한 사전적 정의는 "어떤 사물, 사람, 종, 사건 등이 *다른* 것으로 인식되게끔 하는 관찰 가능한 표시, 특성, 속성"[1](이탤릭체는 인용자의 강조)이다. 그러므로 성격은 유일무이함, 독특함, 특이함을 확증할 뿐 아니라 자랑스럽게 드러낸다. 성격이 개인성을 관찰 가능한 차이의 표시에서 찾기 때문에 유별남은 성격에 꼭 필요한 것이 된다.

2 신체적 사건들도 성격을 나타내는 것들이므로 성격의 심리학

연구에서 배제해서는 안 된다. 성격은 프시케(정신)와 소마(신체)를 함축한다. 성격은 정신신체적psychosomatic 관념이다.

3　성격은 표상적이다. 성격은 이미지를 전달하고 감정을 깨우는 묘사적 언어를 필요로 한다. '쩨쩨한', '날카로운', '독선적인' 같은 형용사, '느리게', '조심스럽게', '고의로' 같은 부사가 그런 묘사적 언어다. 에즈라 파운드는 "추상적인 표현을 두려워하라. 뭔가를 드러내지 않는 형용사는 쓰지 말라"고 했다. 성격은 하버드 심리학 연구소에서 목록화한 1만 7,953개의 특성 명칭으로 심리학 담론을 풍부하게 꾸며준다. 그러한 특성 하나하나가 인간 행동의 어떤 형태를 특화한다. 성격을 제대로 포착하고 이해하는 데에는 시적 언어가 행동과학의 언어보다 훨씬 더 낫다.

4　성격은 성격적 특질들의 뭉텅이다. 철학자 아멜리 로티는 성격이 "엄밀하게 통일되어 있다고 보지 않는다. (⋯) 성격은 겹겹의 특질들과 그 전체를 잡아주는 중추가 보이지 않는, 전체적 형태이기 때문이다"[2]라고 썼다. 성격 관념은 지나치게 단순한 환원과 맞지 않기 때문에 성격 연구에는 더 복합적인 유형의 지성이 필요하다. 이 연구는 그러한 특질들의 층을 시적·회화적 이미지로서 병치시키기를 좋아할 것이고 통합 중추를 찾으려는 시도는 포기할 것이다.

5　성격은 이미지로서 지각될 수 있다. 성격은 스타일, 습관, 몸짓, 기질, 체질, 행동거지, 표정, 현존으로서 나타난다. 얼굴은 성격을 드러내고 성격에 호소한다. 성격을 이미지로서 지각하고 상상해야 한다.

6　성격은 재주, 기술, 재능, 그 외 측정 가능한 능력들과 늘 구분

되었다. 재주와 기술이 눈부시게 빛나도 성격은 결함이 많고 고착되어 있을 수 있다. 성과를 표준 측정해서 성격을 파악할 수는 없다. 성격적 특성의 어떤 독특함은 분석으로 파악되지 않는다.

7　성격은 도덕의 단속도 피해 간다. 성격은 행동의 도덕성이 아니라 스타일로 자신을 드러낸다. 성격적 특질에는 미덕과 악덕이 모두 포함된다. 미덕이나 악덕이 성격을 정의하지는 않는다. 성격이 그것들을 정의한다. 끈기나 충직함은 선행을 부추길 수 있지만 범죄 행위도 얼마든지 부추길 수 있다. 우정은 자기희생의 동기가 될 수 있으나 복수의 동기가 될 수도 있다. 성격의 상상적 범위를 윤리적 정의로 압축하려 들면 필연적으로 성격의 본성을 곡해하고 그 풍부한 창조력을 말려버리게 된다.

8　'인격personality'과 달리 성격은 인간에 국한되지 않는다. 록 음악, 그림, 집, 모든 종류의 박테리아와 논리적 명제까지도 성격을 보여준다. 인격 담론은 인간 심리학이지만 성격 담론은 상상적 기술記述이다.

9　'자기self'도 인격과 마찬가지로 인간에 국한된다. 자기는 주체 자신을 반성적으로 가리키는데, '자아ego'라는 추상적 관념과 잘 구분되지 않는다. 자기는 사람으로 좁혀진다. 우리는 말·소나무·곳의 자기를 논하지 않지만 이런 사물들의 특정한 성격은 감지한다. 자기는 곧잘 인간 존재에서 시간이 흘러도 변하지 않는 부분과 동일시되는데 오래됨의 원형적 문제와는 별 관련이 없다. 사망 기사는 성격적 특질들을 말할 뿐이요, 고인의 '자기'를 칭송하려고 하면 아무 말도 할 수 없을 것이다. 자기에 대한 진술에는 한정하는 성격적 특질들이 없다. 자기는

신과 융합한다.

10　독특함 때문에 성격은 기질과 유형 그 이상의 것이 된다. 유형은 성격을 "평면적 캐릭터들"(E. M. 포스터의 표현)의 2차원으로 축소한다. 기질은 그 자체가 성격에 따라서 다양하게 나타날 수 있다. 내향적 기질은 고집, 겁 많음, 겉모습뿐인 적응, 수줍음, 은둔, 철저한 현실 부정, 몰입 등 셀 수 없이 다양한 스타일을 보여줄 것이다. 이 표현들은 이미지들을 불러일으킨다. '내향'은 공백을 남긴다. 내향성이라는 기질을 규정하려면 대조군들의 도식이 필요하지만 성격의 특질과 이미지는 자립이 가능하다.

11　성격은 정치사에 그 흔적들을 남긴다. 성격은 인간사의 결정 요인으로서 심리학을 그 강박적인 주관성에서 끌어내어 사회와 연결한다.

12　성격은 숙명을 다시 심리학 안으로 끌고 들어왔다. 성격의 대체물들이 난무하면서 이 오래된 연결을 한동안 볼 수 없었다. '자아', '인격', '자기', '행위자^agent', '개인^individual'은 심리학을 인간 행동에 대한 연구(과정, 기능, 동기 부여)로 축소하고 성격 관념이 함축하는 숙명적 결과들을 제외한다. 숙명을 떼어버린 심리학은 너무 얄팍해서 영혼이라는 자신의 대상을 다룰 수조차 없다.

13　성격과 노년의 관계는 개인적인 다이몬의 부름과 초년의 관계와 같다. 성격은 나이를 먹으면서 겪는 변화에 의미와 목적을 부여한다. 성격은 치유에 도움이 되는 관념이다.

24

끝내기

우리가 고결하고 성스러운 조언을 줄곧 따라왔고 그 조언의 목표를 달성했다고 치자. 우리는 분노를 제어했고, 사랑을 완성했으며, 도덕의 지시대로 살려고 노력했다. 끝까지 남는 문제는 무엇인가? 아직도 우리가 할 일이 남았는가? 아니면, 노화가 성격에 마지막 손질을 한다니 '제게 이루소서$^{fiat\ mihi}$'* 식으로 모든 의문과 노력을 제쳐두고 노화의 황폐함을 받아들이기만 하면 되는 걸까?

그런데…… 성격은 노화를 어떻게 마무리^{finish} 짓는가?

'finished'는 경마의 결승선$^{finish\ line}$을 통과하듯 지나감을, 끝났음을

---

*   수태고지에 마리아가 했던 대답("당신 말씀대로 제게 이루소서").

의미한다. 이 단어는 오래된 나무에 왁스를 칠해 윤기가 흐르듯 '세공된, 광택이 나는'을 의미하기도 한다. 떠난 후에 남는 것은 성격의 실제 상태, 세월이 성격을 그냥 끝내기만 한 게 아니라 마감 처리한 방식이다.

  'finis'는 아리스토텔레스의 철학 용어 'telos(궁극 목적, 목적인)'에 해당하는 라틴어다. 목적이 있으니 '바로 그것을 위하여' 사물이 존재하고 행위가 이루어진다. 텔레폰tele-phone, 텔레비전tele-vision에서 볼 수 있듯 이 'telos'는 더 길고 더 먼 관점과 관련이 있다. 나이듦의 궁극 목적이 성격이라면, 성격이 삶을 좀 더 오래 남는 이미지로 윤기 나게 마감 처리를 한다고 하겠다. 그리스 묘비에 이런 글귀가 남아 있다. "나는 그러했으나 이제는 석판, 무덤, 돌, 이미지다."[1] 여러분이 떠난 후 남는 것은 이미지로 집약된 여러분의 존재, 특히 종결을 향해 가는 이미지다. 불필요한 것을 다 털어내고 각별히 독특한 여러분으로서 성격이 더욱 분명해질 때의 이미지 말이다. "우리의 슬픔뿐만 아니라 우리의 남다름과 영광도 특수한 것으로서 존재함에 있다"[2]고 산타야나는 썼다.

  이 특수성은 우리의 생물학적 실체와 함께 주어졌다. 다양성은 생의 양념 그 이상이다. 다양성은 생의 진실이다. 우리는 저마다 다른 존재라는 사실을 절대 잊으면 안 된다. 하버드 대학의 걸출한 생물학자 리처드 르윈틴은 이렇게 썼다. "사실, 과거에 살았던 인간이든 앞으로 살아갈 인간이든 서로 관련 없는 두 인간이 아주 약간의 평범한 분자의 다형성이라도 완전히 일치할 가능성은 없을 것이다."[3]

  "우리 자신을 대체 불가능한 존재로 만드는 데 가장 큰 노력을 기울여야 한다. (…) 우리가 죽을 때 남게 될 간극은 다른 그 누구도 메울 수 없다"고 스페인의 철학자 미겔 데 우나무노(1864~1936)는 말했다. 이것이 결승선을 통과하는 법이다.

사실은 각 사람이 유일하고 대체 불가능하기 때문이다. 다른 나는 있을 수 없다. 우리들 한 사람 한 사람(다시 말해, 우리 삶이 아니라 우리 영혼)은 온 우주만큼 가치 있다. (…) 우리의 멸절이 부당하게 느껴지게끔 행동하는 것은, 우리의 형제, 아들, 형제의 아들, 그 아들의 아들들이 우리가 죽지 않았어야 했다고 느끼게 하는 것은 모두가 할 수 있는 일이다.

우리 모두는, 우리 한 사람 한 사람은 자기가 할 수 있는 바를 다할 수 있고 그래야만 한다. 아니, 자기가 할 수 있는 것 이상을 하고, 자기 자신을 뛰어넘고, 자신을 넘어서고, 스스로 대체 불가능한 존재가 되어야 한다.[4]

우나무노는 독창성에 대한 열정passion을 고귀한 것으로 여기지만 예이츠는 「노년을 위한 기도」에서 그 열정에 비극적 겸손을, 자기 인식의 아이러니를 살짝 더한다. "나는 기도한다. (…) 내가 늙어 죽더라도 바보 같고 열정적인 사내로 보이기를."[5]

우나무노의 과업이 요구하는 수련은 노년과 죽음을 상대하는 헤라클레스의 마지막 싸움 그 이상이다. 대체 불가능한 존재가 된다는 것은 정신 수련 그 이상이다. 이 또한 미학적인 것이다. '대체 불가능한', '독특한' 같은 단어들은 회화, 시, 무용 공연에도 쓸 수 있다. 각각의 예술 작품은 그 자체에 초점을 맞추고 있고 다른 모든 작품들에 대해서 특이하다. 하나뿐인 그것 외에 "다른 것은 있을 수 없다."

그 독특함은 서랍장 위에 남겨진 것, 침대머리 탁자 위의 독서용 안경, 책상 서랍 속에 쌓아놓은 사소한 물건들에 반영된다. 아무도 그걸로 뭘 할지 모르지만 '소중한 것'이라고 물려받은 물건들. 쓸모없고 시대에 안 맞지만 예술적 오브제의 특별함이 깃든 물건들. 고인의 대체 불가능한 영혼이 이 평범한 물건들 속에 스며든 걸까?

우리의 이미지는 우리를 기억하는 사람들의 기억 속에만 있을까? 아니면, 성격이 수집품, 사용했던 도구, 실제로 살았던 장소에도 남을까? 어쩌면 역사는 인간의 기억 너머 세계의 기억 속에 살아 있는지도 모른다.

융은 아내가 죽은 후 부부가 함께 쓰던 방에서 어쩌다 그녀의 물건에 닿을 때 격렬한 아픔을 느꼈다고 말했다. 그가 사물에 투사를 한 것일까, 아니면 사물이 그에게 다가온 것일까? 남겨진 작은 것들은 과거의 유물, 상실과 애도의 상징, 떠난 것을 위하여 잠시 세워둔 사물 이상의 의미가 있다. 그 물건들의 살아 숨 쉬던 동반자들이 떠나면서 이전의 삶의 일부를 그 물건에 이동시켰기 때문에 그 물건들은 속^俗에서 성^聖으로, 사물에서 이미지로, 쓸모 있는 도구에서 쓸모없는 예술품으로 변했다. 마치 옛 러시아 정교회의 성상과 성화 들처럼 그 물건들은 갑자기 '오래됨'의 미학적 위상에 도달한 영혼의 구현물이 되었다.

미학적 마무리라고 하면 세상을 평온히 떠나는 고상한 노인들의 이미지가 떠오른다. 내가 말하는 '미학^{aesthetics}'은 전혀 그런 게 아니다. 이 단어의 어원 자체가 aisthou('헉' 소리), 경이롭거나 무서운 것 앞에서 갑자기 헉 하고 숨을 짧게 들이마시는 데서 나왔다.[6] 미학은 깜짝 놀라 숨이 턱 막히는 경악 상태에서 시작된다. 미학은 현현의 이미지, 예술 작품에서처럼 온전히 드러나는 성격의 힘에서 발생한다.

사람이 그런 현현이 될 수 있을까? 지상에서의 우리 삶은 내내 현상적이었다고, 그 삶은 드러냄, 보여줌이었다고 생각할 수 있을까? 인간의 본질에서 중요한 것은 (타인들에게, 신들에게, 우주 그 자체에게) 목격당하는 것이고, 성격의 내적인 힘을 이 보여짐에 대해서 감출 수 없다고 상상할 수 있을까? 이미지는 드러나게 마련이고 노년은 이미지에 마감 처리를 한다.

이때 비로소 우리 노인들이 환영과 비슷해지고, 이미 묘지의 석상 같고 조상들의 대리인 같아지는 것도 자연스럽다. 우리를 방문하는 것은 의식이 된다. 선물은 공물이 되고, 대화는 전례의 반복이 된다. 우리는 흔적으로 남고, 중국 실크 스크린의 거의 보이지 않는 선처럼 가느다랗게 지속될 것이다. 그 선은 염료와 카본의 미세한 층일 뿐이지만 어떤 얼굴의 실체적 깊이를 그려 보일 수 있다. 짧은 선율, 불협화음으로 이루어진 독특한 가락보다 오래가진 못해도, 메아리는 우리가 떠난 후에도 오래도록 남을 것이다. 이것이 우리의 미약한 미학적 현실이요, 남겨지고 지속되는 것은 이 오래되고 매우 소중한 이미지다.

독자에게

1 Lynn, Margulis (with Dorian Sagan), "Stamps and Small Steps: The Origin
   of Life and Our Cells," *Netview: Global Business News* (August 3, 1997), p. 3.

2 Theodore Roszak, *America the Wise: The Longevity Revolution and the True
   Wealth of Nations* (New York: Houghton Mifflin, 1998), p. 240.

3 Ibid., p. 248.

4 T. S. Eliot, *Four Quartets* (London: Faber & Faber, 1944), II. 5.

5 José Ortega y Gasset, *The Origin of Philosophy*, Toby Talbot, trans. (New
   York, London: W. W. Norton & Co., 1967), pp. 62-63.

6 Alfred North Whitehead, *Modes of Thought* (New York: Capricorn Books,
   1958), p. 50.

저자 서문

1 George Rosen, *Madness in Society* (London: Routledge & Kegan Paul, 1968), p. x.

2 C. G. Jung, *Letters*, vol. 1, G. Adler and A. Jaffé, eds. (Princeton, N.J.: Princeton University Press, 1973), p. 516.

3 Eliot, *Four Quartets*, II. 2.

4 Kathleen Woodward, *At Last, the Real Distinguished Thing: The Late Poems of Eliot, Pound, Stevens, and Williams* (Columbus: Ohio State University Press, 1980), p. 122.

5 David Mamet, quoted in "Fortress Mamet," by John Lahr, *The New Yorker* (November 17, 1997), p. 82.

6 Don DeLillo, quoted in "Exile on Main Street," by David Remnick, *The New Yorker* (September 15, 1997), p. 47.

7 Maurice Blanchot, *The Writing of the Disaster*, Ann Smock, trans. (Lincoln and London: University of Nebraska Press, 1995), p. 10.

8 Woody Allen, *Without Feathers* (New York: Random House, 1975), p. 102.

9 Baruch Spinoza, *Ethics*, IV (London: Everyman's Library, 1910), p. 187.

이 책에 대하여

1 Friedrich Nietzsche, *Beyond Good and Evil*, Helen Zimmer, trans. (Edinburgh: Foulis, 1911), pp. 211–12.

제1부 지속

1. 오래 산다는 것

1 Plato, Sophist, in *Plato's Theory of Knowledge*, Francis MacDonald Cornford, trans. (London: Kegan Paul, Trench, Trubner & Co., 1946), pp.

245D – 255E.

2   Steven Pinker, *How the Mind Works* (New York: W. W. Norton, 1997), p. 21.

3   Aristotle, *The Works of Aristotle*, J. A. Smith and W. D. Ross, trans. (Oxford: Clarendon Press). Cf. Troy Wilson Organ, An Index to Aristotle (New York: Gordian Press, 1966), "soul."

4   Richard Feynman, *What Do You Care What Other People Think?* (New York: Bantam, 1998), p. 244.

5   Steven M. Albert, Maria G. Cattell, and Albert Cattell, Old Age in Global Perspective: *Cross-Cultural and Cross-National Views* (New York: G. K. Hall & Co., 1994), p. 161.

6   Ibid., p. 163.

7   Ibid., pp. 225 – 27.

8   Ibid., p. 230.

9   Plato, *Republic*, Paul Shorey, trans., in *Plato: The Collected Dialogues*, Edith Hamilton and Huntington Cairns, eds., Bollingen Series 71 (New York: Pantheon, 1961), p. 329d.

10   Cicero, *De Senectute*, W. A. Falconer, trans. (London: Wm. Heinemann, 1930), p. 17.

11   Thomas Browne, *Religio Medici* (London: Everyman, 1964), p. 47.

12   Simone de Beauvoir, *The Coming of Age*, Patrick O'Brian, trans. (New York: G. P. Putnam's Sons, 1972), p. 454.

13   T. S. Eliot, "Ash Wednesday," in *Collected Poems of T. S. Eliot* (New York: Harcourt Brace and Co., 1936).

14   Robert Bly, "My Father at Eighty-Five," in *Meditations on the Insatiable Soul* (New York: Harper Collins, 1994), pp. 30 – 32.

15   Saul Kent, *Life Extension Magazine* (August 1998), p. 7.

16   *Foresight Update* 27:4 (Palo Alto, Calif.: Foresight Institute, 1996), p. 30.

17   *Fortune* (December 9, 1996), p. 3.

2. 마지막 시간

1   Eliot, *Four Quartets*, II.

2   Ezra Pound in *Imagist Poetry*, Peter Jones, ed. (London: Penguin, 1972), pp. 32 – 41.

3   Philip Hamburger, "Al Hirschfeld Blows Out His Candles," *The New Yorker* (June 22/29, 1998), p. 42.

4   W. B. Yeats, "A Dialogue of Self and Soul," in *The Collected Poems of W. B. Yeats* (London: Macmillan, Ltd., 1952), p. 267.

5   C. G. Jung, *Memories, Dreams, Reflections*, recorded and edited by Aniela Jaffé, Richard and Clara Winston, trans. (London: Collins & Routledge, 1963), p. 330.

3. 오래됨

1   Ashley Crandell Amos, "Old English Words for Old," in *Aging and the Aged in Medieval Europe*, Michael M. Sheehan, ed. (Toronto: Pontifical Institute of Mediaeval Studies, 1990), p. 103.

2   Ibid., 104.

3   Virginia Woolf, *The Death of the Moth and Other Essays* (New York: Harcourt Brace Jovanovich, 1970), p. 204.

4   John T. Wortley, "Aging and the Desert Fathers: The Process Reversed," in *Aging and the Aged in Medieval Europe*, pp. 63 – 74.

5   Amos, p. 101.

6   Eliot, *Four Quartets*, II.5.

7   Robert Young, *Analytical Concordance to the Bible* (London: Society for Promoting Christian Knowledge, n.d.), pp. 713 – 14.

제2부 떠나감

4. '지속'에서 '떠나감'으로

1   Roger Gosden, *Cheating Time: Sex, Science, and Aging* (London: Macmillan, 1996) p. 101.

2   Zhores Medvedev, "An Attempt at a Rational Classification of Theories of Aging," *Biological Reviews* 65 (1990), pp. 375–98.

3   Avram Goldstein, quoted in "Annals of Addiction," by Abraham Verghese, *The New Yorker* (February 16, 1998), p. 49.

4   Friedrich Nietzsche, "Thus Spake Zarathustra," in *The Philosophy of Nietzsche* (New York: Modern Library, n.d.), p. 33.

5. 반복

1   Gilles Deleuze, *Difference and Repetition*, Paul Patton, trans. (New York: Columbia University Press, 1998), p. 1.

2   Søren Kierkegaard, *Repetition*, Walter Lowrie, trans. (New York: Harper Torchbooks, 1964), p. 34.

3   Barry Lopez, *Crow and Weasel* (San Francisco: North Point Press, 1990), p. 48.

6. 중력의 늘어짐

1   Eliot, "The Love Song of J. Alfred Prufrock," in *Collected Poems of T. S. Eliot*.

7. 한밤중에 자다 깨는 습관

1   "Why Do Men Urinate at Night?" *Harvard Men's Health Watch* (February 1998), pp. 5–6.

2   William Stafford, "A Ritual to Read to Each Other," in *Stories That Could Be*

True (New York: Harper & Row, 1977), p. 52.

10. 기억력의 문제―단기적 손실, 장기적 이득

1   Sherwin B. Nuland, *How We Die: Reflections on Life's Final Chapter* (New York: Vintage Books, 1995), pp. 55–56.

2   Eliot, *Four Quartets*, III. 2.

3   W. B. Yeats, "Byzantium," p. 281.

11. 성마름

1   Fielding H. Garrison, *An Introduction to the History of Medicine*, 4th ed. (Philadelphia: W. B. Saunders, 1929), p. 318.

2   Natalie Angier, "How Dangerous to the Heart is Anger?" *The New York Times* (February 10, 1993), p. C12.

3   Dylan Thomas, "Do Not Go Gentle into That Good Night," in *Collected Poems 1934–1952* (London: J. M. Dent & Sons, 1964), p. 116.

13. 노년의 성애

1   Raymond Klibansky, Erwin Panofsky, and Fritz Saxl, *Saturn and Melancholy: Studies in the History of Natural Philosophy Religion and Art* (London: Thomas Nelson & Sons, 1964), p. 35.

2   Ibid., p. 36.

3   Ibid., p. 17.

4   Ibid., p. 22.

5   C. D. O'Malley and J.B. de C.M. Saunders, *Leonardo on the Human Body* (New York: Henry Schuman, 1952), p. 461.

6   Roger Gosden, "Cheating Time," *World Review* (July 2, 1996), p. 4.

7   Samuel Atkin and Adam Atkin, "On Being Old," in *How Psychiatrists Look at Aging*, George H. Pollock, ed. (Madison, Conn.: International

Universities Press, 1992), pp. 1–24.

8   Gosden, "Cheating Time," p. 3.

9   W. B. Yeats, "The Spur," p. 359.

10   Alasdair D. F. Macrae, *W. B. Yeats: A Literary Life* (New York: St. Martin's Press, 1995), p. 120.

11   Quotes from Yeats's poems "Sailing to Byzantium," "The Tower," and "After Long Silence" are from *The Collected Poems of W. B. Yeats*.

12   Justin Kaplan, *Walt Whitman: A Life* (New York: Simon & Schuster, 1980), pp. 47, 52.

13   Roger Asselineau, *The Evolution of Walt Whitman: The Creation of a Personality* (Cambridge, Mass.: The Belknap Press of Harvard University Press, 1960), p. 268.

14   Walt Whitman, "Ventures on an Old Theme" (from Notes Left Over), in *Complete Poetry and Collected Prose* (New York: The Library of America, 1982), p. 1055.

15   여성의 에로티시즘에 인용된 일화들의 출처는 다음과 같다. Moreau: Marianne Gray, *La Moreau: A Biography of Jeanne Moreau* (New York: Penguin Books, 1996), pp. 225, 184; Neel: Patricia Hills, *Alice Neel* (New York: Harry N. Abrams, 1983), p. 130; Wood: Garth Clark, "Beatrice Wood," *Crafts* 153 (July/August 1998); Nin: Deirdre Bair, *Anaïs Nin: A Biography* (New York: Penguin, 1996); Sarton: Margot Peters, *May Sarton: A Biography* (New York: Alfred A. Knopf, 1997), p. 355; Dinesen: Judith Thurman, *Isak Dinesen: The Life of a Storyteller* (New York: St. Martin's Press, 1982), p. 352.

16   Emily Vermeule, *Aspects of Death in Early Greek Art and Poetry* (Berkeley and Los Angeles: University of California Press, 1979), pp. 173–74.

17   William James, "The Will to Believe," in *Writings 1878–1899* (New York: The Library of America, 1992), p. 555.

18   Winifred Milius Lubell, *The Metamorphosis of Baubo: Myths of Woman's*

Sexual Energy (Nashville, Tenn.: Vanderbilt University Press, 1994), pp. 39–40.

19   C. Kerényi, *Eleusis: Archetypal Image of Mother and Daughter* (New York: Bollingen Foundation, 1967), p. 40.

20   Pausanias, *Description of Greece*, J. G. Frazer, trans. (New York: Biblo and Tanner, 1965), III.18.1, II.32.3.

21   Wortley, p. 67; Violet MacDermott, *The Cult of the Seer in the Ancient Middle East* (Berkeley: University of California Press, 1971), pp. 71–77.

22   *Harvard Health Letter*, 23/8 1998, p. 5.

23   Alphonso Lingis, "Lust," in *Abuses* (Berkeley: University of California Press, 1994).

24   C. G. Jung, *The Collected Works of C. G. Jung*, R.F.C. Hull, trans., Bollingen Series XX (Princeton, N.J.: Princeton University Press).

14. 무감각증

1   *Wellness Letter*, University of California, Berkeley (October 1998), p. 5.

2   Robert Butler in *Aging and the Elderly: Humanistic Perspectives in Gerontology*, Stuart F. Spiker, Kathleen M. Woodward, and David D. Van Tassel, eds. (Atlantic Highlands, N.J.: Humanities Press, 1978), p. 391.

3   Whitehead, p. 28.

4   Yoel Hoffman, *Japanese Death Poems* (Rutland, Vt.: Charles E. Tuttle Co., 1986), pp. 157, 277, 278.

5   Butler, "Afterword," in *Aging and the Elderly*, p. 390.

6   W. B. Yeats, "Sailing to Byzantium," p. 217.

15. 심부전증

1   William Harvey, "Anatomical Dissertation," quoted in *The Discovery of the Circulation of the Blood*, by Charles Singer (London: Dawson, 1956), pp.

1 – 2.

2   Emile R. Mohler, quoted in "Bony Growths Found in HeartValves," by N.
     Seppa, *Science News* (April 4, 1998), p. 212.

3   Augustine of Hippo, *The Confessions*, E. B. Pusey, trans. (New York:
     Dutton, Everyman's Library, 1966), 10.3.

4   Augustine of Hippo, *Enarrationes in Psalmos*, in *A Select Library of Nicene
     and Post-Nicene Fathers* (Grand Rapids, Mich.: Eerdmans Publishing Co.),
     XLII 12, XLI 8 (12).

5   Henry Corbin, *Creative Imagination in the Sufism of Ibn Arabi*, Ralph
     Manheim, trans. (Princeton, N.J.: Princeton University Press, 1969), pp.
     221 – 46.

16. 회귀

1   Plotinus, *Enneads*, Stephen MacKenna, trans. (Burdett, N.Y.: Larsen
     Publications, 1992), II. 2.2; 2.1.

2   Beauvoir, pp. 460 – 61.

막간 이야기 : 얼굴의 힘

1   Herman Melville, *Moby-Dick* (Harmondsworth, England: Penguin, 1972),
     pp. 114 – 15.

2   Ibid., pp. 144 – 45.

3   Michael Ventura, "Fifty Bucks Naked," *LA Village View* (May 27 – June 2,
     1994), p. 5.

4   Joyce D. Nash, *What Your Doctor Can't Tell You About Cosmetic Surgery*
     (Oakland, Calif.: New Harbinger, 1995), p. 124.

5   Ibid., p. 194.

6   Emmanuel Levinas, *Justifications de l'éthique*, in *The Levinas Reader*, Seán
     Hand, ed. (Oxford: Basil Blackwell, 1989), p. 81.

7   Roland Barthes, "The Face of Garbo," in *A Barthes Reader*, Susan Sontag, ed. (New York: Noonday Press, 1982).

8   William James, *Talks to Teachers on Psychology: And to Students on Some of Life's Ideals* (London: Longmans, Green and Co., 1911), p. 75.

9   Whitehead, p. 29.

10 T. E. Hulme, *Speculations* (London: Routledge & Kegan Paul, 1936), p. 162.

11 James Elkins, *The Object Stares Back: On the Nature of Seeing* (New York: Simon & Schuster, 1996), p. 200.

12 Levinas, *Justifications de l'éthique*, p. 83.

13 Emmanuel Levinas, *Difficult Freedom*, Seán Hand, trans. (Baltimore: Johns Hopkins Press, 1990), p. 140.

14 Levinas, *Justifications de l'éthique*, p. 83.

15 Emmanuel Levinas, *Totality and Infinity*, Alphonso Lingis, trans. (Pittsburgh: Duquesne University Press, 1969), p. 201.

16 George Kunz, *The Paradox of Power and Weakness: Levinas and an Alternative Paradigm for Psychology* (Albany: State University of New York Press, 1998), p. 27.

17 *Service of the Synagogue: New Year* (London: Routledge & Kegan Paul, n.d.), p. 209.

18 Louis Ginzberg, *The Legends of the Jews*, Henrietta Szold, trans. (Philadelphia: Jewish Publications Society, 1954); Gershom Scholem, *Major Trends in Jewish Mysticism* (London: Thames & Hudson, 1955).

19 Levinas, *Totality and Infinity*, p. 201.

20 Eliot, "The Love Song of J. Alfred Prufrock."

21 Jean-Jacques Courtine and Claudine Haroche, *Histoire du Visage* (Paris: Rivages/Histoire, 1998).

22 Nanao Sakaki, "Break the Mirror," in *Break the Mirror* (San Francisco: North Point Press, 1987), p. 108.

23 Carolyn H. Smith, "Old-Age Freedom in Josephine Miles's Late Poems, 1974-1979," in *Aging and Gender in Literature*, Anne M. Wyatt-Brown and Janice Rossen, eds. (Charlottesville: University Press of Virginia, 1993), p. 278.

24 Beauvoir, p. 299.

25 W. B. Yeats, "Before the World Was Made," p. 308.

26 Elkins, p. 182.

27 Levinas, *Justifications de l'éthique*, p. 81.

28 Hulme, p. 229.

제3부 떠나버림/남음

17. '떠나감'에서 '떠나버림/남음'으로

1 W. B. Yeats, "Byzantium," p. 281.

2 C. Kerényi, *Zeus and Hera*, Christopher Holme, trans. (London: Routledge & Kegan Paul, 1975), pp. 128-31.

3 Pausanius, VIII.22.2.

4 George Ripley, "The Bosom Book," in *Collectanea Chemica* (London: Vincent Stuart, 1963), pp. 140-41.

5 Wallace Stevens, "To an Old Philosopher in Rome," in *The Collected Poems of Wallace Stevens* (New York: Alfred A. Knopf, 1978), pp. 508-10.

18. 철학이 살펴본 성격학

1 Keith H. Basso, *Wisdom Sits in Places: Landscape and Language Among the Western Apaches* (Albuquerque: University of New Mexico Press, 1996), p. 79.

2 Ibid., p. 85.

3   Lucien Lévy-Bruhl, *How Natives Think*, Lillian A. Clare, trans. (Princeton, N.J.: Princeton University Press, 1926; 1985), pp. 140–41.

19. 미덕의 성격, 혹은 교화된 성격

1   James, *Talks to Teachers on Psychology*, p. 75.

2   Ibid., p. 67.

3   William J. Bennett, *The Moral Compass* (New York: Simon & Schuster, 1995), pp. 12, 13; The Book of Virtues (Simon & Schuster, 1993), p. 12.

4   Edward O. Wilson, "The Biological Basis of Morality," *Atlantic Monthly* (April 1998), p. 64.

5   Eliot, *Four Quartets*, Ⅳ. 2.

20. 이미지화된 성격

1   Albert, Cattell, and Cattell, p. 59.

2   Carolyn H. Smith, in *Aging and the Elderly: Humanistic Perspectives in Gerontology*, Stuart F. Spiker, Kathleen M. Woodward, and David D. Van Tassel, eds. (Atlantic Highlands, N.J.: Humanities Press, 1978), p. 278.

21. 조부모 세대의 양육

1   Steven Rose, *Biology Beyond Determinism* (New York: Oxford University Press, 1998), p. 211.

2   Roszak, p. 247.

3   Daniel C. Dennett, *Darwin's Dangerous Idea* (New York: Simon & Schuster, 1995), pp. 347, 344, 348.

4   Roszak, p. 248.

5   Anne Baring and Jules Cashford, *The Myth of the Goddess* (London: Viking, 1991), pp. 259, 303, 394.

23. 성격의 미덕

1   Horace B. English and Ava C. English, *A Comprehensive Dictionary of Psychological and Psychoanalytical Terms* (New York: David McKay,1958), p. 83.

2   Amélie O. Rorty, "Characters, Persons, Selves, Individuals," in *Identities of Persons*, A. O. Rorty, ed. (Berkeley: University of California Press, 1976), pp. 301–23.

24. 끝내기

1   Richmond Lattimore, *Themes in Greek and Latin Epitaphs* (Urbana: University of Illinois Press, 1962), p. 174.

2   George Santayana, *Realms of Being* (New York: Scribner's, 1942), p. xiv.

3   Richard Lewontin, *Human Diversity* (New York: Scientific American Library, 1995), p. 42.

4   Miguel de Unamuno, *Tragic Sense of Life*, J. E. Crawford Flitch, trans. (New York: Dover Publications, 1954), pp. 269–70.

5   W. B. Yeats, "A Prayer for Old Age," p. 326.

6   R. B. Onians, *The Origins of European Thought About the Body, the Wind, the Soul, the World, Time and Fate* (Cambridge: Cambridge University Press, 1954), p. 75.

•

참
고

문
헌

Abram, David. *The Spell of the Sensuous*. New York: Pantheon, 1996.

Albert, Steven M., Maria G. Cattell, and Albert Cattell. *Old Age in Global Perspective: Cross-Cultural and Cross-National Views*. New York: G. K. Hall & Co., 1994.

Allen, Woody. *Without Feathers*. New York: Random House, 1975.

Amos, Ashley Crandell. "Old English Words for Old." In *Aging and the Aged in Medieval Europe*, Michael M. Sheehan, ed. Toronto: Pontifical Institute of Mediaeval Studies, 1990.

Angier, Natalie. "How Dangerous to the Heart Is Anger?" *The New York Times*, February 10, 1993.

Aristotle. *The Works of Aristotle*. J. A. Smith and W. D. Ross, trans. Oxford: Clarendon Press.

Asselineau, Roger. *The Evolution of Walt Whitman: The Creation of a*

Personality. Cambridge, Mass.: The Belknap Press of Harvard University Press, 1960.

Atkin, Samuel, and Adam Atkin. "On Being Old." In *How Psychiatrists Look at Aging*, George H. Pollock, ed. Madison, Conn.: International Universities Press, 1992.

Augustine of Hippo. *The Confessions*. E. B. Pusey, trans. New York: Dutton, Everyman's Library, 1966.

___, *Enarrationes in Psalmos* [Expositions of the Psalms]. In *A Select Library of Nicene and Post-Nicene Fathers*. Grand Rapids, Mich.: Eerdmans Publishing Co.

Bair, Deirdre. *Anaïs Nin: A Biography*. New York: Penguin, 1996.

Baring, Anne, and Jules Cashford. *The Myth of the Goddess*. London: Viking, 1991.

Barthes, Roland. *A Barthes Reader*, Susan Sontag, ed. New York: Noonday Press, 1982.

Basso, Keith H. *Wisdom Sits in Places: Landscape and Language Among the Western Apaches*. Albuquerque: University of New Mexico Press, 1996.

Bataille, Georges. *Eroticism*. Mary Dalwood, trans. London and New York: Marion Boyars, 1987.

Beauvoir, Simone de. *The Coming of Age*. Patrick O'Brian, trans. New York: G. P. Putnam's Sons, 1972.

Bennett, William J. *The Book of Virtues*. New York: Simon & Schuster, 1993.

___, *The Moral Compass*. New York: Simon & Schuster, 1995.

Bergson, Henri. *Time and Free Will: An Essay on the Immediate Data of Consciousness*. F. L. Pogson, trans. New York: Harper Torchbooks, 1960.

Blanchot, Maurice. *The Writing of the Disaster*. Ann Smock, trans. Lincoln and London: University of Nebraska Press, 1995.

Bly, Robert. *Meditations on the Insatiable Soul*. New York: Harper- Collins,

1994.

___, "Recognizing the Image as a Form of Intelligence," *Field* 24 (Spring 1981).

Brophy, John. *The Human Face Reconsidered*. London: George Harrap, 1962.

Browne, Thomas. *Religio Medici*. London: Everyman, 1964.

Budge, E. A. Wallis. *The Book of the Dead — The Chapters of Coming Forth by Day*. London: Kegan Paul, 1898.

Cannon, Walter B. *The Wisdom of the Body*. New York: Norton, 1932.

Cicero. *De Senectute*. W. A. Falconer, trans. London: Wm. Heinemann, 1930.

Clark, Garth. "Beatrice Wood." *Crafts* 153 (July/August 1998).

Clark, R. T. Rundle. *Myth and Symbol in Ancient Egypt*. London: Thames & Hudson, 1959.

Connery, Brian A. "Self-Representation and Memorials in the Late Poetry of Swift." In *Aging and Gender in Literature*, Anne M. Wyatt-Brown and Janice Rossen, eds. Charlottesville: University Press of Virginia, 1993.

Corbin, Henry. *Creative Imagination in the Sufism of Ibn Arabi*. Ralph Manheim, trans. Princeton, N.J.: Princeton University Press, 1969.

___, *Spiritual Body and Celestial Earth: From Mazdean Iran to Shi'ite Iran*. Nancy Pearson, trans. Princeton, N.J.: Princeton University Press, 1977.

Courtine, Jean-Jacques, and Claudine Haroche. *Histoire du Visage*. Paris: Rivages/Histoire, 1998.

Deleuze, Gilles. *Difference and Repetition*. Paul Patton, trans. New York: Columbia University Press, 1998.

DeLillo, Don. Quoted in "Exile on Main Street," by David Remnick, *The New Yorker*, September 15, 1997.

Dennett, Daniel C. *Darwin's Dangerous Idea*. New York: Simon & Schuster, 1995.

Eliade, Mircea. *Shamanism: Archaic Techniques of Ecstasy.* Willard Trask, trans. London: Routledge & Kegan Paul, 1964.

Eliot, T. S. *Collected Poems of T. S. Eliot.* New York: Harcourt, Brace & Co. 1936.

___, *Four Quartets.* London: Faber & Faber, 1944.

Elkins, James. *The Object Stares Back: On the Nature of Seeing.* New York: Simon & Schuster, 1996.

Emerson, Ralph Waldo. "Old Age" and "Character." In *The Works of Ralph Waldo Emerson*, vol. 3. New York: Harper & Brothers, n.d.

English, Horace B., and Ava C. English. *A Comprehensive Dictionary of Psychological and Psychoanalytical Terms.* New York: David McKay, 1958.

Erikson, Erik H. *The Life Cycle Completed: A Review.* New York: W. W. Norton & Co., 1982.

Euripides. *The Bacchae.* In *An Anthology of Greek Tragedy*, Charles Boer, trans.; Albert Cook and Edwin Dolin, eds. Indianapolis: Bobbs-Merrill, 1972.

Fenichel, Otto. *The Psychoanalytic Theory of Neurosis.* New York: W. W. Norton & Co., 1945.

Ferguson, John. *Moral Values in the Ancient World.* London: Methuen, 1958.

Feynman, Richard. *What Do You Care What Other People Think?* New York: Bantam, 1998.

Fierz-David, Linda. *Women's Dionysian Initiation.* Dallas: Spring Publications, 1988.

Foresight Update 27:4. Palo Alto, Calif.: Foresight Institute, 1996.

Fortune, December 9, 1996.

Fredrickson, George M. *The Inner Civil War.* Urbana: University of Illinois Press, 1993.

Freedberg, David. *The Power of Images*. Chicago and London: University of Chicago Press, 1989.

Garrison, Fielding H. *An Introduction to the History of Medicine*, 4th ed. Philadelphia: W. B. Saunders, 1929.

Ginzberg, Louis. *The Legends of the Jews*, vols. 1 and 2. Henrietta Szold, trans. Philadelphia: Jewish Publications Society, 1954.

Gray, Marianne. *La Moreau: A Biography of Jeanne Moreau*. New York: Penguin Books, 1996.

Goldstein, Avram. As quoted in "Annals of Addiction," by Abraham Verghese, *The New Yorker*, February 16, 1998.

Gosden, Roger. *Cheating Time: Sex, Science and Aging*. London: Macmillan, 1996.

___, "Cheating Time," *World Review*, July 2, 1996.

Hamburger, Philip. "Al Hirschfeld Blows Out His Candles." *The New Yorker*, June 22/29, 1998. *Harvard Health Letter* 23/8, 1998.

Henry, Kimberly A., M.D., and Penny Keckaman. *The Plastic Surgery Handbook*. Los Angeles: Lowell House, 1997.

Heraclitus. *Ancilla to the Pre-Socratic Philosophers*. Kathleen Freeman, trans. Oxford: Basil Blackwell, 1948.

Hillman, James. "The Animal Kingdom in the Human Dream." In *Eranos Yearbook* 51 (1982). Frankfurt am Main: Insel Verlag, 1983.

___, "Concerning the Stone: Alchemical Images of the Goal." In *Sphinx* 5. London: The London Convivium for Archetypal Studies, 1993.

___, "Egalitarian Typologies Versus the Perception of the Unique." In *Eranos Yearbook* 45 (1976). Ascona, Switzerland: Eranos Foundation, 1980.

___, "On the Necessity of Abnormal Psychology." In *Facing the Gods*, James Hillman, ed. Woodstock, Conn.: Spring Publications, 1991.

Hills, Patricia. *Alice Neel*. New York: Harry N. Abrams, 1983.

Hoffman, Yoel. *Japanese Death Poems: Written by Zen Monks and Haiku Poets on the Verge of Death*. Rutland, Vt.: Charles E. Tuttle Co., 1986.

Hogrefe, Jeffrey. *O'Keeffe: The Life of an American Legend*. New York: Bantam, 1992.

Hulme, T. E. *Speculations*. London: Routledge & Kegan Paul, 1936.

James, William. *Writings 1878–1899*. New York: The Library of America, 1992.

___, *Talks to Teachers on Psychology: And to Students on Some of Life's Ideals*. London: Longmans, Green and Co., 1911.

Jones, Peter, ed. *Imagist Poetry*. London: Penguin, 1972.

Joyce, James. Ulysses. New York: Modern Library, 1934.

Jung, C. G. *Letters*, vol. 1, G. Adler and A. Jaffé, eds. Princeton, N.J.: Princeton University Press, 1973.

___, *Memories, Dreams, Reflections*. Recorded and edited by Aniela Jaffé. Richard and Clara Winston, trans. London: Collins & Routledge, 1963.

___, *The Collected Works of C. G. Jung*, vols. 6, 8, 13. R. F. C. Hull, trans., Bollingen Series XX. Princeton, N.J.: Princeton University Press, 1960–71.

Kaplan, Justin. *Walt Whitman: A Life*. New York: Simon & Schuster, 1980.

Kent, Saul. In *Life Extension Magazine*, August 1998.

Kerényi, C. *Dionysos: Archetypal Image of Indestructible Life*. Ralph Manheim, trans. Princeton, N.J.: Princeton University Press, 1976.

___, *Eleusis: Archetypal Image of Mother and Daughter*. New York: Bollingen Foundation, 1967.

___, *The Heroes of the Greeks*. H. J. Rose, trans. London: Thames & Hudson, 1959.

___, *Zeus and Hera*. Christopher Holme, trans. London: Routledge & Kegan Paul, 1975.

Kierkegaard, Søren. *Repetition*. Walter Lowrie, trans. New York: Harper Torchbooks, 1964.

Kilpatrick, William, and Gregory and Suzanne M. Wolfe. *Books That Build Character: A Guide to Teaching Your Child Moral Values Through Stories*. New York: Simon & Schuster, 1994.

Kirk, Geoffrey S. "Old Age and Maturity in Ancient Greece." In *Eranos Yearbook* 40 (1971). Leiden: E. J. Brill, 1974.

Klibansky, Raymond, Erwin Panofsky, and Fritz Saxl. *Saturn and Melancholy: Studies in the History of Natural Philosophy Religion and Art*. London: Thomas Nelson & Sons, 1964.

Kselman, Thomas A. *Death and the Afterlife in Modern France*. Princeton, N.J.: Princeton University Press, 1993.

Kunz, George. *The Paradox of Power and Weakness: Levinas and an Alternative Paradigm for Psychology*. Albany: State University of New York Press, 1998.

Lattimore, Richmond. *Themes in Greek and Latin Epitaphs*. Urbana: University of Illinois Press, 1962.

Levinas, Emmanuel. *Difficult Freedom*. Seán Hand, trans. Baltimore: Johns Hopkins Press, 1990.

___, *The Levinas Reader*, Seán Hand, ed. Oxford: Basil Blackwell, 1989.

___, *Totality and Infinity*. Alphonso Lingis, trans. Pittsburgh: Duquesne University Press, 1969.

Lévy-Bruhl, Lucien. *How Natives Think*. Lillian A. Clare, trans. Princeton, N.J.: Princeton University Press, (1926) 1985 (with new introduction by editor).

Lewontin, Richard. *Human Diversity*. New York: Scientific American

Library, 1995.

Lingis, Alphonso. *Abuses*. Berkeley: University of California Press, 1994.

Lopez, Barry. *Crow and Weasel*. San Francisco: North Point Press, 1990.

Lubell, Winifred Milius. *The Metamorphosis of Baubo: Myths of Woman's Sexual Energy*. Nashville, Tenn.: Vanderbilt University Press, 1994.

MacDermott, Violet. *The Cult of the Seer in the Ancient Middle East*. Berkeley: University of California Press, 1971.

Macrae, Alasdair D. F. *W. B. Yeats: A Literary Life*. New York: St. Martin's Press, 1995.

Mamet, David. Quoted in "Fortress Mamet," by John Lahr, *The New Yorker*, November 17, 1997.

Marcovich, M. *Heraclitus: Greek Text with a Short Commentary*. Merida, Venezuela: Los Andes University Press, 1967.

Medvedev, Zhores. "An Attempt at a Rational Classification of Theories of Aging." *Biological Reviews* 65 (1990).

Melville, Herman. *Moby-Dick*. Harmondsworth, England: Penguin, 1972.

Merleau-Ponty, Maurice. *The Primacy of Perception: And Other Essays on Phenomenological Psychology, the Philosophy of Art, History and Politics*. James M. Edie, ed. Evanston, Ill.: Northwestern University Press, 1964.

___, *The Visible and the Invisible*. Alphonso Lingis, trans. Evanston, Ill.: Northwestern University Press, 1968.

Miller, David L. "Red Riding Hood and Grandmother Rhea." In *Facing the Gods*, James Hillman, ed. Woodstock, Conn.: Spring Publications, 1991.

Mohler, Emile R., in N. Seppa, "Bony Growths Found in Heart Valves." *Science News*, April 4, 1998.

Nash, Joyce D. *What Your Doctor Can't Tell You About Cosmetic Surgery*. Oakland, Calif.: New Harbinger, 1995.

Nietzsche, Friedrich. *Beyond Good and Evil*. Helen Zimmer, trans.

Edinburgh: Foulis, 1911.

___, *The Philosophy of Nietzsche*. New York: Modern Library, n.d. Nuland, Sherwin B. *How We Die: Reflections on Life's Final Chapter*. New York: Vintage Books, 1995.

O'Malley, C. D. and J.B. de C.M. Saunders. *Leonardo on the Human Body*. New York: Henry Schuman, 1952.

Onians, R. B. *The Origins of European Thought About the Body, the Wind, the Soul, the World, Time and Fate*. Cambridge: Cambridge University Press, 1954.

Organ, Troy Wilson. *An Index to Aristotle*. New York: Gordian Press, 1966.

Ortega y Gasset, José. *The Origin of Philosophy*. Toby Talbot, trans. New York, London: W. W. Norton & Co., 1967.

Pausanias. *Description of Greece*. J. G. Frazer, trans. New York: Biblo and Tanner, 1965.

Peters, Margot. *May Sarton: A Biography*. New York: Alfred A. Knopf, 1997.

Pinker, Steven. *How the Mind Works*. New York: W. W. Norton, 1997.

Plato. *Plato's Theory of Knowledge*. Francis MacDonald Cornford, trans. London: Kegan Paul, Trench, Trubner & Co., 1946.

___, *The Republic. In Plato: The Collected Dialogues*. Paul Shorey, trans.; Edith Hamilton and Huntington Cairns, eds. Bollingen Series 71. New York: Pantheon, 1961.

Plotinus. *Enneads*. Stephen MacKenna, trans. Burdett, N.Y.: Larsen Publications, 1992.

Pound, Ezra. In *Imagist Poetry*, Peter Jones, ed. London: Penguin, 1972.

Riefenstahl, Leni. *Leni Riefenstahl: A Memoir*. New York: St. Martin's Press, 1992.

Ripley, George. *Collectanea Chemica*. London: Vincent Stewart, 1963.

Rorty, Amélie O. "Characters, Persons, Selves, Individuals." In *Identities of*

Persons. A. O. Rorty, ed. Berkeley: University of California Press, 1976.

Rose, Steven. *Biology Beyond Determinism.* New York: Oxford University Press, 1998.

Rosen, George. *Madness in Society.* London: Routledge & Kegan Paul, 1968.

Roszak, Theodore. *America the Wise: The Longevity Revolution and the True Wealth of Nations.* New York: Houghton Mifflin, 1998.

Sakaki, Nanao. *Break the Mirror.* San Francisco: North Point Press, 1987.

Santayana, George. *Realms of Being.* New York: Scribner's, 1942.

Scholem, Gershom. *Major Trends in Jewish Mysticism.* London: Thames & Hudson, 1955.

Service of the Synagogue: New Year. London: Routledge & Kegan Paul, n.d.

Shapiro, David. *Autonomy and Rigid Character.* New York: Basic Books, 1981.

Singer, Charles. *The Discovery of the Circulation of the Blood.* London: Dawson, 1956.

Smith, Carolyn H. "Old-Age Freedom in Josephine Miles's Late Poems, 1974–79." In *Aging and Gender in Literature*, Anne M. Wyatt-Brown and Janice Rossen, eds. Charlottesville: University Press of Virginia, 1993.

Spiker, Stuart F., Kathleen M. Woodward, and David D. Van Tassel, eds. *Aging and the Elderly: Humanistic Perspectives in Gerontology.* Atlantic Highlands, N.J.: Humanities Press, 1978.

Spinoza, Baruch. *Ethics.* London: Everyman's Library, 1910.

Stafford, William. *Stories That Could Be True.* New York: Harper & Row, 1977.

Stevens, Wallace. *The Collected Poems of Wallace Stevens.* New York: Alfred A. Knopf, 1978.

Theophrastus. *Characters.* J. M. Edmonds, trans. Cambridge, Mass.: Harvard University Press, 1967.

Thomas, Dylan. *Collected Poems 1934-1952*. London: J. M. Dent & Sons, 1964.

Thurman, Judith. *Isak Dinesen: The Life of a Storyteller*. New York: St. Martin's Press, 1982.

Unamuno, Miguel de. *Tragic Sense of Life*. J. E. Crawford Flitch, trans. New York: Dover Publications, 1954.

University of California, Berkeley. "Wellness Letter," October 1998.

Ventura, Michael. "Fifty Bucks Naked," *LA Village View*, May 27-June 2, 1994.

Vermeule, Emily. *Aspects of Death in Early Greek Art and Poetry*. Berkeley and Los Angeles: University of California Press, 1979.

Whitehead, Alfred North. *Modes of Thought*. New York: Capricorn Books, 1958.

Whitman, Walt. *Complete Poetry and Collected Prose*. New York: The Library of America, 1982.

"Why Do Men Urinate at Night?" *Harvard Men's Health Watch*, February 1998.

Wilson, Edward O. "The Biological Basis of Morality." *Atlantic Monthly*, April 1998.

Wolfe, Thomas. *A Stone, a Leaf, a Door*. New York: Scribner's, 1945.

Woodward, Kathleen. *At Last, the Real Distinguished Thing: The Late Poems of Eliot, Pound, Stevens, and Williams and Other Essays*. Columbus: Ohio State University Press, 1980.

Woolf, Virginia. *The Death of the Moth and Other Essays*. New York: Harcourt Brace Jovanovich, 1970.

Wortley, John T. "Aging and the Desert Fathers: The Process Reversed." In *Aging and the Aged in Medieval Europe*. Michael M. Sheehan, ed. Toronto: Pontifical Institute of Mediaeval Studies, 1990.

Yeats, W. B. *The Collected Poems of W. B. Yeats*. London: Macmillan, 1952.

Young, Robert. *Analytical Concordance to the Bible*. London: Society for Promoting Christian Knowledge, n.d.